经管类文献检索与论文写作

王涛生　陈　奇　张　攀　主编

中国商业出版社

图书在版编目（CIP）数据

经管类文献检索与论文写作 / 王涛生，陈奇，张攀主编. -- 北京 ：中国商业出版社，2025. 8. -- ISBN 978-7-5208-3238-0

Ⅰ. F2；G254.97

中国国家版本馆 CIP 数据核字第 2024D64213 号

责任编辑：聂立芳

策划编辑：张　盈

中国商业出版社出版发行

（www.zgsycb.com　100053　北京广安门内报国寺 1 号）

总编室：010-63180647　　编辑室：010-63033100

发行部：010-83120835/8286

新华书店经销

三河市悦鑫印务有限公司印刷

*

787 毫米 ×1092 毫米　16 开　14 印张　314 千字

2025 年 8 月第 1 版　2025 年 8 月第 1 次印刷

定价：49.80 元

* * * *

（如有印装质量问题可更换）

前言

文献检索和论文写作是学术研究不可或缺的两个环节。它们相互依赖，共同构成了学术研究的基础。随着数字化资源的日益丰富和互联网技术的不断发展，获取各类信息变得前所未有的便利。但与此同时，如何在浩瀚的信息海洋中高效、精准地找到所需资料，如何科学地评估和利用这些资料，如何进行高质量的论文选题、文献综述、框架构建、分析论证，如何避免知识产权侵权，都对初涉论文写作的学生构成了重重挑战。因此，掌握科学的文献检索方法和论文写作技巧，对于提高个人专业知识综合应用能力和应用创新能力以及学术研究水平，具有重要的实践意义。

作为针对上述需求所设计的教材，本书主要体现了以下六个方面的特色：

第一，切合经济与管理类本科学生文献信息检索与毕业论文写作的需求。本书系统解决毕业论文写作的选题、文献选择及述评、框架结构设计、研究方法、分析论证、创新点挖掘、格式规范、开题答辩以及质量标准等主要问题。提供了文献信息的7种检索途径、6种检索方法及详细的检索步骤；针对经管类学生在选题时常见的7种问题，本书提供了相应的解决思路；通过经管类论文实例说明“提出问题—分析问题—解决问题”的研究思路与流程设计，帮助学生把握本科毕业论文写作的一般逻辑和整体布局；本书介绍了调查研究、案例分析、比较分析、因果分析等10类经管类论文写作基本方法，提出使用数据、特征事实、典型案例、逻辑关系对论文主要观点进行分析论证的4种方法；对于毕业论文创新点的挖掘，本教材从研究视角、研究方法、研究问题、研究观点、研究数据、研究对策、研究结论7个方面给经管类学生指引了创新的方向；本书还根据教育部论文评审规则，结合《本科专业类教学质量国家标准》，从选题、框架、内容和形式4个维度对本科毕业论文质量评价的13个二级指标进行了解读，并选取了国际经济与贸易、金融学、工商管理、市场营销、人力资源管理、旅游管理、物流管理、会计学和财务管理9个专业的本科毕业论文实例全文，依据质量标准进行了整体评析和问题分析，以期给经管类专业学生撰写和修改论文提供参照。

第二，为经济与管理类本科学生论文写作所需数据的来源、选择、采集、处理、分析及实证检验提供全方位指导。本书详细介绍了经管类论文写作中所需统计数据、调研数据、案例数据和大数据的来源、获取途径与方法，分析了数据检查、清洗、转换、提取、分组、计算的详细流程，提供了数据比较分析法、数据分类分析法、数据聚类分析法、数据回归分析法和数据可视化分析法的操作步骤，帮助学生掌握数据分析基本方法，增强论文分析论证的力度，提高本科毕业论文质量。

第三，突出经济与管理类本科学生专业知识综合应用能力和创新能力的培养与训练。

在编写过程中力求克服以往重知识轻实操的倾向，通过任务驱动，帮助读者掌握实操技能，提升学生利用网络资源高效检索文献的能力，追踪专业领域研究热点和前沿动态；培养评估与筛选经管领域高质量文献的能力；通过对选题方法、文献综述、文献评价的训练，培育创新性、前瞻性的科研论文选题能力；通过大量经管类本科毕业论文实例剖析，总结论文框架结构逻辑、分析论证逻辑、语言表述逻辑等方面常见问题，提出解决思路，以夯实学生论文写作的逻辑思维能力；结合经管类专业论文实例，强化学生应用本专业知识分析和解决实际问题的能力；通过指引论文创新点挖掘的7个方向，增强学生创新意识，培育应用创新能力。

第四，有机增设思政模块，深度融入思政育人。本书结合经管类文献检索和论文写作过程中所涉及的思政育人元素，扩宽学生的学术视野，激发学生对网络信息检索应用的探索意识，强化学术道德规范意识；培养严谨、精益求精的质量意识和实事求是的科学精神；激发质疑和批判精神、创新思维和创新意识；培养学生追求真理、勇攀科学高峰的责任感和使命感，砥砺家国情怀，激发使命担当。

第五，体现产教深度融合，强化校企合作育人。本书在论文选题、数据获取、案例分析及微观对策等内容的编写中，广泛汲取了行业协会专家和企业高管的合理建议，使相关内容更加贴合行业企业发展的实际需要。

第六，践行OBE理念，重视学习成果导向。根据OBE的成果导向理念，本书每章设置了“学习目标”和“实战训练”等模块，引导读者带着目标进行学习。为便于读者自主性和拓展性学习，章后都提供了拓展性学习资料和指定的阅读文献，附录部分整理了论文写作常见问题100问，注明所在章节和页码，指引读者根据自己的自身实际情况与写作需要，按图索骥，方便快捷找到对应的内容，进行自主式学习。

本书系“产教融合、校企合作”系列精品教材之一，由王涛生、陈奇、张攀担任主编，黄晔筠、熊源、邓林、彭凌斐、樊琼、罗霞、王欢任编委。其中，王涛生负责本书的框架目录和写作思路的设计，并对全部书稿进行了审阅且提出了修改意见。陈奇负责编写的组织和统稿工作，并参与书稿的审阅。本书的具体编写分工为：黄晔筠负责编写第一章，熊源负责编写第二章，邓林负责编写第三章，彭凌斐负责编写第四章，樊琼负责编写第五章，罗霞负责编写第六章，王欢负责编写第七章，陈奇负责编写第八章。

本书在编写过程中我们参阅了已出版的相关书籍、学术研究和网络资源，以期提供最具操作性和时代感的内容，但由于信息技术的持续更新、编写者的个体差异和篇幅字数的限制，本书无法覆盖所有细节。请读者在使用过程中，结合自身实际情况，不断探索和创新，以适应不断变化的信息环境。

我们的编写工作得到了宇华教育集团和学校领导以及中国商业出版社的大力支持，谨此一并致谢。

我们始终致力于编写一部言简意赅、对本科毕业论文写作具有重要应用价值的实用型教材，但囿于学识水平，书中难免有不妥当、不完备之处，恳请广大读者提出宝贵意见。

作　者

2024年7月

目录

第一章 Chapter 1 文献信息检索概述

学习目标

知识目标：掌握文献、信息及其相关知识；理解文献、信息的价值及作用；理解文献、信息分布与评价的相关知识；理解并掌握文献信息检索的含义、语言、类型、途径、方法、步骤及结果评价；掌握文献信息检索工具；重点了解数字化时代的新型文献信息检索工具；理解文献信息检索的目的与意义；掌握文献信息的合理借鉴使用及其学术规范。

能力目标：初步学习文献信息的基本理论，基本了解数字化时代新型文献信息检索工具，具备一定知识产权保护意识、创新意识与学术意识，务必树立科学的文献价值观和良好的学术道德以及合理借鉴使用观。

素质目标：激发学生对文献检索与论文写作的学习兴趣，培养学生追求真理、勇攀科学高峰的责任感和使命感，砥砺家国情怀，激发使命担当，树立良好的学术道德，强化知识产权保护意识、创新意识、学术意识、质量意识、批评和自我批评意识以及实事求是精神。

第一节 文献信息基础知识

一、信息、文献概述

（一）信息

1. 信息的含义

信息是对事物属性、状态或关系的描述，是用来消除不确定性或降低熵的数据。在信息时代，信息是一种重要的资源，对人们的生活、工作和学习产生深远影响。信息资源的开发和利用已经成为推动社会进步和经济发展的重要力量。信息可以是文字、数字、图像、声音等多种形式，它通过传递和共享来增进人们的知识和理解。20 世纪 40 年代，信息的奠基人香农（C.E.Shannon）给出了信息的明确定义，他认为“信息是用来消除随机不确定性的东西”。

2. 信息的作用

信息在人类社会中具有极其重要的地位和作用。首先，信息是人类认识世界和改造世界的基础。人们通过获取、处理和应用信息来增进知识、理解世界并作出决策。其次，信息是现代社会发展的关键因素。在当今时代，信息技术的发展极大地推动了信息的获取、传递和处理方式的变革。特别是互联网、大数据、人工智能等技术的广泛应用，使信息资源的获取更加便捷、传递更加迅速、处理更加高效。同时，这些技术也带来了新的挑战和问题，就学生论文写作与信息检索而言，如何高效、精准地从海量的信息中检索并识别出我们所需要的内容，这并非一件易事。经管类专业涉及大量的理论知识、市场数据、政策法规等，学生需要通过各种渠道获取这些信息，以丰富自己的知识储备，为专业学习和研究提供支撑。最后，信息也是国家安全的重要保障。信息的泄露或滥用可能会对国家安全造成严重影响。因此，需要更加重视信息的管理和利用，推动信息技术的健康发展，从而为人类社会的进步和发展作出更大的贡献。

3. 信息的特点

信息具有以下几个主要特点。

（1）客观真实性。信息是事物存在方式和运动变化的客观反映，具有客观性和真实性。

（2）传递性。信息必须借助一定的载体（如文字、语言、图像等）进行传递，否则无法被人们感知和接受。

（3）时效性。信息的功能、作用、效益都是随着时间的延续而改变的，具有时效性。一个信息如果超过了其价值的使用期就会贬值，甚至毫无用处。

（4）可处理性。信息可以被拓展、引申、浓缩等处理，这些处理可以使信息增值或便于传递、利用。

（5）可共享性。信息不同于实物，它可以被多个人同时共享，而不会因为被共享而减少或消失。

按照信息的内涵、性质及管理的要求，将所有信息按一定的结构体系分门别类加以集合。常见的信息分类包括按内容分类（如科技、经济、文化等）、按形式分类（如文字、图像、声音等）、按来源分类（如内部信息、外部信息等）等。信息分类有助于人们更好地组织和管理信息，提高信息的利用效率。

（二）文献

1. 文献的含义

文献的起源可以追溯到古代文明时期。据《论语·八佾》记载：“夏礼吾能言之，杞不足征也；殷礼吾能言之，宋不足征也。文献不足故也。”这是“文献”一词的最早出处，意指典籍和贤才。随着时间的推移，文献的概念逐渐演变，根据我国《文献著录总则》，文献是指“记录有知识的一切载体”。从古代的手抄本、竹简、帛书，到现代的纸质书籍、电子文档、数据库等，文献的形式不断丰富和发展。在当今时代的影响下，文献的发展正呈现出数字化、网络化、开放获取和个性化等趋势。这些变化不仅为学术研究提供了更加便捷和高效的工具支持，也为全球范围内的知识共享和交流提供了更加广阔的空间。

2. 文献的特点

文献主要有以下几个特点。

（1）信息性。文献是传递信息的媒介，它记录了人类的知识、经验和思想，为后人提供了宝贵的学习和研究资料。

（2）可信性。文献要求内容真实、客观、可靠，是学术研究和学科进步的基础。

（3）科学性。文献包括理论性、实践性，要求具有科学思维和科学方法。

（4）传承性。文献历经漫长的时间积累而成，传承了前辈的成果，也为后人提供了参考和借鉴。

（5）系统性。文献具备一定的系统性，能够体现学科的分类体系和研究内容的层次结构。

3. 文献的分类

文献依据多种分类方式，基于不同分类标准，通常划分为以下类型。

（1）按载体形式对文献进行分类，主要是基于文献的物理存储和呈现方式来区分，主要可分为：

①印刷型文献。书籍（专著、教科书、百科全书、字典、词典等）；期刊（学术期刊、报纸、通讯等）；会议录、报告、论文集；政府出版物、法律文件、技术标准；专利文献、地图、图表等。

②缩微型文献。通常用于保存大量印刷型文献的缩小版，以便在较小的空间内保存更多的信息。包括微缩胶卷（microfilm）、微缩平片（microfiche）。

③视听型文献。包括录音资料（如磁带、CD、MP3 等）；录像资料（如录像带、VCD、DVD 等）；幻灯片、投影胶片；照片、图片集等。

④电子数字型文献。随着科技的发展，许多传统的印刷型文献被数字化，以便更利于存储、检索和传播。此外，越来越多的信息通过电子和网络形式呈现，这使电子数字型文献成为现代研究和学术工作中不可或缺的部分。包括数据库（如学术数据库、专利数据库、商业数据库等）；电子期刊（e-journals）；电子图书（e-books）；网页（包括网页文章、博客、社交媒体内容等）；多媒体资源（如视频讲座、音频文件、电子课件等）；光盘（CD-ROM，DVD-ROM 等）；网络数据库（如 PubMed，Google Scholar，Web of Science 等）；数字化档案、数字图书馆资源；科研数据、数据集；电子版学位论文、工作

论文等。

（2）按加工层次对文献进行分类，该种分类方式基于文献的加工程度和内容深度，有助于我们更有效地查找和利用所需的文献资源。在实际应用中，我们可以根据具体的研究需求和目标，选择适合的文献类型进行检索和阅读。通常将其分为：

①零次文献。指形成一次文献之前非正式出版的文献，如手稿、笔记、信函、发言稿、实验数据、调查材料、统计数字、口头交流信息、经验等。一般不公开发布，内容较新但缺乏一定正规载体，因此查找和获取比较困难。

②一次文献。也称作原始文献，是文献的基本类型，是原著者根据其科学研究成果为基础素材撰写而成的文献。包括期刊论文、学术专著、科技报告、专利说明、会议论文、学位论文、技术标准等。其具有新颖性、原创性和系统性等特点。

③二次文献。为了更好地报道和便捷地检索一次文献，由相关机构对一次文献进行收集、分析、加工整理后，并抽取一次文献的内部特征和外部特征，按照一定的规则加以编排而成的文献。包括各种书目、索引、文摘等。其浓缩了大量同一内容的一次文献，是文献检索工具的主体。

④三次文献。指在利用二次文献的基础上，选择一次文献加以分析、综合而编写出来的专题报告。例如文献综述、述评报告、技术预测、数据手册、百科全书、年鉴、进展、指南等。其具有综合性强、包含信息量大的特点，可使读者不必阅读大量一次文献就能了解当前某一领域的研究水平及最新进展。

（3）按照文献的编辑出版类型，文献可主要分为：

①图书。图书是论述或介绍某一学科或领域知识的出版物。包括教科书、科普读物、一般生产技术图书、辞典、手册、百科全书以及含有独创性内容的专著等。其内容系统、全面、成熟、可靠，但出版周期较长，报道速度相对较慢。

②连续出版物。主要是指期刊，具有固定名称、统一出版形式和一定出版规律的定期或不定期的连续出版物。其内容新颖，报道速度快，信息含量大，是传递科技情报、交流学术思想最基本的文献形式。如《自然》杂志、《科学》杂志等。

③特种文献。包括政府出版物、学位论文、科技报告、专利、标准、档案、会议文献、产品样本等。这类文献通常具有特定的编辑出版目的和格式。如政府发布的政策文件、大学的学位论文数据库、国际标准化组织（ISO）制定的国际标准等。

④档案。档案是一种原始的历史记录，用于保存各种社会活动和事务的记录材料。不同于其他文献类型，档案主要关注其历史价值和凭证价值。

⑤电子出版物。随着信息技术的发展，电子出版物逐渐成为一种重要的文献类型。包括电子书、电子期刊、数据库、网络资源等。其具有易于获取、更新迅速、可检索性强的特点。

在学术研究和知识获取中，不同的文献类型在内容、形式和用途上虽有所差异，但各种类型的文献都发挥着重要的作用。我们在学习、参考和借鉴文献的过程中，应当依照学术规范合理使用，严格按照正确的文献参考格式。

二、文献分类法

文献分类是根据文献内容和形式的异同，按照一定的体系有系统地组织和区分文献。以下是一些常见的文献分类方法及其具体分类。

1. 中国图书馆图书分类法（简称中图法）

中图法是我国图书馆使用最为广泛的一种分类法，也是我国标准的图书资料分类法，是中华人民共和国成立后编制出版的一部具有代表性的大型综合性分类法，是当今国内图书馆使用最广泛的分类法体系，简称中图法。

中图法的编制始于1971年，先后出版了五版。它包括马列主义、毛泽东思想、哲学、社会科学、自然科学和综合性图书五大基本部类，下分22个大类，每个大类下再细分更小的类目，如表1.1所示。

表1.1 中图法分类简表（第五版）

基本部类	大类符号	大类名称
马列主义、毛泽东思想	A	马克思主义、列宁主义、毛泽东思想、邓小平理论
哲学	B	哲学、宗教
社会科学	C	社会科学总论
	D	政治、法律
	E	军事
	F	经济
	G	文化、科学、教育、体育
	H	语言、文字
	I	文学
	J	艺术
	K	历史、地理
自然科学	N	自然科学总论
	O	数理科学和化学
	P	天文学、地球科学
	Q	生物科学
	R	医药、卫生
	S	农业科学
	T	工业技术
	U	交通运输
	V	航空、航天
	X	环境科学、劳动保护科学（安全科学）
综合性图书	Z	综合性图书

2. 杜威十进分类法（Dewey Decimal Classification，DDC）

DDC 是美国图书馆学家梅尔维尔 · 杜威（Melvil Dewey）于 1876 年提出的一种文献分类法。该分类法深受美国圣路易斯市图书馆哈利斯分类法的影响，并基于 17 世纪英国哲学家培根关于知识分类的思想，将人类知识分为记忆（历史）、想象（文艺）和理性（哲学、科学）三大部分，并将其倒置排列，展开为 10 个大类：000 ——计算机科学、资讯与种类；100 ——哲学与心理学；200 ——宗教；300 ——社会科学；400 ——语言；500 ——科学（指自然科学）；600 ——技术应用科学；700 ——艺术与休闲；800 ——文学；900 ——历史、地理与传记。

DDC 采用等级列举的方式，形成了一个结构严谨、层次清晰的分类体系。自问世以来，经历了多次修订和更新，已被 135 个国家和地区采用，成为世界上历史最久且使用最广的分类法之一。

三、文献的意义

结合高校经管类学生的特点，文献不仅是学生进行学术研究和知识积累的基础，还是实践应用、问题解决、创新思维和学科发展的重要支撑。文献和信息的价值及意义主要体现在以下几个方面。

1. 学术研究与知识积累

学术研究的参与者需要广泛阅读和积累相关领域的文献和信息。这些文献和信息是进行学术研究、撰写学术论文的基础。通过阅读文献，可以了解前人的研究成果、研究方法和研究思路，为自己的研究提供理论支撑和实证依据。同时，文献和信息也是构建知识体系、提高专业素养的重要途径。例如，通过阅读金融学、国际贸易等领域的经典文献，可以系统地了解这些学科的核心概念、基本原理和前沿动态，从而构建完整的知识体系。

2. 实践应用与问题解决

经管类学科具有很强的实践性和应用性，需要将所学知识应用于实际问题的解决中。在这个过程中，文献和信息发挥着至关重要的作用。可以通过查阅相关文献，了解问题的历史背景、现状和发展趋势，从而找到解决问题的思路和方法。此外，文献和信息还可以提供案例分析、实证研究等具体材料，帮助我们更好地理解和分析问题。例如，在分析“跨国公司供应链管理策略”时，学生可以查阅相关的案例研究，如某知名跨国公司的供应链管理实践，从中学习其成功经验，为自己的研究提供实证支持。又如，在研究“新能源汽车市场的发展趋势”时，可以查阅行业报告、市场分析报告等，了解新能源汽车市场的规模、竞争格局、消费者需求等信息，为制定市场策略提供依据。

3. 创新思维与学科发展

经管类学生需要具备创新思维和创新能力，以推动学科的发展和创新。文献和信息是激发学生创新思维的重要资源。通过阅读不同领域、不同观点的文献，学生可以拓宽自己的思维视野，发现新的研究领域和研究问题。同时，文献和信息还可以为学生提供新的研究方法和研究工具，帮助他们提高研究效率和准确性。这些都有助于推动经管类学科的发展和创新。经管类学科与其他学科的交叉融合是当前的研究热点。通过阅读相关文献，可以了解其他学科的研究成果和方法，从而推动经管类学科与其他学科的交叉研究。例如，在研究“绿色金融与可持续发展”时，可以通过阅读不同领域的文献，如环境科学、金融学、社会学等，从多个角度思考问题，启发新的研究思路和方法。

4. 职业规划与就业竞争力

对于经管类学生来说，文献和信息还具有职业规划和就业竞争力的价值。通过阅读相关领域的文献和信息，学生可以了解行业的发展趋势、市场需求和就业前景，从而为自己的职业规划提供参考。同时，学生还可以通过阅读优秀的学术论文和案例研究，提升自己的专业素养和实践能力，增强自己在就业市场上的竞争力。

综上所述，经管类学生应高度重视文献和信息的获取和利用，不断提高自己的信息素养和学术水平。

第二节 文献信息检索的理论基础

一、文献信息检索概述

（一）文献信息检索

1. 含义

文献信息检索，也称为文献检索或情报检索，是指利用一定的方法、手段和工具，从已经组织化或未组织化的信息集合中查找并获取特定信息的过程、方法和技术。它涉及信息资源的收集、加工、存储、检索、传递和利用等多个环节。

其核心要素包括：

（1）信息需求。用户为解决某一问题或完成某一任务所需的信息。

（2）信息源。存储文献信息的载体或系统，如图书馆、数据库、互联网等。

（3）检索工具。用于检索信息源的工具或系统，如目录、索引、搜索引擎等。

（4）检索策略。根据信息需求和信息源的特点，制定的检索方案和方法。通过检索相关文献信息，研究人员可以了解前人的研究成果、掌握研究动态、避免重复研究。

2. 作用

文献信息检索能够有效地促进知识传播和共享，有助于将知识从分散的文献中集中起来，便于人们查找和利用。政府部门、企业等可以通过检索相关文献，了解行业发展趋势、制订战略规划。学生和教师可以通过检索文献，获取学习资料和教学资源，提高教学效率和学习效率。经济管理领域的知识体系庞大且不断更新，文献检索有助于学生系统地积累专业知识，构建完整的知识框架。当今时代文献信息检索发展趋势呈现出智能化、网络化、个性化和跨学科化的显著特征，目前互联网已成为重要的信息源之一，随着人工智能技术的发展、大数据和云计算技术的应用以及学科交叉和融合的趋势加强，文献信息检索将更多地依赖互联网和在线数据库，越来越智能化，更加注重个性化服务，能够更准确地理解和满足我们的需求。如何正确地把握时代趋势，善用文献信息检索，是我们经管类学生需要思考学习的方向。

3. 特点

文献信息检索具备以下几个特点。

（1）系统性。文献信息检索是一个系统的过程，需要按照一定的程序和方法进行。

（2）针对性。文献信息检索是针对特定的信息需求进行的，需要准确地识别和获取所需的信息。

（3）高效性。文献信息检索需要快速、准确地找到所需的信息，以满足用户的需求。

（4）多样性。文献信息检索涉及的信息源和检索工具多种多样，需要根据具体情况选择合适的工具和策略。

（二）文献信息检索语言

1. 含义

文献信息检索语言是一种专门为文献信息的加工、存储和检索需要而编制的专门语言。它是用来描述信息源特征和进行检索的人工语言，作为表达一系列概括文献信息内容和检索课题内容的概念及其相互关系的一种概念标识系统。简言之，文献信息检索语言是沟通信息存储与信息检索两个过程的桥梁。

2. 类型

文献信息检索语言按照不同的划分方法有多种类型，以下简述几种常见的类型，后续章节将详细介绍。

（1）规范化语言。这种语言是通过一定规范来处理和描述文献信息的。例如，分类语言，它是以数字、字母或字母与数字结合作为基本字符，采用字符直接连接并以圆点（或其他符号）作为分隔符的书写法，以基本类目作为基本词汇，以类目的从属关系来表达复杂概念的一类检索语言。

（2）非规范化语言（自然语言）。与规范化语言相对，自然语言是指在日常交流和书写中直接使用的语言。在文献信息检索中，虽然自然语言具有直接性，但由于其多样性，通常需要进行一定程度的规范化处理以提高检索效率。

（3）主题语言。主题语言是以自然语言的字符为字符，以名词术语为基本词汇，用一组名词术语作为检索标识的一类检索语言。主题语言又可分为标题词、元词、叙词、关键词等。标题词型主题检索语言（标题法）：标题法的检索标识是在编表时就固定组配好的，即“先组式”。单元词型主题检索语言（单元词法）：其检索标识一般是在检索时才组配起来，即“后组式”。叙词型主题检索语言（叙词法）：叙词法和单元词法的检索标识也是在检索时才组配起来，也是“后组式”。关键词型主题检索语言（主题词法）：关键词一般认为是直接使用自然语言不加规范，但其实也要进行某种程度的规范化处理。

（4）代码语言。代码语言是指对事物的某方面特征，用某种代码系统来表示和排列事物概念，从而提供检索的检索语言。例如，化合物的分子式索引系统就是代码语言的一种应用。

（5）相关词汇检索。包括标题词、元词、叙词、关键词等，它们都是用来描述和表达信息内容的重要工具。

此外，还有其他分类方式，如按语种划分，文献检索语言还可以划分为英文、中文、日文、德文等。不同的语种对应着不同的学术领域和文献资源。选择合适的语种进行检索可以提高检索效率和准确性。

综上所述，文献信息检索语言在文献信息的加工、存储和检索过程中起着至关重要的作用，其类型多样，需要根据具体的研究领域和需求选择合适的语言进行检索。

二、文献信息检索的途径、方法和步骤

（一）文献信息检索途径及方法

在进行文献信息检索时，需要注意明确检索目的和需求，选择合适的检索工具，使用合理的检索词和检索策略，并对检索结果进行筛选和评估。这样可以提高检索效率，获取更准确、更有价值的文献资源。一般来说，在实际操作过程中，分为如下几种途径、方法。

1. 文献信息检索的途径

（1）著者途径。通过文献上署名的著者、编译者的姓名或机构团体名称编制的索引进行查找。这种方法有助于追踪特定作者或机构的研究成果。

（2）题名途径。利用书、杂志名称查找文献，是最方便的途径之一。

（3）分类途径。以文献的内容在学科分类体系中的位置作为查找文献的途径，检索标志是所需文献的分类号。这种方法适用于按照学科领域进行文献检索。

（4）引文途径。利用文献所附参考文献或引用文献进行检索。通过查找文献的引用部分，可以找到与所研究的主题相关的其他文献资料。

（5）序号途径。利用文献的各种代码、数字编制而成的索引查找文献。例如，专利

号、报告号、合同号等，这些序号对于识别特定的文献具有明确、简短、唯一性特点。

（6）代码途径。利用事物的某种代码编成的索引进行检索，如分子式索引、环系索引等。这两种索引方式即从化学物质的分子式角度、化合物中环的数目查找文献内容的索引。

（7）专门项目途径。从文献信息所包含的或有关的名词术语、地名、人名、机构名、商品名、生物属名、年代等的特定顺序进行检索，可以解决某些特别的问题。

2. 文献信息检索的方法

（1）直接法。直接利用检索系统（工具）检索文献信息的方法。它又可以细分为顺查法、倒查法和抽查法。顺查法：按照时间的顺序，由远及近地利用检索系统进行文献信息检索。适用于较大课题的文献检索。倒查法：由近及远，从新到旧，逆着时间的顺序利用检索工具进行文献检索。可以快速获得最新资料。抽查法：针对项目的特点，选择有关该项目的文献信息最可能出现或最多出现的时间段进行重点检索。

（2）追溯法。利用已有的文献（最好是综述文献）后面所附的参考文献进行追溯查找。在没有完备检索工具的情况下，这种方法较为有效。

（3）循环法（分段法或综合法）。分期交替使用直接法和追溯法，以期取长补短，相互配合，获得更好的检索结果。

（4）关键词检索法。通过选择准确和相关的关键词，使用文献数据库的功能进行检索。可以提高检索的准确性和效率。

（5）主题词检索法。使用文献数据库提供的主题词进行检索。主题词是经过控制词汇表编制和标引工作，反映文献内容的术语或词组。

（6）引文检索法。通过查找已发表论文中所引用的文献来进行检索。可以扩大文献信息的范围。

（二）文献信息检索的步骤

我们在检索文献信息的过程中，为了更好、更高效、更有条理地达成自身需求和目的，通常需要按顺序操作如下几个步骤（见图 1.1）。

（1）明确检索需求。确定检索的主题、关键词或短语。明确检索的范围，如时间跨度、文献类型（期刊论文、会议论文、专利等）、学科领域等。设定检索的目标，如了解研究现状、查找特定研究成果或获取详细实验方法等。

（2）选择数据库或检索平台。根据研究需求选择合适的数据库或检索平台，如 PubMed、Google Scholar、CNKI（中国知网）、万方数据等。考虑数据库的覆盖范围、更新频率、检索功能等因素。

（3）构建检索策略。使用布尔逻辑运算符（如 AND、OR、NOT）组合关键词，以缩小或扩大检索范围。使用截词符（如 *、？）来检索具有相似词型或词根的词汇。使用字段限制（如标题、作者、摘要等）来精确检索。尝试使用高级检索功能，如主题词检索、引文检索等。

（4）执行检索。在选定的数据库或检索平台中输入构建的检索策略，执行检索，并查看检索结果。

（5）筛选和评估检索结果。根据相关性、权威性和时效性等因素筛选检索结果。查看文献的标题、作者、摘要等信息，以判断其是否符合研究需求。使用引文分析、影响因子等指标评估文献的质量和影响力。

（6）获取全文。对于筛选出的符合要求的文献，尝试获取其全文。如果数据库提供全文链接，则直接点击下载。如果数据库不提供全文，则尝试通过图书馆、学术机构或作者等途径获取。

（7）整理和管理文献。使用文献管理软件（如 EndNote、NoteExpress、Mendeley 等）整理和管理获取的文献。对文献进行分类、标记和注释，以便后续查阅和使用。

（8）持续跟踪和更新。定期检查新的文献发布情况，以了解研究进展和最新动态。利用 RSS 订阅、邮件提醒等功能，及时获取相关领域的最新文献信息。

（9）反馈和调整检索策略。如果初次检索结果不理想，可以调整检索策略并重新执行检索。根据实际需求和反馈结果，不断优化检索策略以提高检索效率和质量。

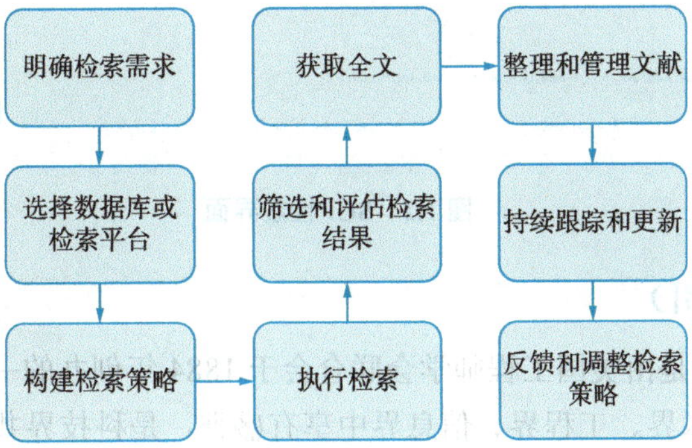

图 1.1 文献信息检索步骤

三、文献信息检索工具

文献检索工具是用于存储、查找和获取文献信息的工具或系统。它们帮助用户从海量的文献资源中快速、准确地找到所需的文献信息。在当今信息时代，新型文献信息检索工具使用尤为重要，常见的文献检索工具包括学术数据库（如 PubMed、Web of Science、CNKI 等）、搜索引擎（如 Google 学术搜索、百度学术等）等。这些工具在学术研究、教学、技术开发等领域发挥着重要作用，帮助用户快速、准确地获取所需的文献信息。

1. SCI（科学引文索引）

科学引文索引（Science Citation IndexTM，SCI）是美国科学信息研究所（ISI）的尤金·加菲尔德（Eugene Garfield）于 1957 年在美国费城创办的引文数据库。收录了全球范围内的科学文献，包括期刊论文、会议论文等；提供文献的作者、题目、源期刊、摘要、关键词等信息的检索；评估文章的学术价值和影响力；组建研究课题的参考文献网络。SCI收录全世界出版的数、理、化、农、林、医、生命科学、天文、地理、环境、材料、工程技术等自然科学各学科的核心期刊约3500种，是当今世界上最著名的检索性刊物之一，也是文献计量学和科学计量学的重要工具。通过引文检索功能可查找相关研究课题早期、当时和最近的学术文献，同时获取论文摘要；可以看到所引用参考文献的记录、被引用情况及相关文献的记录。60多年来，SCI数据库不断发展，成为最重要的大型数据库，被列在国际六大著名检索系统之首（见图1.2）。

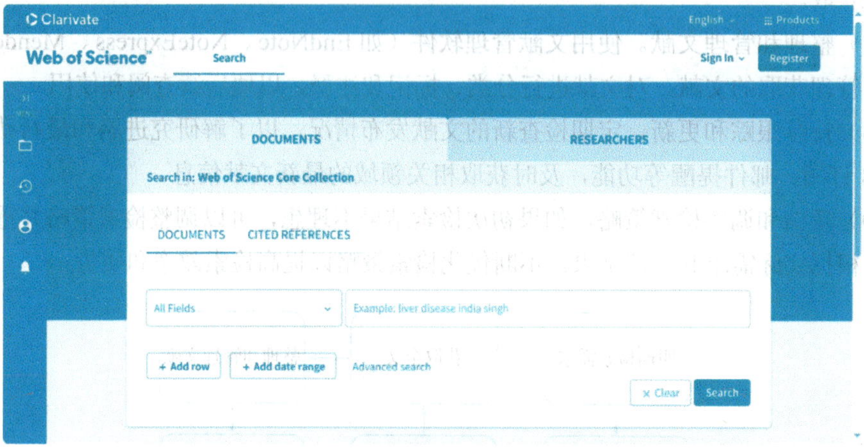

图1.2 SCI检索界面

2. EI（工程索引）

工程索引（EI）是由美国工程师学会联合会于1884年创办的一部大型综合性检索工具。EI在全球的学术界、工程界、信息界中享有盛誉，是科技界共同认可的重要检索工具。其包括电类、自动控制类、动力、机械等多个学科领域的工程文献，揭示文献资源的具体内容，让科技人员了解科技发展的概貌和水平。报道新文献，并加上学科内容的描述和摘抄（见图1.3）。

图1.3 EI检索主页

3. 中国知网

中国知网始建于 1999 年 6 月，是同方股份有限公司旗下的学术平台，旨在为社会各个行业提供专业的知识管理与知识服务。知网是国家知识基础设施（National Knowledge Infrastructure，NKI）的概念，由世界银行于 1998 年提出。CNKI 工程是以实现全社会知识资源传播共享与增值利用为目标的信息化建设项目。知网提供多种检索方式，如导航检索、入口词检索、二次检索、高级检索等，支持文献的下载、阅读和引用，提供学术趋势、学科分类等统计分析功能，其收录的文献资源广泛，包括期刊、报纸、学位论文等，检索结果准确，支持多种筛选和排序方式（见图 1.4）。

图 1.4　中国知网检索界面

4. Google 学术搜索

Google 学术搜索主要提供维普资讯、万方数据等几个学术文献资源库的检索服务，搜索学术文献，包括论文、书籍、专利等，提供文献的作者、摘要、引用次数等信息，支持相关文献的推荐和引用文献的查找。其搜索范围广，覆盖全球学术资源，是一款能够提供丰富的学术信息和统计分析的工具（见图 1.5）。

图 1.5　Google 学术搜索界面

四、文献信息检索结果评价

文献信息检索的结果评价是衡量检索系统性能和服务质量的重要指标，它直接关系用户能否高效地获取所需的信息资源。文献信息检索结果评价包括以下几个主要方面。

1. 技术效果评价

技术效果主要评价检索系统的性能和服务质量，它可以通过以下几个指标来衡量。

（1）查全率（Recall）。查全率是指检索出的相关文献数量占系统中所有相关文献数量的百分比，它反映了系统检索出所有相关文献的能力。查全率越高，说明系统漏检的相关文献越少，检索结果越全面。

查全率 = 检索出的相关文献数 ÷ 系统中所有相关文献数 × 100%

（2）查准率（Precision）。查准率是指检索出的相关文献数量占检索出文献总数的百分比，它反映了系统拒绝不相关信息的能力。查准率越高，说明检索结果中不相关文献越少，检索结果越准确。

查准率 = 检索出的相关文献数 ÷ 检索出的文献总数 × 100%

（3）F1 值。F1 值是查全率和查准率的调和平均数，用于综合评估检索效果。F1 值越高，说明检索系统在查全率和查准率之间取得了良好的平衡，检索结果的综合质量越高。

F1 值 =2 ×（查准率 × 查全率）÷（查准率 + 查全率）

（4）排名效果。排名效果是指检索结果中相关文献的排序是否符合用户的需求。其将检索结果按照相关性排序，通过人工判断或用户反馈来评估排序的合理性。排名效果好的检索系统能够使用户快速找到最相关的文献，提高检索效率。

2. 经济效果评价

经济效果主要关注检索系统服务所花费的成本和时间，它对于用户选择检索系统具有重要意义。

（1）成本。成本包括用户为检索课题所投入的直接费用和间接费用，如检索软件费用、数据库订阅费用、时间成本等。可以通过比较不同检索系统的收费标准和服务内容，选择性价比高的系统来进行评价。

（2）时间。时间包括检索的准备时间、检索过程中的时间以及获取文献的时间等。可以通过记录检索过程所需的总时间，评估检索系统的响应速度和用户操作的便捷性。

3. 用户满意度评价

用户满意度是衡量检索系统用户体验的重要指标，它直接反映了用户对检索结果的满意程度。可以通过用户调查、用户反馈、用户行为数据等方式收集用户对检索结果的满意度信息。其评价内容包括检索结果的质量、数量、相关性、易用性等方面。

综上所述，文献信息检索的结果评价是一个多维度、综合性的过程，需要从技术效果、经济效果和用户满意度等多个方面进行全面评估。在实际应用中，用户可以根据自身需求和实际情况选择合适的检索系统，并通过不断优化检索策略和方法来提高检索效率。

第三节 文献信息的合理使用与学术规范

一、文献信息检索的目的与意义

（一）目的

1. 直接目的

（1）获取信息。文献信息检索的首要直接目的是获取特定领域、特定主题或特定问题的相关信息，以满足学术研究、工作需求或解决问题的需要。例如，一名经管类学生想要了解当前“金融科技”领域的发展趋势，他通过文献信息检索，找到了一系列关于金融科技的学术论文、行业报告以及新闻资讯。这些资料不仅提供了该领域的最新动态，还包含了一些前沿的研究方法和理论框架，有助于他更好地把握研究方向。通过检索，学生能够迅速获取所需的专业资讯和前沿研究，为学习和研究提供有力的支持。

（2）辅助决策。在信息爆炸的时代，有效的信息检索能够辅助个人或组织作出更明智的决策，无论是在学术研究、商业决策还是政策制定等方面。例如在一门关于“跨国公司管理”的课程中，老师要求学生分析某家跨国公司的国际市场营销策略，学生通过文献信息检索，找到了这家公司的年报、市场分析报告以及相关的学术论文，对其市场营销策略进行了深入的分析。文献信息检索能够帮助学生获取与课程学习和项目研究相关的丰富资料，有助于他们更好地理解和掌握知识，提高学习效率。

2. 间接目的

（1）促进知识创新。通过检索和整合已有文献，研究者能够站在前人的肩膀上，发现新的研究问题，提出新的研究假设或方法，从而促进知识的创新和发展。

（2）推动学科交叉。文献信息检索有助于不同学科之间的交叉融合。通过检索不同领域的文献，研究者能够发现不同学科之间的共同点和联系，推动跨学科研究的发展。

（二）意义

1. 学术意义

（1）深化学术研究。文献信息检索是学术研究的基础工作之一。通过检索和阅读相关文献，研究者能够了解研究领域的现状、发展趋势和前沿问题，从而深化自己的学术研究。例如，在学习“宏观经济学”课程时，学生通过文献信息检索，找到了诺贝尔经济学奖获得者的一些经典论文和著作。这些资料不仅帮助他们深入理解了宏观经济学的基本原理，还拓宽了他们的学术视野，通过检索和阅读高质量的文献，学生能够更深入地理解专业知识的内涵和外延，提高专业素养。

（2）提高研究质量。有效的文献信息检索能够避免重复劳动和错误结论的产生，提高研究的质量和水平，同时，通过检索和引用高质量文献，能够增加研究的权威性和可信度。例如，通过文献信息检索，学生可以找到与自己研究方向相同或相近的学者和研究团队，他们可以通过邮件、学术会议等方式与这些学者建立联系，进行学术交流和合作。这种交流和合作有助于拓宽学生的学术视野和提高研究水平。文献信息检索为学生提供了一个与同行学者进行学术交流和合作的平台，有助于他们拓宽学术视野、提高研究水平并建立学术网络。

2. 实践意义

（1）解决问题。无论是个人还是组织，在面对实际问题时都需要借助文献信息检索来获取相关知识和经验，从而找到解决问题的有效方法。例如，某学生计划创业，他通过文献信息检索，找到了多个成功创业案例的分析报告；这些报告不仅提供了创业过程中的经验教训，还包含了一些实用的创业方法和技巧。学生通过学习和借鉴这些案例，为自己的创业之路提供了宝贵的参考。文献信息检索能够帮助学生找到行业内的最佳实践案例和成功经验，有助于他们提升实践应用能力和创新能力。

（2）促进社会发展。文献信息检索不仅有助于个人和组织的发展，还能够推动整个社会的进步。通过检索和分享知识，人们能够更好地认识世界、改造世界，实现人类文明的持续发展和进步。

3. 辩证思考

在肯定文献信息检索的积极作用的同时，也要看到其潜在的局限性。例如，信息过载可能导致检索效率低下、信息质量参差不齐等问题，因此，在进行文献信息检索时，需要保持辩证的思考方式，既要充分利用其优势，也要警惕其潜在的风险。文献信息检索的过程也是一个不断学习和提高的过程，通过不断地检索、阅读、分析和总结文献，研究者能够不断提高自己的学术素养和综合能力，为未来的研究和工作打下坚实的基础。

综上所述，文献信息检索的目的与意义是多方面的、辩证的。它既具有直接的实际应用价值，如获取信息、辅助决策等，也具有深远的学术和社会价值，如促进知识创新、推动学科交叉、深化学术研究、提高研究质量等。同时，在进行文献信息检索时，也需要保持辩证的思考方式，既充分利用其优势，也警惕其潜在的风险。

二、文献信息的合理借鉴使用与学术规范

（一）合理借鉴使用

1. 精选文献

在选择文献时，应优先考虑与自己研究主题紧密相关、具有权威性的文献，这些文献通常来自知名学术期刊、出版社或权威研究机构。请注意文献的新旧程度，优先选择最新的研究成果，以体现研究的时效性和创新性。

2. 准确引用

在引用文献时，要确保信息的准确性。这包括作者姓名、文献标题、出版年份、期刊名称、卷号、期号和页码等详细信息。请务必遵循学术规范，按照规定的格式进行引用。不同的学术领域和期刊可能有不同的引用格式要求，如 APA、MLA、Chicago 等。

3. 适度引用

虽然引用参考文献是证明观点和论据可靠性的重要手段，但过度引用也可能影响论文的整体连贯性和可读性。因此，需要适度引用，并根据论文的需要选择合适的文献进行引用。

4. 合理分析

引用参考文献不仅是为了展示自己的阅读量，更是为了支持自己的观点。在引用文献时，应对其进行合理的分析和讨论，以展现自己对文献内容的理解和把握。

（二）文献信息使用中的学术规范

1. 尊重版权

在使用文献信息时，应充分尊重他人的知识产权和劳动成果。不得随意复制、粘贴或传播未经授权的文献内容。在引用他人文献时，应注明出处，并按照学术规范进行引用。

2. 遵守学术道德

在进行学术研究时，应保持诚实、公正和客观的态度，不得捏造数据或伪造研究结果。在使用文献信息时，务必遵守学术道德和学术规范，不得抄袭、剽窃或篡改他人文献内容。

3. 合理引用多种类型的文献

除了学术期刊论文，还可以引用其他类型的文献，如专著、会议论文、报告等。这可

以丰富论文内容，并为读者提供更多元化的阅读和研究资源。

4. 注意文献的时效性和权威性

在使用文献信息时，应注意文献的时效性和权威性。优先选择最新的研究成果和权威机构发布的文献，以确保研究结果的准确性和可靠性。

【课堂思政】

激发学生对文献检索与论文写作的学习兴趣，培养学生追求真理、勇攀科学高峰的责任感和使命感，砥砺家国情怀，激发使命担当，树立良好的学术道德，强化知识产权保护意识、创新意识、学术意识、质量意识、批评和自我批评意识以及实事求是精神。

【本章小结】

本章介绍了文献、信息及其相关知识；通过本章学习，能较好地理解并掌握文献信息检索的含义、语言、类型、途径、方法、步骤及结果评价；重点掌握文献信息检索工具，尤其数字化时代的新型文献信息检索工具，理解文献信息检索的目的与意义，掌握文献信息的合理借鉴使用及其学术规范。

在进行文献信息检索时，不同的途径和方法具有各自的优势和适用场景。高校经管类学生应根据具体的研究需求选择合适的检索途径和方法。关键词的选择和使用是检索成功的关键之一，学生应仔细分析课题内容，确定准确的关键词组合。检索结果的筛选和评估也是重要的环节，学生需要仔细阅读文献的摘要或全文，评估其与自己研究的相关性和价值。通过实际操作和不断练习，学生能够逐步提高自己的文献信息检索能力，为今后学术研究提供有力支持。

【实战训练】

任务 1:

利用著者途径检索。

背景:

假设某学生想要了解著名经济学家张三教授在宏观经济领域的研究成果。

步骤:

①确定检索词：学生须确定检索词为“张三”和“宏观经济”。

②选择检索系统：学生可以选择使用如 CNKI、万方等中文文献数据库进行检索。

③执行检索：在数据库的著者途径中，输入“张三”作为检索词，并设置检索范围为“宏观经济”领域。

④筛选结果：从检索结果中筛选出与“宏观经济”相关的文献，并阅读摘要或全文以获取详细信息。

任务 2：

利用题名途径检索。

背景：

某学生想要研究《经济学原理》一书中的相关理论，并查找与之相关的研究文献。

步骤：

①确定检索词：学生须确定检索词为“《经济学原理》”。

②选择检索系统：学生可以选择使用图书馆目录、读秀学术搜索等系统进行检索。

③执行检索：在系统的题名途径中，输入“《经济学原理》”作为检索词。

④查找引用文献：通过查看《经济学原理》一书的引用文献或参考文献，进一步查找与其相关的研究文献。

任务 3：

利用关键词检索。

背景：

某学生想要研究“人工智能在医疗领域的应用”这一课题。

步骤：

①确定关键词：学生须确定关键词为“人工智能”“医疗领域”和“应用”。

②选择检索系统：学生可以选择使用如 PubMed、Web of Science 等英文文献数据库进行检索。

③执行检索：在数据库的关键词检索功能中，输入上述关键词，并设置逻辑关系（如 AND、OR）进行组合检索。

④筛选结果：从检索结果中筛选出与“人工智能在医疗领域的应用”相关的文献，并阅读摘要或全文以获取详细信息。

任务 4：

利用引文检索。

背景：

某学生在阅读一篇关于“气候变化对农业影响”的论文时，发现其中引用了多篇相关文献，想深入了解相关内容。

步骤：

①收集引文信息：学生须收集论文中引用的文献信息，包括作者、标题、出版年份等。

②选择检索系统：学生可以选择使用如 Google 学术、百度学术等搜索引擎或文献数据库进行检索。

③执行检索：在搜索引擎或数据库的引文检索功能中，输入收集的引文信息进行检索。

④获取原文：通过检索结果中的链接或信息，获取原文进行阅读和分析。

【课后练习】

随着科技的飞速发展，智能家居行业蓬勃兴起。某新兴智能家居公司作为行业的佼佼者，近年来凭借其创新的产品和服务，迅速占领市场。然而，市场竞争日益激烈，为了保持领先地位，公司需要准确把握市场趋势，及时调整战略。

如果你是该公司的市场人员，请通过有效的文献信息检索，把握市场趋势，优化产品布局，从而提升市场竞争力。（提示：可通过市场分析报告的检索、竞争对手情报的收集、技术趋势的预测、政策法规的解读四方面展开检索）

第二章 Chapter 2 文献信息分类检索

学习目标

知识目标： 本课程将引导学生了解网络文献信息检索的特点和类型，了解文献原文获取的途径及技巧；理解网络文献资源评估的质量和真实性；掌握网络文献信息、图书信息、事实型与数值型信息和特种文献的检索，重点掌握经管类中英文电子期刊数据库的检索方法与技巧。

能力目标： 全面掌握各种文献检索的工具和方法，提升高质量文献检索、评估和筛选的能力，重点运用经管类中英文电子期刊的检索工具，深入学习如何高效、准确地查找与分析相关文献资源。

素质目标： 通过学习文献信息检索方法，拓宽学生的学术视野，激发学生对文献信息检索应用的探索意识，培养批判性思维、信息鉴别能力以及严谨的学术态度。

第一节 网络文献信息检索

一、网络文献信息资源的特点与类型

网络文献信息检索是指利用计算机技术和网络资源，通过检索系统来获取网络上的各种文献信息。网络文献信息检索已成为获取文献线索和原始文献，以及有关事实和数据等信息的重要途径。通常，通过搜索引擎、数据库或专门的检索工具进行检索。

（一）网络文献信息资源的特点

网络文献信息资源实际上是数字型信息，属于文献信息资源的一种。随着计算机网络的快速发展，互联网已经成为一个庞大的知识宝库和信息海洋，具有动态性、时效性强、非规范性、真实性和可靠性不高等特点。

1. 动态性

网络文献信息的内容和形式都具有动态变化的特点。随着时间的推移，网络上的信息不断更新和变化，新的文献不断涌现，旧的信息可能会被更新或删除。

2. 时效性强

即信息发布后很快就会被用户获取和利用。与传统的印刷出版物相比，网络文献的传播速度更快，用户可以迅速获取最新的信息。因此，网络文献的时效性使它成为获取最新知识的重要途径。

3. 非规范性

网络文献信息的组织和标准通常较为混乱，缺乏统一的格式和分类体系，导致信息呈现出碎片化、零散化的状态，给用户查找和管理带来一定的困难。

4. 真实性和可靠性不高

网络上的信息来源多样化，包括个人网站、社交媒体、博客等，其中不乏虚假、误导性或未经验证的信息。用户在利用网络文献信息时需要保持批判性思维，对信息的来源和可信度进行评估和验证，以确保获取的信息是真实可靠的。

（二）网络文献信息资源的类型

（1）按信息内容的表现形式和内容，网络信息资源可分为以下类型：①全文型信息，即直接在网上发行的电子期刊（包括 OA 期刊[①]）、网上报纸、印刷型期刊的电子版、网络学院的各类教材、政府出版物、标准全文等；②事实型信息，如天气预报、节目预告、火车车次、飞机航班、城市或景点介绍、工程实况、IP 地址等；③数值型信息，主要是指各种统计数据，即在国家统计局、中华人民共和国交通运输部和中华人民共和国海关总署等收集的数据；④数据库类信息，包括传统数据库的网络化，如中国期刊网、清华学术期刊网、万方系列数据库等；⑤微内容，具有交互性等特征，如微信、微博、知乎、小红书、邮件讨论组、网络新闻组等。

（2）按学科分类。按学科大致可分为自然科学、工程技术、医学与生命科学、社会科学、人文科学、经济与管理类以及农业与环境科学等多个类别。本章节重点阐述经济与管理类文献信息资源。此类资源主要涵盖工商管理、国际贸易、金融学、物流管理、市场营销和会计学等领域，涉及市场调研报告、经济数据以及商业数据库等。通过对高质量文献信息资源的有效检索与分析，能够为学术研究提供重要的数据支持和理论依据。

二、网络文献资源的评估与选择

在经济与管理类领域，网络资源种类繁多，涵盖了学术研究、市场分析、企业案例等

① OA 期刊，即开放获取期刊（Open Access Journal），是一种通过互联网免费向读者开放的学术期刊。

多方面内容。因此，选择和评估高质量的经管类网络文献资源至关重要。由于网络上的信息质量参差不齐，真假信息混杂，评估这些资源的质量和真实性尤为关键。具体而言，经管类文献资源的评估与选择可以通过以下方法进行。

1. 来源验证

经管类文献应优先选择权威来源，主要是国内知名学术期刊、大学和科研机构的官网、政府统计数据、专业经济智库和行业协会发布的报告等，如中国社会科学院、国家信息中心、中国人民大学经济研究所、中国企业联合会等机构发布的研究成果，通常被认为具有较高的可信度。

2. 交叉验证

针对经济与管理类数据和信息，尽可能通过多个独立来源进行交叉验证。例如，针对某一市场趋势分析或经济预测，可以查阅国家统计局、商务部、中华人民共和国海关总署等权威经济研究机构发布的数据报告，以确认数据的准确性与一致性。

3. 内容分析

分析文献的内容深度和数据支撑是评估经管类文献资源的关键。在选择文献时，优先考虑那些具有详细分析、翔实数据和清晰引用的文献。例如，关于企业管理的报告，需有清晰的案例研究、数据分析和理论支持，如清华大学经济管理学院或北京大学光华管理学院发布的案例研究，往往具有较高的分析深度和可信度。

4. 更新时间

在经济管理领域，信息的时效性极为重要。选择文献时，应确保数据和分析是基于最新的市场情况和经济环境。例如，选择经济报告时，确保其来自中国经济信息网或中国人民银行等机构的最新发布，确保其紧跟市场趋势，为实际决策提供有力支持。

5. 作者资质

了解文献作者或发布者的背景至关重要。选择经管类文献时，应关注作者的学术背景、行业经验和专业资质。例如，企业管理领域的文献可优先选择有实际管理经验的企业高管或知名管理学者撰写的内容，以确保分析的专业性和权威性。

三、常用综合性搜索工具

开放的网络信息资源的检索工具主要是指搜索引擎。搜索引擎在我们日常生活中扮演着非常重要的角色，是为用户提供信息检索服务的网站。常用的综合性搜索引擎可以查询多学科、多类型的信息，如百度、搜狗、谷歌、必应和雅虎等。

1. 百度搜索引擎（https://www.baidu.com）

百度是中国最著名的搜索引擎之一，为用户提供网页、图片、视频、新闻、地图、文库等多种搜索服务，并运营百度百科、百度地图和百度云等多种网络服务。凭借其精准的中文搜索能力和丰富的本土化内容，百度赢得了广大用户的青睐。同时，百度在人工智能技术方面不断发展和投资。但是，百度文库中的部分文献资源并非全部免费，某些高质量的文献、资料或专业文档需要用户付费或使用积分下载，这在一定程度上限制了用户对某些内容的免费获取。百度搜索引擎界面如图 2.1 所示。

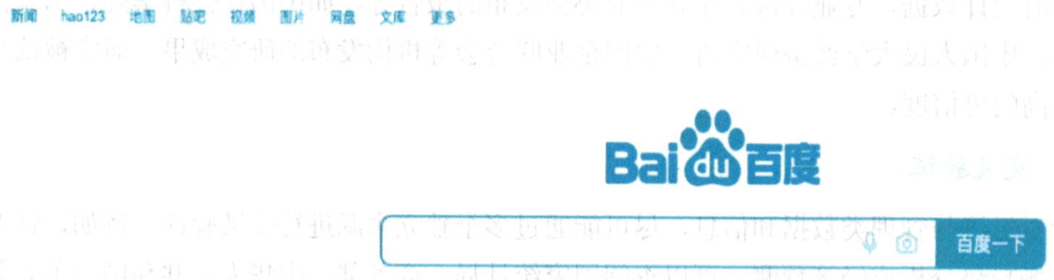

图 2.1 百度搜索引擎界面

百度搜索引擎支持符号法则、限制检索法则、自然语法法则以及特殊的查询法则等，主要语法特点如下。

（1）间隔符“|”并行搜索。语法为“关键词 A| 关键词 B”。例如，输入“人力资源管理 | 层次分析法”，搜索结果为包含“人力资源管理”或“层次分析法”的网页，检索结果如图 2.2 所示。

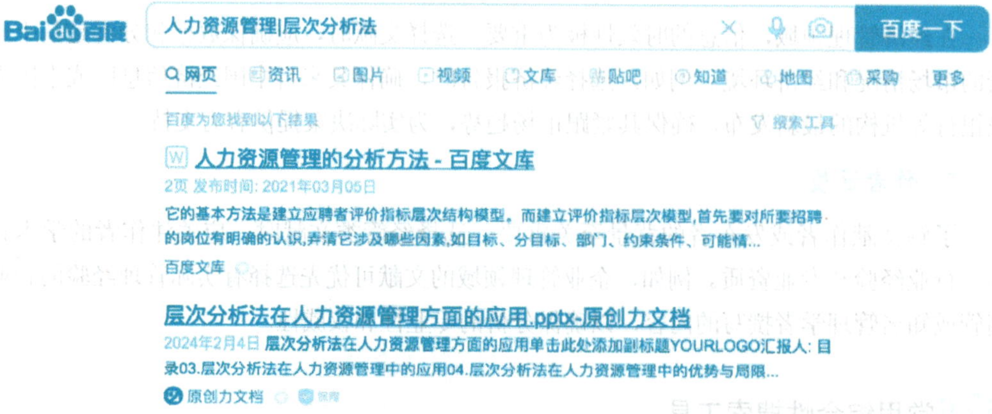

图 2.2 使用间隔符“|”的搜索结果

（2）Filetype 专业文档搜索。语法为“关键词 A filetype：文档扩展名”或“filetype：文档扩展名关键词 A”。文档格式可以是 txt、ppt、pdf、doc、xls、zip、rtf、all（所有文档格式）。例如，输入“集装箱吞吐量 filetype：doc”，可以限制在 doc 文档格式中搜索集装箱吞吐量信息。注意，关键词和 filetype：文档扩展名之间必须有“空格”，检索结果如图 2.3 所示。

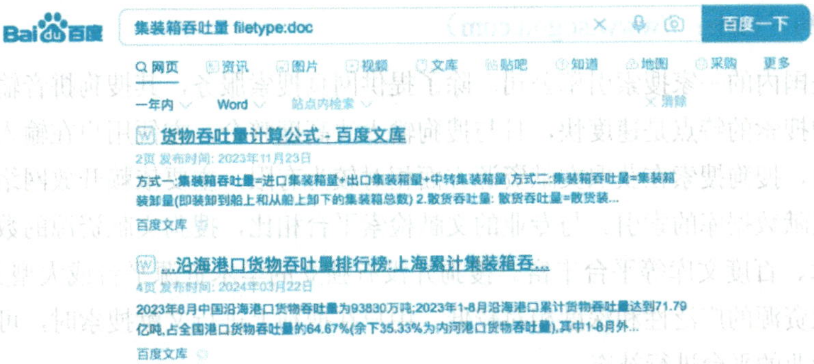

图 2.3 Filetype 专业文档的搜索结果

（3）intitle 限定网页标题。Intitle 指将搜索范围限定在网页标题中，语法为“intitle：关键词”。例如，查找标题中含有“货运代理”的相关页面。输入：intitle：货运代理。检索结果如图 2.4 所示。

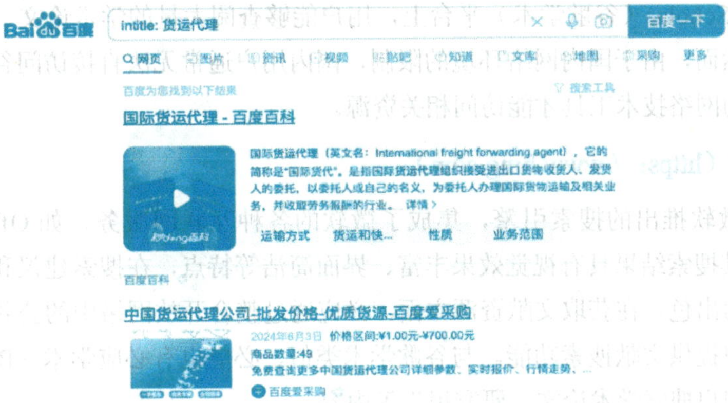

图 2.4 限定网页标题的搜索结果

（4）site 限定特定网站。site 指将搜索范围限定在特定网站中，语法为“关键词 site：网址”。例如，在国家统计局官网中消费价格相关信息。输入：消费价格 site：www.stats.gov.cn。检索结果如图 2.5 所示。

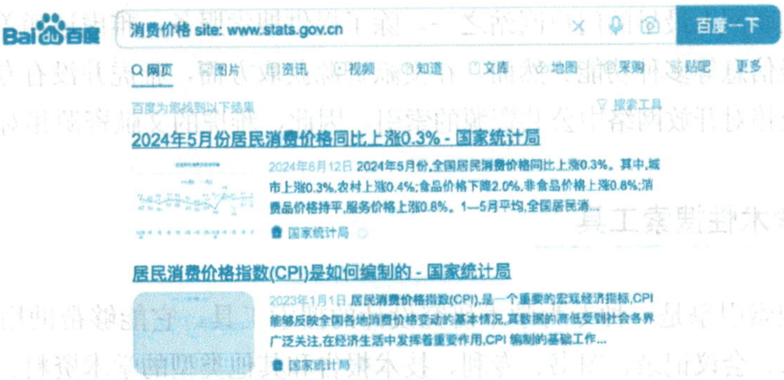

图 2.5 限定特定网站的搜索结果

2. 搜狗（https：//www.sogou.com）

搜狗是国内的一家搜索引擎公司。除了提供网页搜索服务，其搜狗拼音输入法也非常出名。搜狗搜索的特点是速度快，且与搜狗输入法高度整合，方便用户在输入时即时搜索信息。然而，搜狗搜索在获取文献资源方面相对较为有限，主要依赖开放网络上的公共资源和外部文献数据库的索引。与专业的文献检索平台相比，搜狗文献资源的数量和质量不如谷歌学术、百度文库等平台丰富。搜狗并没有独立的学术资源平台或大型文献数据库，因此其文献资源的广泛性和深度相对较低。用户在搜狗上进行文献搜索时，可能需要借助其他更为专业的平台进行补充。

3. 谷歌（https：//www.google.com）

谷歌是全球规模最大的搜索引擎，以其强大的搜索算法和广泛的服务著称。除了搜索服务，谷歌还提供 Gmail、Google 地图、Google 云服务和 Android 系统等产品，拥有庞大的全球用户群体，并在搜索技术领域持续创新。谷歌的文献资源基本可以免费获取，尤其是在 Google Scholar（谷歌学术）平台上，用户能够查阅大量的学术论文、研究报告等高质量文献。然而，由于国内网络环境的限制，国内用户通常无法直接访问谷歌的服务，需要通过特定的网络技术工具才能访问相关资源。

4. 必应（https：//www.bing.com）

必应是微软推出的搜索引擎，集成了微软的各种互联网服务，如 Office Online 和 OneDrive，其搜索结果具有视觉效果丰富、界面简洁等特点，在搜索建议和相关搜索功能方面表现较为出色。在获取文献资源方面，必应通过整合开放网络中的公共资源和文献数据库，为用户提供文献搜索功能。与谷歌学术类似，必应也有必应学术（Bing Academic）服务，帮助用户搜索学术论文、研究报告等内容。

虽然必应学术能够检索大量学术资源，但与谷歌学术相比，其覆盖面相对较窄，文献资源的广泛性和更新速度可能不如谷歌。总体来说，必应提供的文献资源数量较多，但在深度和权威性上，用户可能仍需结合其他更专业的学术平台以获得更全面的文献内容。

5. 雅虎（https：//www.yahoo.com）

雅虎是互联网上最早的门户网站之一。除了提供搜索服务，雅虎还涵盖新闻、电子邮件服务、财经信息等多种功能。然而，在文献资源获取方面，雅虎并没有专门的学术资源平台，主要依赖对开放网络中公共资源的索引。因此，雅虎的文献资源相对较为有限。

四、常用学术性搜索工具

学术性搜索引擎是一种专为学术研究设计的搜索工具，它能够帮助用户找到学术论文、期刊文章、会议记录、图书、专利、技术报告和其他类型的学术资料。与普通的搜索引擎相比，学术性搜索引擎更注重提供经过同行评审的、有权威性的学术资源。常用的学术性搜索引擎包括百度学术搜索引擎、Google Scholar 学术搜索、BASE 搜索、EconLit 搜索、Business Source Complete（EBSCO）搜索和 Scopus 搜索等。

1. 百度学术搜索引擎（https：//xueshu.baidu.com）

百度学术搜索引擎是由中国的互联网公司百度推出的一款学术资源搜索服务。它旨在为用户提供便捷的学术文献搜索，包括但不限于论文、会议、期刊、学位论文和专利。百度学术搜索引擎特别适合中文用户，支持中英文文献的检索，覆盖了自然科学、社会科学、工程技术等多个领域；支持论文查重、学术分析、开题分析、学者查询等多个功能（见图 2.6）。

图 2.6 百度学术搜索引擎界面

2. Google Scholar 学术搜索（https：//scholar.google.com）

Google Scholar 提供了一个简单的方法来广泛搜索学术文献，覆盖了许多学科和来源，如论文、论文集、书籍、摘要和文章，来自学术出版商、专业协会、预印本库等（见图 2.7）。

图 2.7 Google Scholar 学术搜索引擎界面

3. BASE（https：//base-search.net/）

BASE（Bielefeld）是由德国比勒费尔德大学图书馆开发和维护的学术搜索引擎。它旨在提供对学术资源的全面访问，特别是那些开放获取的资源。BASE 涵盖了各种学术领域，从人文科学到自然科学。它特别注重开放获取的资源，确保用户可以免费访问大量的学术文献。BASE 收录的文献来自可信的学术来源，保证了内容的质量和学术价值，用户可以搜索到期刊文章、学位论文、会议论文、预印本等多种类型的学术文献（见图 2.8）。

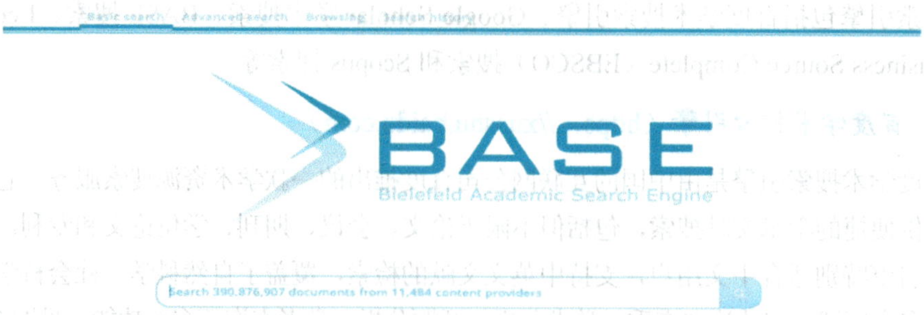

图 2.8　BASE 搜索引擎界面

4. EconLit（https：//www.aeaweb.org/econlit）

EconLit 由美国经济协会提供，专注于经济学相关文献，包括期刊文章、书籍、书评、会议论文等，是经济学研究的重要资源。EconLit 经过专业分类，每周更新，包含超过 160 万条记录，涵盖了过去 130 年来来自 74 个国家 / 地区领先机构出版的经济学文献（见图 2.9）。

图 2.9　EconLit 搜索引擎界面

5. Business Source Complete（EBSCO）（https：//www.ebsco.com/products/research-databases/business-source-complete）

EBSCO 提供全面的商业文献，包括市场研究、行业报告、公司简介、经济预测文档等。其覆盖范围广，包括市场营销、财务、会计等领域的学术和实务文章（见图 2.10）。

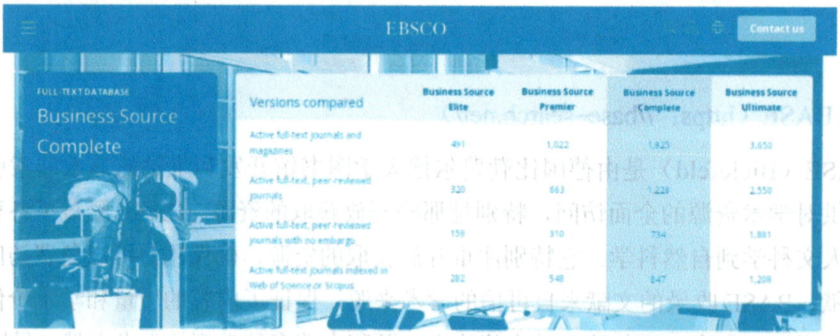

图 2.10　EBSCO 搜索引擎界面

6. Scopus（https：//www.scopus.com）

是一个包含摘要和引用的大型数据库，涵盖了自然科学、技术、医学、社会科学以及艺术和人文学科的广泛领域（见图 2.11）。

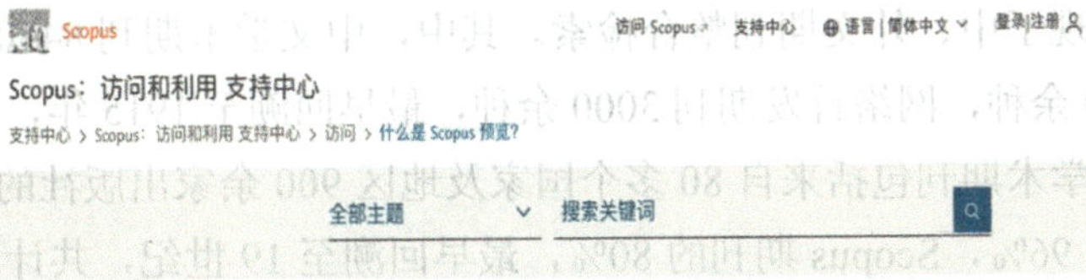

图 2.11　Scopus 搜索引擎界面

第二节 期刊文献检索

期刊也称为杂志，是定期以印刷或其他形式出版，并通常按数字或年月编号连续发布的出版物，其出版由依法成立的出版单位负责，须经新闻出版总署审批并获得国内统一连续出版物号和期刊出版许可证。在文献信息服务平台上，期刊文献因其多样性、大量信息内容及快速发布，在所有资源中占据重要份额，并且能迅速反映最新的学术成果，为学术研究与论文撰写提供了宝贵的参考资源。特别是在学位论文中，引用的期刊文献不仅数量众多，而且出版日期与撰写时间相近，确保了研究成果的时效性和前瞻性，这也是为何研究人员需要频繁检索最新的期刊文献的原因。本节重点介绍经管类期刊的检索，涵盖工商管理、国际贸易、人力资源、市场营销、财务会计等领域的期刊文献资源，帮助研究人员有效获取最新的经管类学术成果，并指导论文撰写和研究方向的选定。

一、期刊文献检索概述

期刊文献检索是研究人员、学者和学生通过在线平台或数据库查找学术期刊文章的过程。其目的是通过使用关键词、作者、出版物名称、主题等搜索条件，快速获取与特定研究领域相关的文献资源。期刊检索能够帮助研究人员有效获取最新的研究成果，提高文献收集的效率，进而支持学术研究和论文撰写。

二、中文电子期刊数据库检索

1. 中国知网（CNKI）（https：//www.cnki.net/）

中国知网是中国领先的学术资源数据库，提供广泛的学术研究资料，特别是中文资料。中国知网收录了众多中文学术期刊，涵盖自然科学、工程技术、农业、医学、人文社会科学等多个领域。此外，它还提供学位论文、会议论文、标准、专利等资源的检索与下载服务。知网强大的搜索引擎和便捷的用户界面，使用户能够快速找到所需文献。其服务对象包括高等院校、科研机构和企业等。

中国知网实现了中、外文期刊整合检索。其中，中文学术期刊8450余种，含北京大学核心期刊1970余种，网络首发期刊3000余种，最早回溯至1915年，共计6280余万篇全文文献；外文学术期刊包括来自80多个国家及地区900余家出版社的期刊7.5万余种，覆盖JCR期刊的96%，Scopus期刊的80%，最早回溯至19世纪，共计8790余万篇外文题录，可链接全文。

中国知网期刊检索包括高级检索、专业检索、作者发文检索和句子检索四大类。

（1）高级检索。高级检索支持多字段逻辑组合，并可通过选择精确或模糊的匹配方式、检索控制等方法完成较复杂的检索，得到符合需求的检索结果。

检索内容可实现对主题、篇关摘（篇关摘检索是指在篇名、关键词、摘要范围内进行检索）、关键词、篇名、全文、作者、第一作者、通讯作者、作者单位、基金、摘要、小标题、参考文献、分类号、文献来源、DOI① 等20种检索字段，其中参考文献和小标题是其独有的检索字段。

检索区主要分为两部分，上半部分为检索条件输入区，下半部分为检索控制区。默认显示主题、作者、文献来源三个检索框，可自由选择检索项、检索项间的逻辑关系、检索词匹配方式等。点击检索框后的“+、-”按钮可添加或删除检索项，最多支持10个检索项的组合检索。检索控制区的主要作用是通过条件筛选、时间选择等，对检索结果进行范围控制，如图2.12所示。控制条件包括出版模式、基金文献、时间范围和检索扩展。

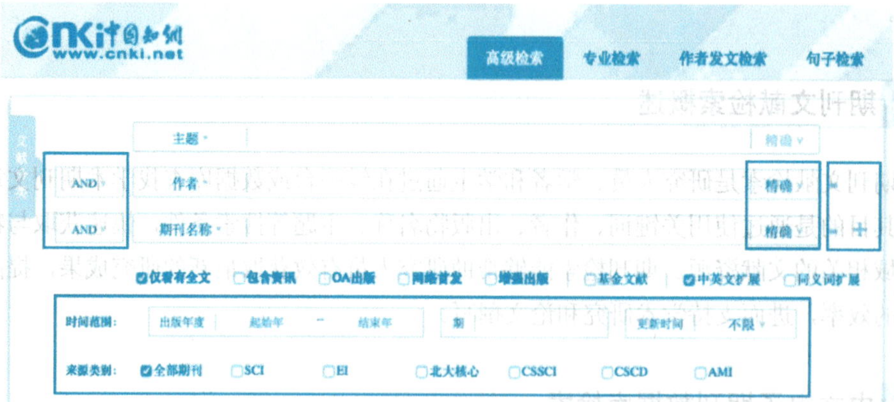

图 2.12　中国知网期刊高级检索界面

① DOI，即数字对象唯一标识符（Digital Object Unique Identifier），是一种用于标识数字文档的数字编码系统，专门用来标记参考文献，书籍资源和学术报告内容等。

1）引导功能。高级检索的主题、篇名、关键词、摘要、全文等内容检索项推荐的是检索词的同义词、上下位词或相关词，高级检索的推荐引导功能在输入关键词后主页面的左下方显示。勾选后进行检索，检索结果包含检索词或勾选词的全部文献。例如，输入“物流运输”，推荐相关的冷链物流、物流管理和供应链等，可根据检索需求进行勾选（见图 2.13）。

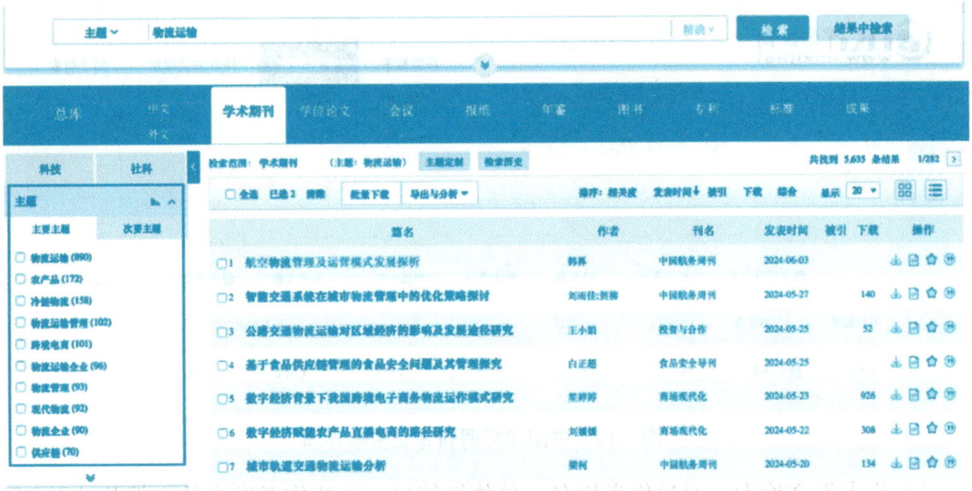

图 2.13　中国知网高级检索界面

2）匹配方式。除主题只提供相关度匹配外，其他检索项均提供精确、模糊两种匹配方式。

3）词频选择。全文和摘要检索时，可选择词频，辅助优化检索结果。选择词频数后进行检索，检索结果为在全文或摘要范围内，包含检索词，且检索词出现次数大于等于所选词频的文献。

4）使用方法。高级检索支持使用运算符 *、+、–、'（英文半角单引号）、""（英文半角双引号）、() 进行同一检索项内多个检索词的组合运算，检索框内输入的内容不得超过 120 个字符。输入运算符 *（与）、+（或）、–（非）时，前后要空一个字节，优先级需用英文半角括号确定。若检索词本身含空格或 *、+、–、()、/、%、= 等特殊符号，进行多词组合运算时，为避免歧义，须将检索词用英文半角单引号或英文半角双引号引起来。

①篇名检索项后输入。物流运输 * 遗传算法，可以检索到篇名包含“物流运输”及“遗传算法”的文献。

②主题检索项后输入。(熵值法 + 层次分析法) * 供应商选择，可以检索到主题为“熵值法”或“层次分析法”，且有关“供应商选择”的文献。

③如果需检索篇名包含“distribution”和“supply chain”的文献，在篇名检索项后输入：‘distrbution’ * ‘supply chain’。

④如果需检索篇名包含“大数据”和“供应链”的文献，在篇名检索项后输入：‘大数据’ * 供应链。

（2）专业检索。专业检索用于图书情报专业人员查新、信息分析等工作，使用运算符和检索词构造检索式进行检索，如图 2.14 所示。专业检索的一般流程为：确定检索字段构造一般检索式，借助字段间关系运算符和检索值限定运算符构造复杂的检索式。

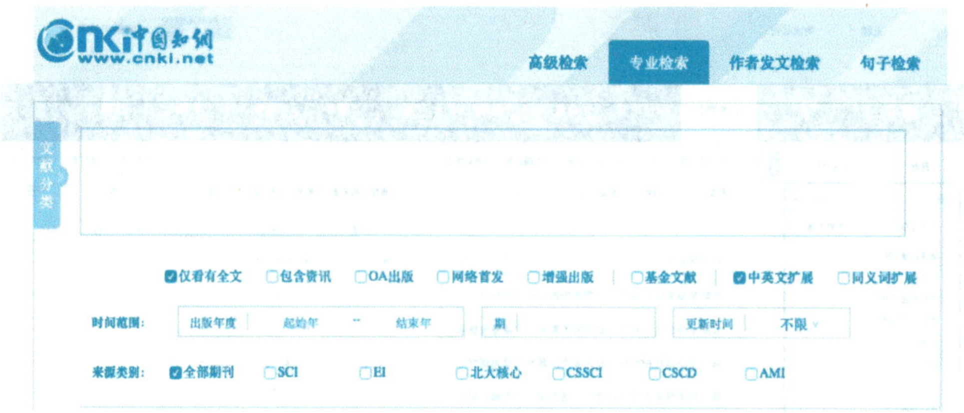

图 2.14　中国知网期刊专业检索界面

（3）作者发文检索。通过作者姓名、单位等信息，查找作者发表的文献及被引和下载情况，如图 2.15 所示。检索字段如下：

1）作者 / 第一作者 / 通讯作者：输入作者姓名，可在检索框下方引导列表中根据机构名称进行勾选，精准定位。

2）作者单位：输入作者单位名称，选择精确或模糊匹配方式，点击检索键，即可按条件要求检索出相应文献。

3）第一单位：输入第一作者的单位名称，选择精确或模糊匹配方式，点击检索键，即可按条件要求检索出相应文献。

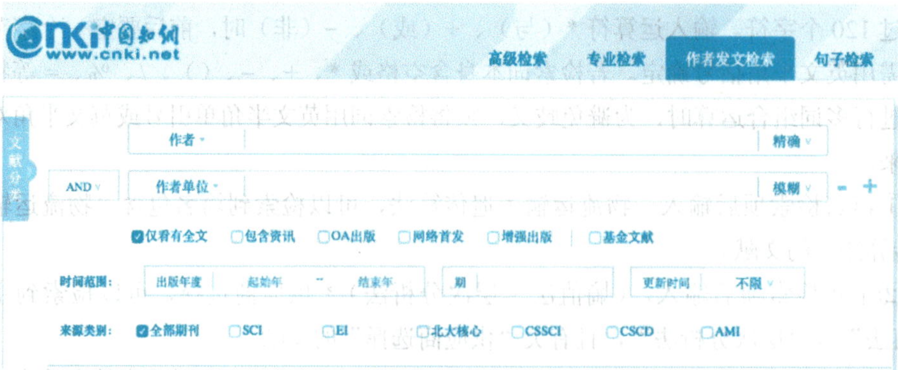

图 2.15　中国知网期刊作者发文检索界面

（4）句子检索。通过输入的两个检索词，查找同时包含这两个词的句子，找到有关事实的问题答案（见图 2.16）。

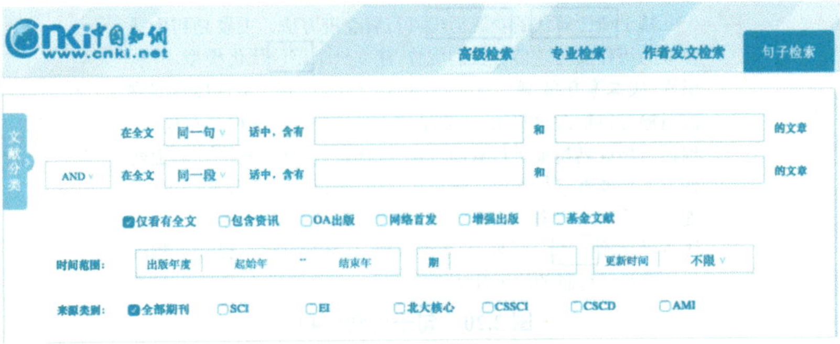

图 2.16 中国知网期刊句子检索界面

检索字段如下：

1）同一句：包含 1 个断句标点（句号、问号、感叹号或省略号）。

2）同一段：20 句之内。

句子检索不支持空检，同句、同段检索时必须输入两个检索词。例如，检索同一句包含“物流运输”和“遗传算法”的文献（见图 1.17）。

图 2.17 句子检索（1）

检索结果如图 2.18 所示，句子 1、句子 2 为查找到的句子原文，“句子来自”为这两个句子出自的文献题名。

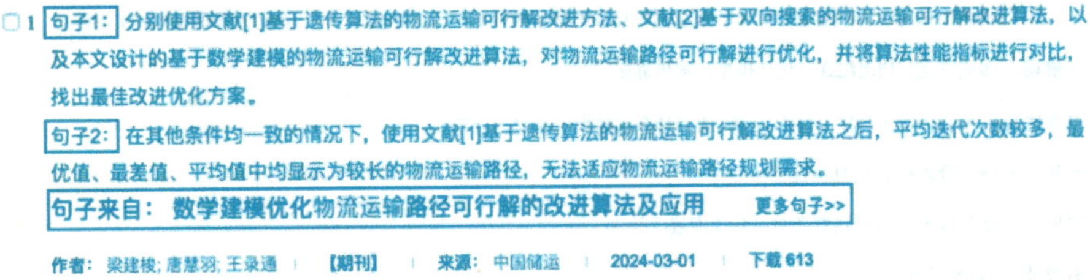

图 2.18 句子检索（2）

句子检索支持同句或同段的组合检索，两组句子检索的条件独立，无法限定于同一个句子 / 段落。例如，在全文范围检索同一句中包含“物流运输”和“遗传算法”，并且同一句中包含“路径”和“需求”的文章（见图 2.19）。

图 2.19 句子检索（3）

检索到的文献，全文中有同一句同时包含“物流运输”和“遗传算法”，并且另有一句同时包含“路径”和“需求”。例如，检索结果中下面这篇文献，并没有在同一句中同时出现输入的 4 个检索词（见图 2.20）。

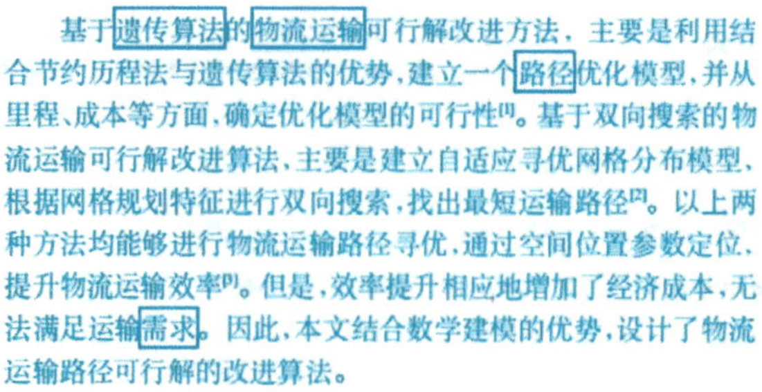

图 2.20　句子检索（4）

中国知网提供手机阅读和 HTML 阅读两种阅读形式，并支持 CAJ 和 PDF 两种格式下载，还提供 AI 辅助阅读和个人成果免费下载。此外，该搜索界面提供引用（引用格式为 GB/T 7714–2015）、收藏、分享、打印、关注和记笔记的功能（见图 2.21）。

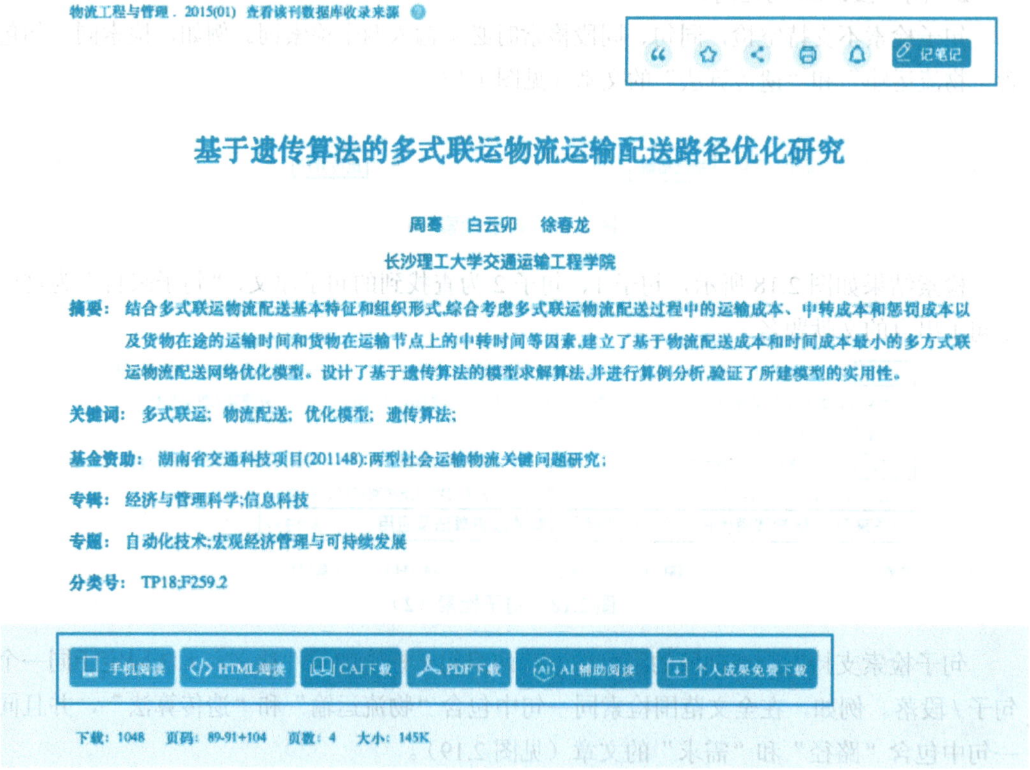

图 2.21　中国知网期刊检索结果页面

选择学术价值高的文献对本科生毕业论文写作至关重要，它能为论文提供可靠的理论基础和科学依据，帮助学生深入理解研究领域的前沿动态和关键问题，从而提高论文的学术水平和说服力。同时，高质量的文献引用还能规范学生的学术写作，避免学术风险，提高论文的整体质量及论文在评审中的认可度。

（1）关键词精确检索。首先，使用与研究主题相关的精准关键词进行检索，可以通过

“高级检索”功能组合多个关键词或使用布尔逻辑（AND、OR、NOT）来提高检索结果的相关性。可以限定检索范围，如“期刊论文”“博士论文”“硕士论文”等，排除不相关的资源。

（2）筛选 CSSCI 来源文献。CSSCI 是中国社会科学研究领域的重要引文索引，收录的期刊文献具有较高的学术权威性。在检索结果页面，可以通过筛选条件选择“CSSCI 来源期刊”，以确保文献来自权威的学术期刊。CSSCI 来源文献通常经过严格的同行评审，质量和学术价值较高，适合作为研究的参考文献。如图 2.22 所示，在搜索结果界面左侧，可选择来源类别。

图 2.22 选择来源类别

（3）查看引证率。在检索结果页面，每篇文献下方通常会显示该文献的“引证文献数”或“被引次数”。引证率（被引次数）高的文献通常表明该文献在学术界具有较高的影响力和认可度，因此优先考虑引用和参考被引次数较高的文献。以检索词为“出口贸易”搜索期刊，可点击“被引”，被引次数按从高到低排序（见图 2.23）。

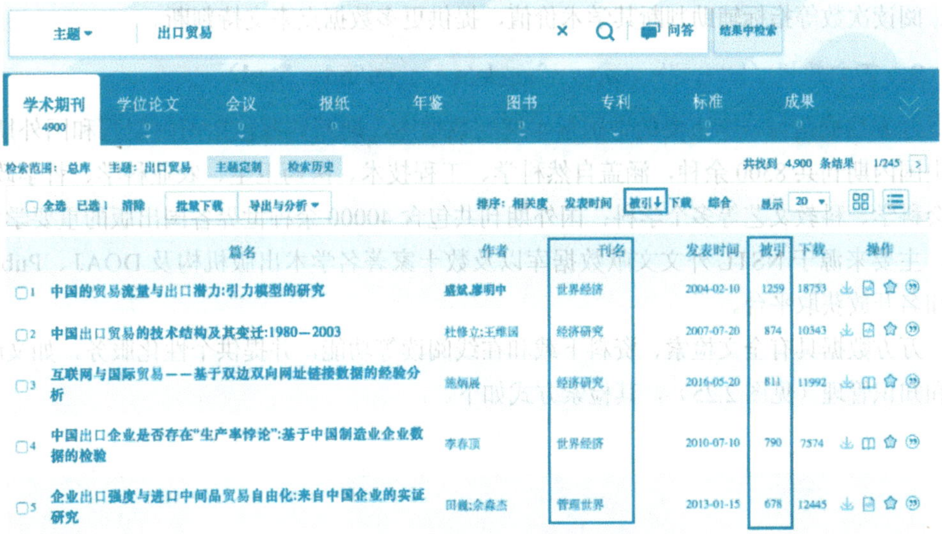

图 2.23 被引次数由高到低排序的检索结果

（4）期刊影响因子。如果文献发表在影响因子较高的期刊上（尤其是 CSSCI 收录的期刊），说明该文献在领域内受到更多关注，可以优先选择。如图 2.23 所示，可查看不同期刊的刊名，点击刊名可查看不同刊名的详细情况。以《世界经济》期刊为例，得知该期刊的复合影响因子和综合影响因子，如图 2.24 所示。在计算同一种期刊的两种不同影响因子（综合影响因子和复合影响因子）时，相当于是分母相同（该刊前两年发表的可被引文献总数），但分子有所不同，综合影响因子的分子是该刊所刊载文献在期刊论文中的总被引频次，复合影响因子的分子是该刊所刊载文献在学位论文、会议论文、期刊论文中的总被引频次。在看期刊论文时，两者都可以参考，但主要参考复合影响因子。一般是影响因子越大，其学术影响力越大。

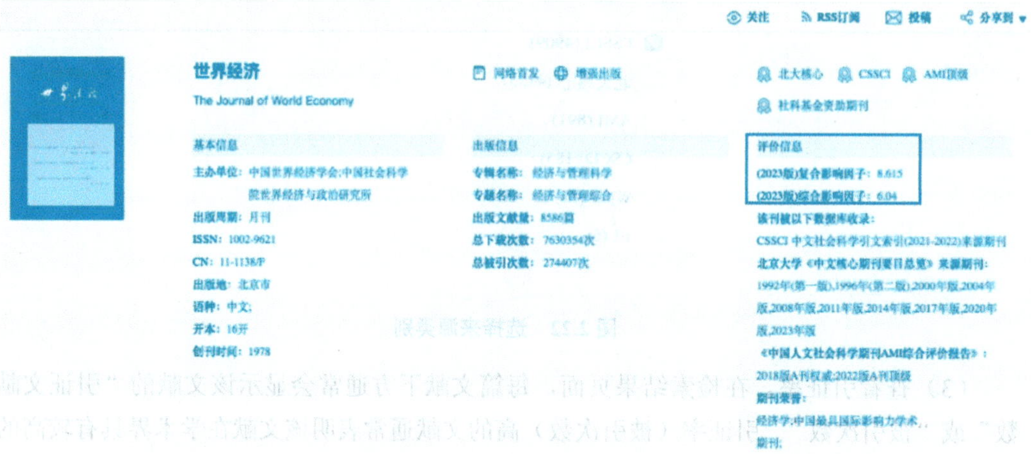

图 2.24 《世界经济》期刊详情

（5）利用学术评价功能。中国知网提供的“学术评价”功能，可以通过文献的下载次数、阅读次数等指标辅助判断其学术价值，提供更多数据点来支持判断。

2. 万方数据（http：//www.wanfangdata.com.cn/index.html）

万方数据是另一个重要的中国学术期刊数据库，期刊资源包括国内期刊和国外期刊，其中国内期刊共 8500 余种，涵盖自然科学、工程技术、医药卫生、农业科学、哲学政法、社会科学、科教文艺等多个学科；国外期刊共包含 40000 余种世界各国出版的重要学术期刊，主要来源于 NSTL 外文文献数据库以及数十家著名学术出版机构及 DOAJ、PubMed 等知名开放获取平台。

万方数据具有全文检索、资料下载和在线阅读等功能，并提供个性化服务，如文献传递和知识管理（见图 2.25），其检索方式如下。

图 2.25 万方数据期刊检索界面

（1）简单检索。简单检索提供了题名、作者、作者单位、关键词、摘要、刊名、基金、中国分类号 8 种检索字段。在检索输入框中输入需要的检索词，即可完成对期刊的检索（见图 2.26）。

（2）其他检索。万方数据还提供高级检索（见图 2.27）、专业检索和作者发文检索三种检索方式，检索字段有主题、题名或关键词、题名、关键词、作者、作者单位、摘要、日期、DOI、期刊刊名等，其中题名、题名或关键词和期刊栏目是其独有的检索字段。该网站支持模糊和精准匹配。

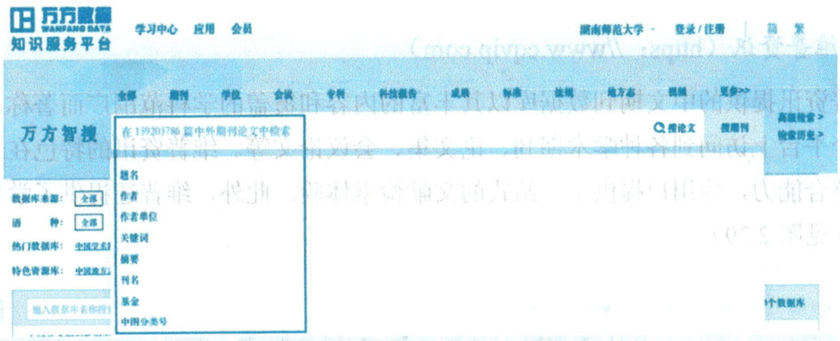

图 2.26 万方数据期刊简单检索界面

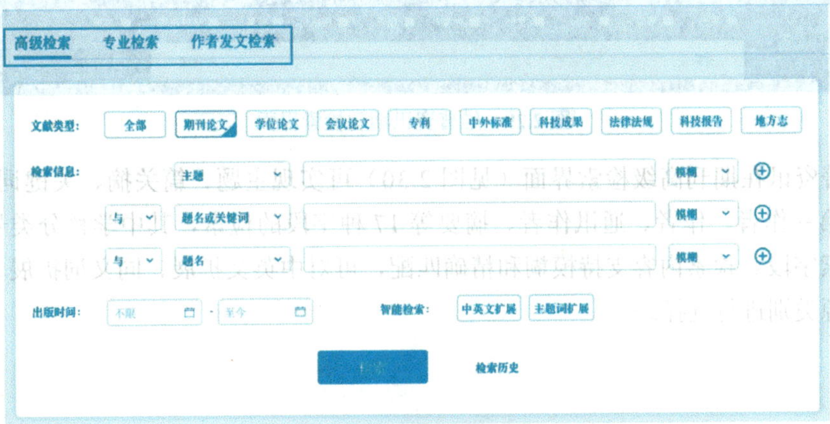

图 2.27 万方数据期刊高级检索界面

关于检索结果，万方数据仅提供在线阅读和 PDF 下载。此外，该搜索界面提供引用（引用格式为 GB/T 7714–2015）、收藏、分享和打印的功能（见图 2.28）。

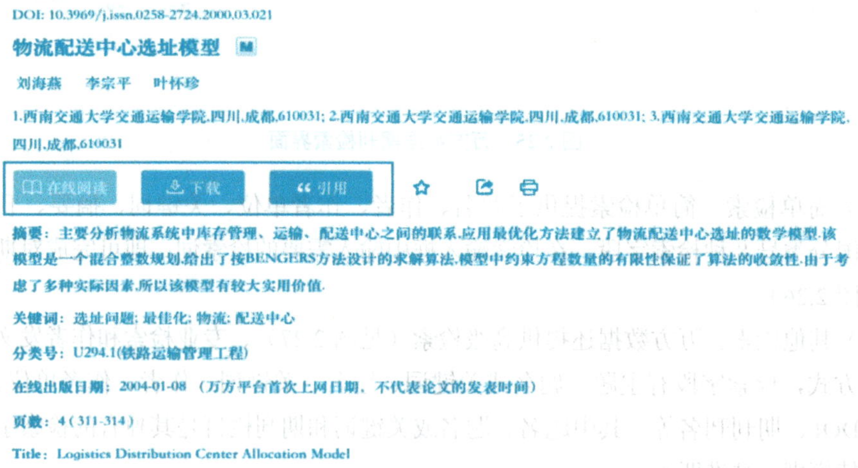

图 2.28　万方数据期刊检索结果

3. 维普资讯（https://www.cqvip.com）

维普资讯提供的中文期刊数据库以其丰富的内容和覆盖的学科范围广而著称。用户可以在这个平台上访问到各种学术期刊、论文集、会议论文等。维普资讯的特色在于其强大的数据整合能力，为用户提供了一站式的文献检索体验。此外，维普还提供了学术不端检测服务（见图 2.29）。

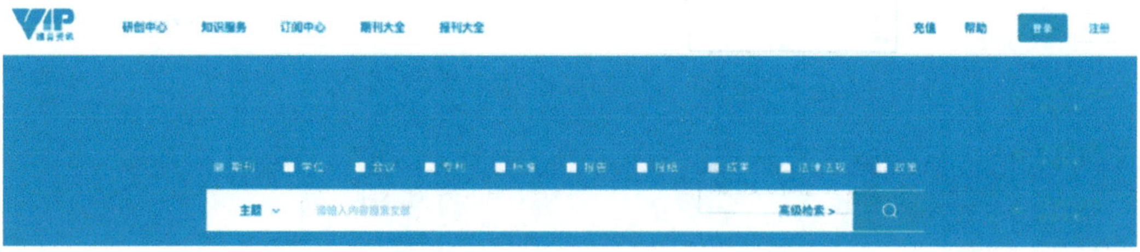

图 2.29　维普资讯期刊检索界面

维普资讯在期刊高级检索界面（见图 2.30）可实现主题、篇关摘、关键词、篇名、刊名、第一作者、作者、通讯作者、摘要等 17 种字段的检索，其中学科分类号是其独有的检索字段。检索内容支持模糊和精确匹配，可对中英文扩展、同义词扩展、时间范围和来源类别进行选择。

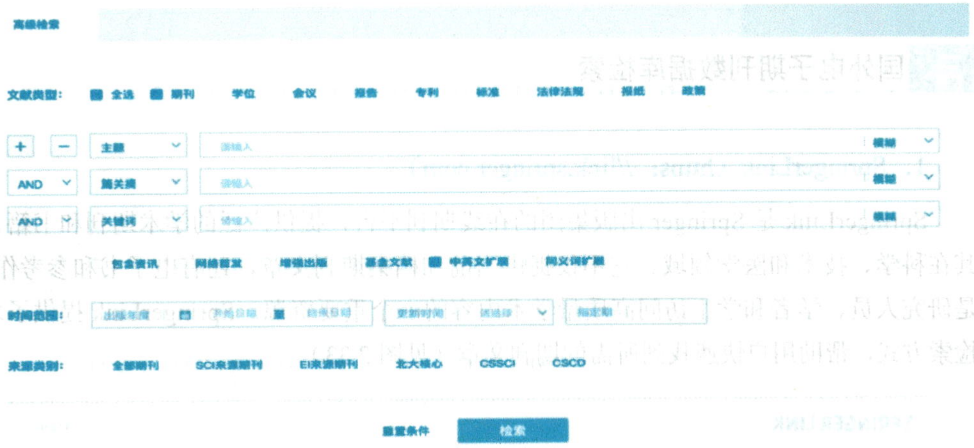

图 2.30　维普资讯期刊高级检索界面

检索开始后，可实现二次检索，针对筛选出的结果进行添加或去除（见图 2.31）。

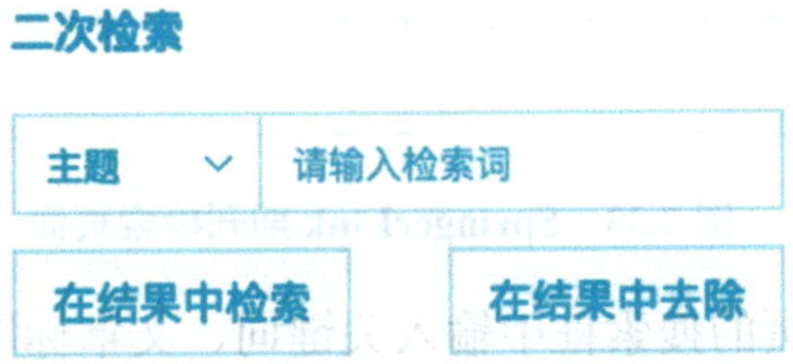

图 2.31　维普资讯期刊二次检索

维普资讯仅提供在线阅读和 PDF 下载。此外，该搜索界面提供引用（引用格式包含 GB/T 7714-2015、MLA 现代语言协会和 APA 美国心理学协会）、收藏和分享的功能（见图 2.32）。

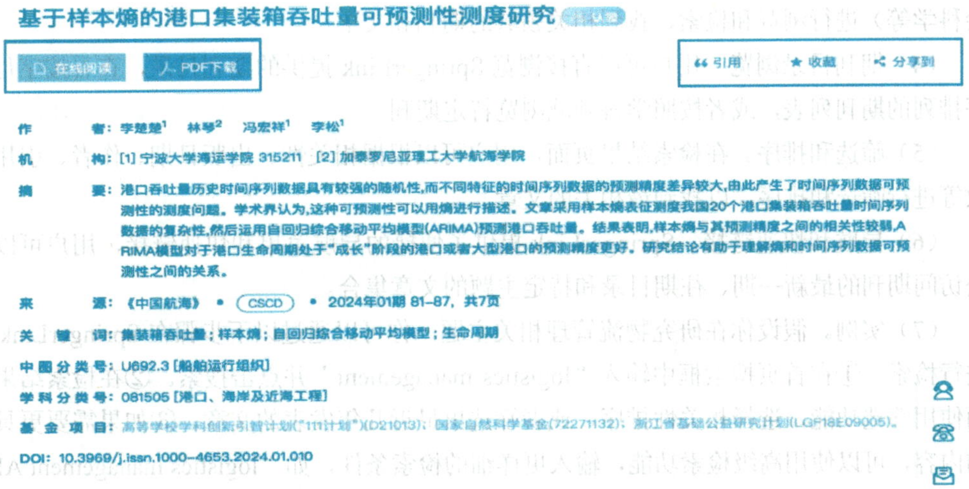

图 2.32　维普资讯期刊检索结果

三、国外电子期刊数据库检索

1．SpringerLink（https：//link.springer.com）

SpringerLink 是 Springer 出版集团的在线期刊平台，提供广泛的学术期刊和书籍，尤其在科学、技术和医学领域。它不仅提供当前和档案期刊文章，还有电子书和参考作品，是研究人员、学者和学生访问高质量学术内容的一个重要资源。SpringerLink 提供了多种检索方式，帮助用户快速找到所需的期刊文章（见图 2.33）。

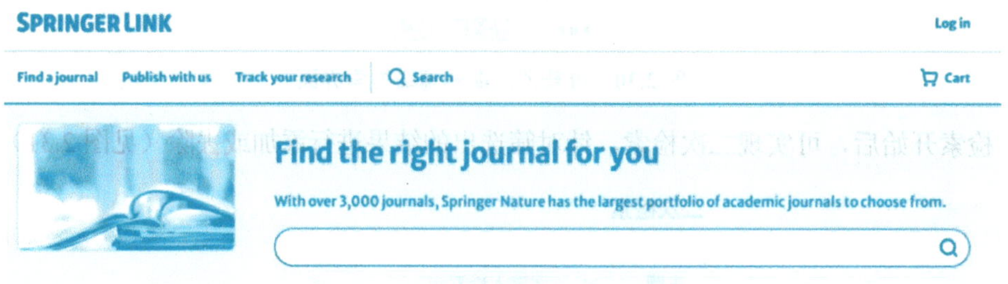

图 2.33　SpringerLink 期刊检索页面

（1）基本检索。在主页的搜索框中输入关键词、文章标题、作者姓名或 DOI 进行快速搜索。

（2）高级检索功能。允许用户根据具体条件进行搜索，如关键词、作者、出版年份、期刊名称等。用户还可以使用布尔运算符（AND、OR、NOT）进行组合检索，以提高检索的精确度。

（3）按学科分类检索。用户可以通过选择特定学科（如生命科学、物理、工程学、社会科学等）进行浏览和检索，找到相关领域的期刊和文章。

（4）期刊目录浏览。用户可以直接浏览 SpringerLink 提供的期刊目录，查看按字母顺序排列的期刊列表，或者按照学科领域浏览特定期刊。

（5）筛选和排序。在检索结果页面，用户可以根据相关性、出版日期、作者、引用次数等进行筛选和排序，以找到最相关的文章。

（6）导航和快速链接。SpringerLink 提供了便捷的导航菜单和快速链接，用户可以轻松访问期刊的最新一期、往期目录和特定主题的文章集合。

（7）实例。假设你在研究物流管理相关主题，你可以通过以下步骤在 SpringerLink 上进行检索。①在首页搜索框中输入“logistics management”并点击搜索。②在检索结果页面使用筛选功能，选择相关性排序，或者筛选出最近几年发表的文章。③如果需要更具体的内容，可以使用高级检索功能，输入更详细的检索条件，如“logistics management AND delivery”。④浏览搜索结果，点击感兴趣的文章标题查看摘要或全文（如果订阅或开放获取）。

2. ProQuest ABI/INFORM（https://www.proquest.com/）

ProQuest ABI/INFORM 数据库提供全面的商业和经济内容，包括期刊文章、工作论文、报告和新闻。它强调实际应用，包括会计、金融、国际商业和市场营销等领域的内容。ABI/INFORM 是全球范围内商业决策者和学术研究人员的首选资源（见图 2.34）。

这些数据库通常由图书馆订阅，所以学校或研究机构的成员可以免费访问。部分内容也可能通过开放获取（Open Access）免费提供。如果是独立研究者，可能需要通过图书馆的访客权限、个人订阅或文献交流服务来获取这些资源。

图 2.34 ProQuest 期刊检索页面

四、其他期刊检索工具

1. 中国国家科技图书文献中心数据库（http://www.nstl.gov.cn）

中国国家科技图书文献中心数据库（National Science and Technology Library，NSTL）是由中国科技部主办的国家级综合科技文献服务平台。NSTL 致力于为科学研究、技术开发和教育培训提供高质量的文献资源和信息服务，涵盖自然科学、工程技术、农业、医药、社会科学等多个学科领域。数据库整合了国内外丰富的科技文献资源，包括期刊、学位论文、会议论文、科技报告、专利等多种文献类型，为科研人员和机构提供便捷的文献获取和信息检索服务，支持科技创新和学术交流。

2. JSTOR（https://www.jstor.org/）

JSTOR 成立于 1995 年，是一种主要用于提供学术期刊存档的数字图书馆服务，广泛应用于大学和研究机构。JSTOR 的目的是帮助教育和研究机构通过提供可靠的数字内容来保存学术历史记录。JSTOR 收录了从出版之初至今的期刊全文，涵盖人文、社会科学、管理学和经济学等多个学科。除了期刊，JSTOR 也提供书籍、研究报告和原始数据集等资源。

3. ScienceDirect（https://www.sciencedirect.com/）

ScienceDirect 是由 Elsevier 出版公司提供的领先的电子学术资源平台。该平台专注于科学、技术和医学领域的出版物，提供对数以千计的期刊和数十万本电子书的访问权限。ScienceDirect 收录了包括物理、化学、生命科学、健康科学、社会科学和人文学科等多个学科的全文文章和书籍章节，为研究人员提供了一个强大的搜索引擎，支持关键词搜索、高级搜索以及通过期刊名称或书籍标题进行精确查找。

第三节　图书信息检索

一、“互联网 +”时代的世界图书馆

“互联网 +”时代的世界图书馆是指在互联网技术和数字化浪潮推动下，传统图书馆服务模式与互联网技术深度融合的新型图书馆形态。这一概念突破了地理、时间和空间的限制，使全球的信息资源可以通过数字化平台实现共享和交流，从而为用户提供更为便捷、全面的学习和研究资源。

在“互联网 +”的推动下，世界图书馆不再仅仅是存放书籍的物理空间，而是转变为一个全方位、多功能的数字化知识服务平台。它通过互联网实现数字资源的整合、开放获取、远程访问和个性化服务，如提供在线阅读、电子书借阅、虚拟参考服务、远程教育资源等。这种图书馆普遍采用云计算、大数据分析、移动计算等现代信息技术，以提高服务效率和质量。例如，用户可以通过全球任何一个接入互联网的点迅速访问所需的书籍、期刊文章、学术报告、多媒体教材等，甚至可以参与在线的文化活动和学术讨论。

“互联网 +”时代的世界图书馆也推动了开放科学和知识共享的理念，积极参与开放获取（Open Access）运动，让更多的学术成果免费向公众开放，支持全球的学术研究和教育公平。此外，这些图书馆致力于数字保存工作，为珍贵的文化遗产和学术资源的长期保存提供解决方案。值得一提的是，这些图书馆在提供信息服务的同时，也重视用户隐私和网络安全问题，确保用户在获取信息的过程中个人信息得到妥善保护。“互联网 +”时代的世界图书馆正逐步成为全球知识分子、学者和公众获取信息、进行学术交流、促进文化传播的重要平台，对促进全球文化多样性、教育公平和知识民主化贡献显著。

二、超星系列搜索引擎

超星平台的特色是它的便捷性和互动性，用户可以通过网络随时随地访问电子图书，进行在线阅读或下载到本地设备上。超星电子图书平台通常与图书馆管理系统无缝集成，使图书馆的用户能够方便地借阅和阅读电子书籍。超星也提供了一系列的增值服务，比如全文检索、书签、笔记和亮点标注等功能，极大地增强了用户的阅读体验。超星电子图书

现可通过超星图书主站点“汇雅电子图书”“读秀”图书频道，以及移动图书馆浏览或下载（见图 2.35）。

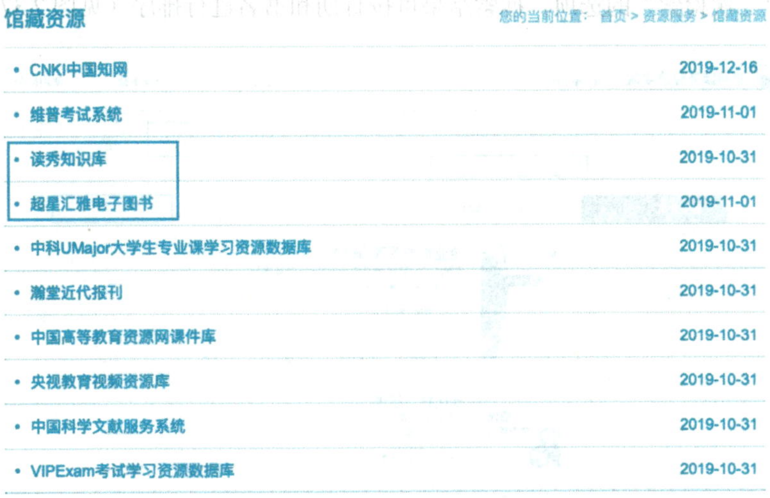

图 2.35 超星系列图书馆馆藏资源

1. 汇雅电子图书的检索

（1）简介。超星数字图书馆成立于 1993 年，是国内专业的数字图书馆解决方案提供商和数字图书资源供应商。超星数字图书馆，是国家高技术研究发展计划（简称 863 计划）中国数字图书馆示范工程项目，2000 年 1 月，在互联网上正式开通。它由北京世纪超星信息技术发展有限责任公司投资兴建，目前拥有数字图书八十多万种。

汇雅电子图书的检索需要通过限定的 IP 登录网站（http: //sslibrary.com），并只支持学校图书馆校园网用户，通过学习通账号登录。该网站提供普通检索、高级检索和分类导航功能（见图 2.36）。

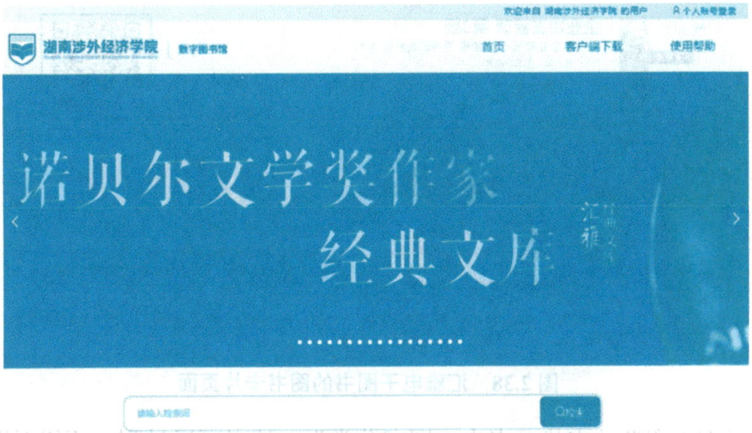

图 2.36 汇雅电子图书界面

（2）图书资源的普通检索。在搜索框直接输入检索词，检索词可定位到书名、作者、目录或全文中，然后点击搜索，让读者在海量的图书数据资源中进行查找。在搜索结果上方增加了“二次检索”的选项，搜索结果可按日期和书名进行排序（见图 2.37）。

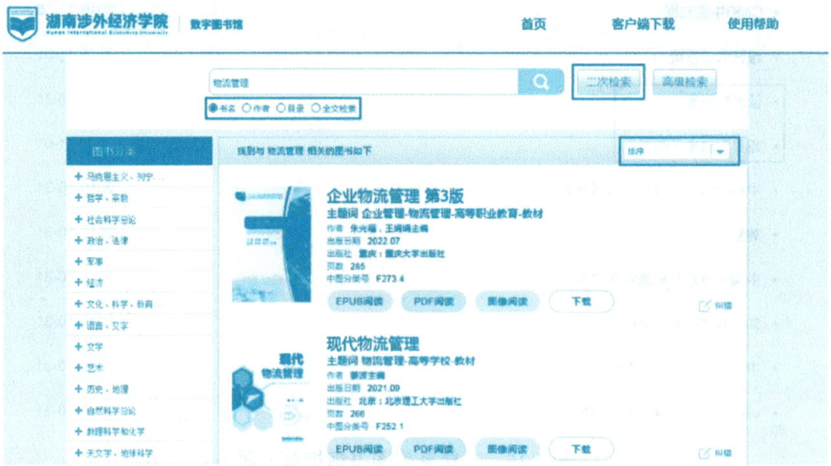

图 2.37　汇雅电子图书普通搜索界面

单击某图书的书名，可进入此书的卡片页面，如图 2.38 所示，可了解图书的书名、作者、页数、出版时间等信息。该页面提供二维码扫描，用手机等终端扫描后可直接阅读。此外，该图书支持 EPUB、PDF 和图像阅读，并可通过超星阅读器下载。

图 2.38　汇雅电子图书的图书卡片页面

（3）分类图书资源的查找。点击“图书分类”，读者可通过列表逐级对图书进行浏览（见图 2.39）。

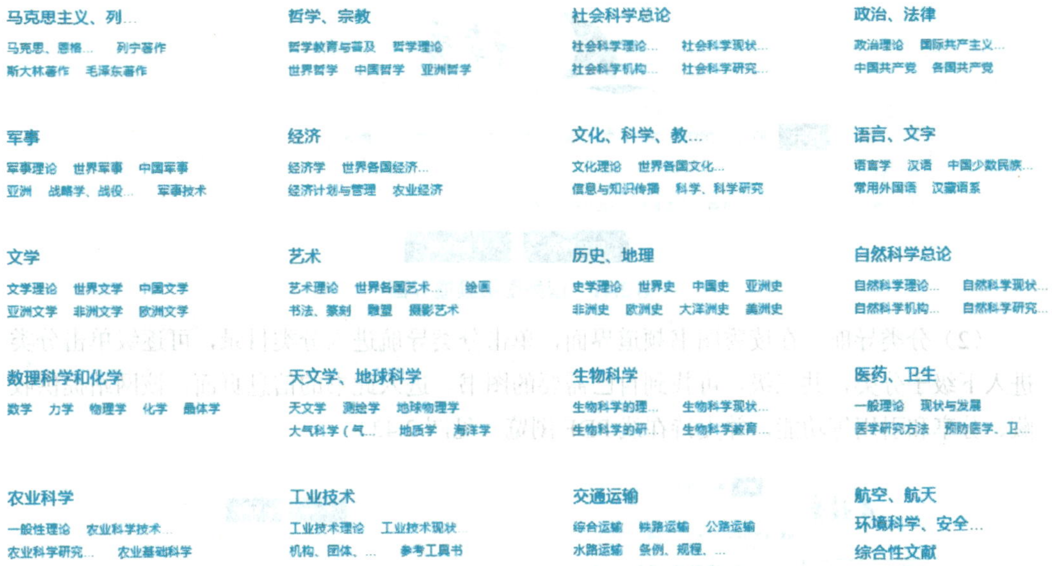

图 2.39　汇雅电子图书的分类页面

（4）高级检索查找图书资源。点击“高级检索”，在文本框中输入图书的任一信息，帮助读者精准定位到需要的图书。此外，可输入书名、分类、作者、中国分类号等条件进行限定搜索（见图 2.40）。

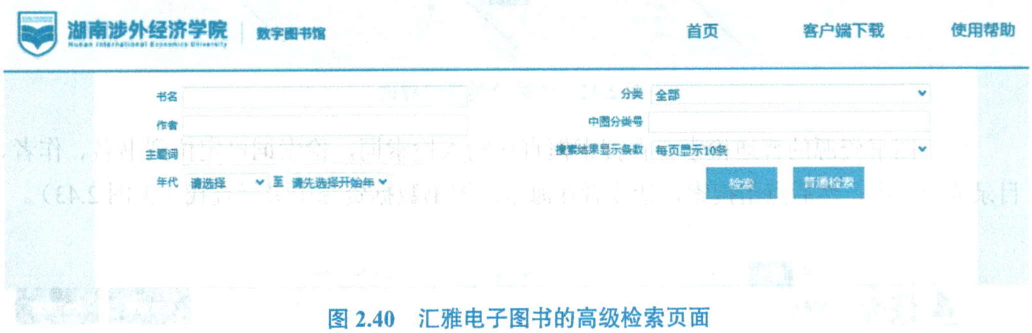

图 2.40　汇雅电子图书的高级检索页面

2．读秀图书频道的检索

（1）简介。读秀知识库是全球最大的中文文献资源服务平台。它集文献搜索、试读、文献传递、参考咨询等多种功能于一体，以海量的数据库资源为基础，为用户提供切入目录和全文的深度检索，以及部分文献的全文试读。它能够为读者提供 260 万种图书、6 亿页全文资料、5000 万条期刊元数据、2000 万条报纸元数据、100 万个人物简介、1000 万个词条解释等一系列海量学术资源检索及使用。同时，通过读秀学术搜索，还能一站式检索馆藏纸质图书、电子图书、期刊等各种异构资源。读秀图书频道的检索需要通过限定的 IP 登录网站（http：//sslibrary.com），并通过学习通账号登录。该网站提供普通检索、高级检索和分类导航功能（见图 2.41）。

图 2.41　读秀图书频道界面

（2）分类导航。在读秀图书频道界面，单击分类导航进入分类目录，可逐级单击分类进入下级子分类，共三级，可找到自己需要的图书。进入此书的信息页面，该网站提供收藏、分享和引用等功能，并支持在线 PDF 浏览（见图 2.42）。

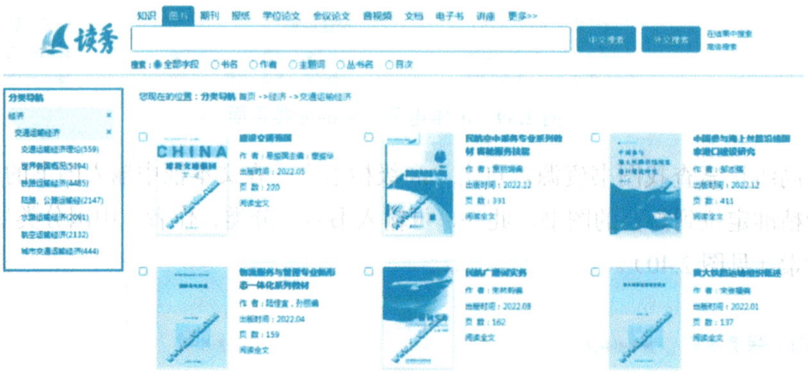

图 2.42　读秀分类导航界面

（3）图书资源的普通检索。在搜索框直接输入检索词，检索词可定位到书名、作者、目录或全文中，然后点击搜索，让读者在海量的图书数据资源中进行查找（见图 2.43）。

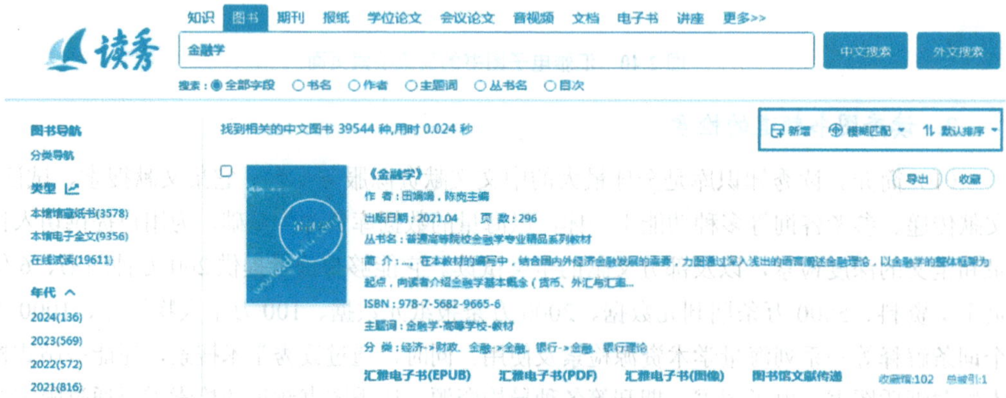

图 2.43　读秀图书频道搜索结果页面

读秀图书频道首页默认提供普通检索功能，在搜索框中输入检索词，即可检索相关图书。该界面提供全部字段、书名、作者、主题词、丛书名等搜索字段，并提供模糊和精准匹配，可按时间、访问量、个人收藏量、引用量等关键信息排序。该网站提供收藏、分享和引用等功能，并支持在线 PDF 浏览（见图 2.44）。

图 2.44 读秀图书频道图书页面

（4）图书资源的高级检索。在读秀图书频道界面，单击高级检索进入该界面，输入书名、作者、主题词、出版社、ISBN 号、图书分类和时间等多个检索词进行限定检索（见图 2.45）。

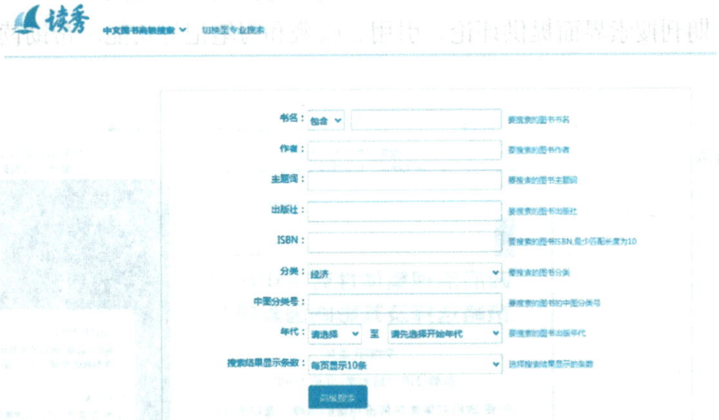

图 2.45 读秀图书频道高级检索页面

3. 超星移动图书馆的检索

（1）简介。超星移动图书馆可持终端移动设备下载“移动图书馆”软件获取相应图书和期刊等资源，该资源获取的渠道突破了校园 IP 范围的限制，让读者随时获取学校图书馆的所有电子资源。读者登录“移动图书馆”软件后，选择学校（如湖南涉外经济学院），用自己的账号登录即可进入，如图 2.46 所示。

（2）馆藏查询。进入馆藏查询登录界面，输入需要查找图书关键词（见图 2.47、

图 2.48）。进入界面后可选择需要的图书。该模块提供作者、出版社、出版时间、馆藏地址、搜书号及借阅状态的信息。

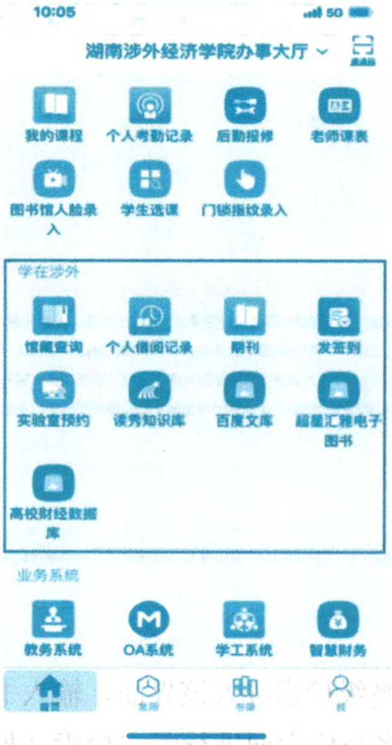

图 2.46　移动图书馆界面

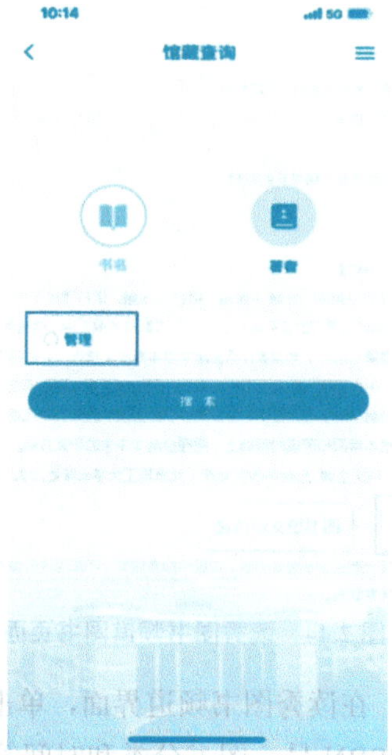

图 2.47　馆藏查询登录界面

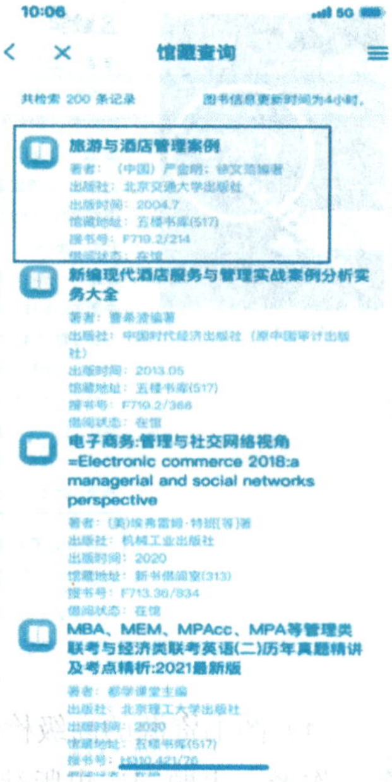

图 2.48　馆藏查询界面

（3）期刊查询。进入期刊界面，根据专业类型查找期刊（见图 2.49～图 2.51），选择需要的期刊。期刊搜索界面提供评论、引用、收藏和写笔记等功能。帮助读者快速浏览期刊并引用。

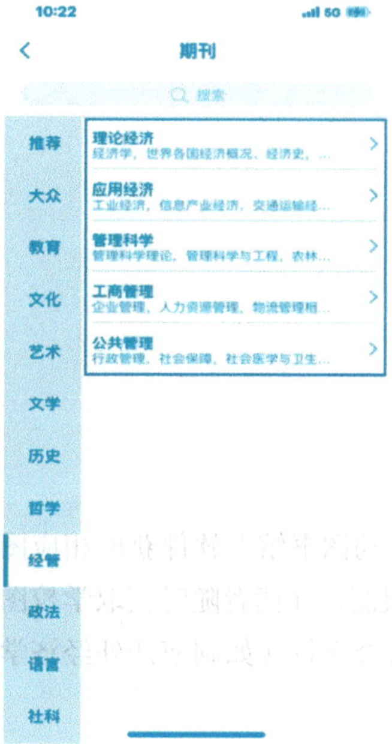

图 2.49　期刊界面

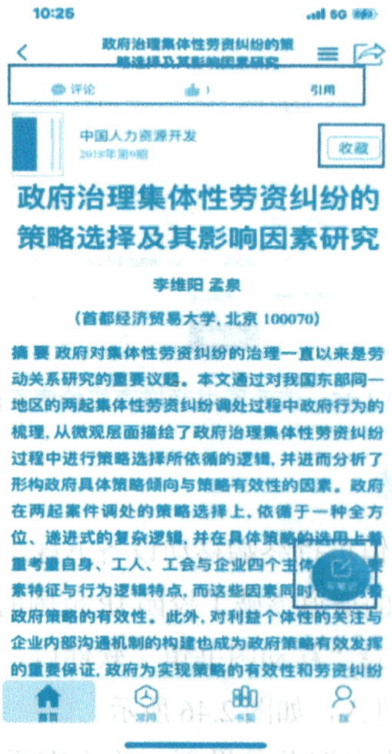

图 2.50　期刊搜索结果界面

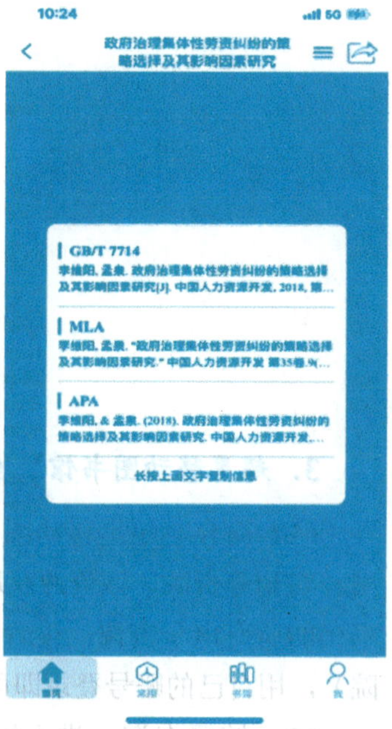

图 2.51　引用界面

三、开放式 URL

开放式 URL（Open URL）是一种标准化的 URL 格式，用于创建基于 Web 的链接解析服务。这种格式的 URL 不是直接链接到某个具体的资源，而是包含了描述信息资源的元数据，如期刊名称、文章标题、卷号、期号、作者等。开放式 URL 通常与链接解析器一起使用，链接解析器根据这些元数据，将用户指向他们机构可访问的副本或者提供更多服务的选项。

开放式 URL 可以让研究者直接访问到他们有权访问的资源，而不必经历多个数据库的重定向，不仅简化检索过程也增强了访问性。开放式 URL 为研究者提供了一种灵活、高效且用户友好的方式来获取学术资源，进而促进了学术研究和知识的传播。

四、其他数字图书搜索

1. CADAL 电子图书

（1）简介。2002 年 9 月，CADAL 项目被中国教育部列为“十五”期间“211 工程”公共服务体系建设的组成部分，定名为“高等学校中英文图书数字化国际合作计划”，2009 年 8 月更名为“大学数字图书馆国际合作计划”（见图 2.52）。项目负责人为中国工程院院士潘云鹤先生。

图 2.52 CADAL 平台主界面

CADAL 项目一期（2001 —2006 年）完成 100 万册图书数字化，提供便捷的全球可访问的图书浏览服务。CADAL 项目二期（2007 —2012 年）新增 150 万册图书数字化，构建了较完善的项目标准规范体系，初步建设分布全国的服务网络。CADAL 项目从单纯的数据收集向技术与服务升级发展转变。2013 年以后，CADAL 项目进入运维保障期，继续在资源、服务、技术、对外交流合作等方面推进工作。截至 2023 年 12 月 31 日，CADAL 项目资源入库总量 2 916 549 册（件），在线量 2 741 543 册（件），特藏库 13 个。

（2）访问与检索。登录官网（https：//cadal.edu.cn/index/home），用户完成实名注册后即可访问。

登录后在搜索框中输入检索词，即可查找相应的图书等资料，支持重新检索和二次检索。该平台资源丰富，提供图书、期刊和学位论文，此外，多媒体（音视频）与特藏资源（满铁、地方志、生活资料）为独特资源（见图 2.53）。

图 2.53　CADAL 平台检索界面

2. 中国国家数字图书馆

（1）简介。中国国家图书馆联合国内多家公共图书馆推出“数字图书馆移动阅读平台”，该平台定位于移动阅读，集合 4 万余册电子图书资源、上千种电子期刊以及各地图书馆分站的优质特色数字资源，为用户免费提供随时随地随身的阅读体验。

该图书馆为注册读者提供了涵盖图书、期刊、报纸、论文、古籍、工具书、音视频、数值事实、征集资源等多种类型的数字资源在线服务。在注册后，便可通过中国国家图书馆门户网站获得丰富的数字资源服务。

（2）访问与检索。登录官网（http：//read.nlc.cn/user/index），用户完成实名注册后即可访问（见图 2.54）。其使用指南可浏览在线资源（http：//read.nlc.cn/static/file/index/userHelp.pdf）。

图 2.54　中国国家数字图书馆检索界面

第四节 事实型和数值型信息检索

一、事实型和数值型信息检索概述

根据检索对象形式的不同，信息检索可分为事实型信息检索和数值型信息检索。事实型信息检索是以特定事实为检索目标，通过文献档案或参考工具直接或经分析综合得出事实或知识性的答案。数值型信息检索是以数据、图表、参数、公式等为检索目标，利用有关参考工具进行检索的过程。

二、常用参考工具书

参考工具书是指根据人们的需要，把某一范围的知识或资料加以分析、综合或浓缩，并按一定的方法编排，以备查阅、参考，用以解决有关事实和数据方面的检索工具，常用的参考工具书主要包括字（词）典、百科全书、年鉴、名录、手册、表谱、图录等。

按照出版方式的不同，参考工具书可分为印刷版、电子版和网络版。

印刷版是指以解释事实与数据为目的，以经过组织的知识要点或数据图表为内容的出版物，是图书的一种类型。常用的有字典、词典、百科全书、年鉴、手册、名录等。

电子版是指印刷版参考工具书的电子版本，如电子化字（词）典、辞典、电子百科全书、电子手册等。

网络版是以互联网数据库为主的参考工具书，由于网络参考工具书具有便于访问、搜索功能强大、数据更新及时、内容丰富多样等特点，是目前研究者使用最多的一种参考工具。常见的经管类事实和数据型数据库如下。

1. 国家统计局（http：//www.stats.gov.cn/）

国家统计局是中华人民共和国主管全国统计工作的国家机关，负责收集、分析和发布中国国内的统计数据，包括经济增长、人口、社会发展和环境数据等。该机构提供的统计数据对政策制定、学术研究和商业分析具有重要价值。

2. 中华人民共和国交通运输部（http：//www.mot.gov.cn/）

交通运输部是负责中国交通运输行业的国家行政机关，主要职责包括制定并实施交通运输政策和标准，管理道路、铁路、水运、航空运输等各种运输方式。网站提供政策法规、行业数据、行政公告等信息。

3. 中华人民共和国海关总署（http：//www.customs.gov.cn/）

海关总署是负责管理中国所有进出口活动的国家机关，监督和管理跨境货物、运输工具的进出境，实施海关法规与政策。该网站提供关于中国的海关政策、统计数据及相关服务。

4. 中国经济信息网（http：//www.cei.gov.cn/）

由国家发展和改革委员会信息中心主办。中国经济信息网是提供中国经济信息的重要平台，包括宏观经济数据、行业分析、地区经济发展等内容。它是政府机构、企业和研究机构获取经济信息的重要资源。

5. 巨灵经济数据库（https：//www.julin.com/）

巨灵经济数据库是一个提供中国及全球经济、金融和市场数据的专业平台。用户可以访问该数据库了解详尽的市场研究报告、经济指标、公司数据和金融市场数据等。该平台常被金融分析师和经济研究人员使用。

三、事实型与数值型信息检索方法

事实型信息和数值型信息可以从分析检索课题、制订检索方案、实施检索、归纳检索结果四个方面进行检索，但在具体操作和侧重点上有所不同。事实型信息检索主要关注定性信息，侧重于通过文献、报告、书籍等广泛来源获取描述性内容，而数值型信息检索则关注定量数据，依赖结构化数据库和统计平台获取准确的数据资源。在归纳检索结果时，事实型信息需要整合来自不同来源的描述性信息，确保内容的完整性与一致性，而数值型信息则要求验证数据的准确性和时效性，并进一步进行统计和分析。

1. 分析检索课题

（1）事实型信息检索。对于经管类事实型信息检索，首先需要明确检索课题的主要内容及涉及的学科领域，如工商管理、国际贸易、人力资源、财务管理等。明确要寻找的是事实型信息，例如某公司历史背景、经济政策实施效果等，确定资料的数量、语种、时限要求，并通过分析找到检索课题的核心问题，从而形成主题概念，拟定出合适的关键词。

（2）数值型信息检索。数值型信息检索需要明确课题涉及的主要数据内容，如经济增长率、财务指标、市场份额等。确定所需数据的学科范围，了解数据的数量需求、时限要求，并确定获取数据的解答方式。

2. 制订检索方案

（1）事实型信息检索。事实型信息的来源较广泛，文献形式可以是新闻报道、书籍、研究报告等。制订检索方案时，手工检索（如通过期刊、文摘）、网络资源（如行业报告、公司背景介绍）都是重要的途径。

（2）数值型信息检索。数值型信息的检索方案要侧重于可以提供准确数据的平台或数据库，如政府统计网站、金融数据平台等。与事实型检索不同，数值型检索更依赖结构化数据资源。

3. 实施检索

（1）事实型信息检索。根据具体的课题需求，选择适合的单一或多种工具进行事实型信息检索，如公司报告、行业政策或市场分析的具体文献和数据。检索的结果通常是描述性、背景性的内容，因此可能需要多个渠道的交叉验证来确认信息的准确性。

（2）数值型信息检索。根据课题需要，同样通过单一或多种检索工具，搜索和收集相关数值数据。例如，获取国内 GDP 增长率、市场份额数据或公司年度财务报表等。检索的重点在于获取具体的数值，往往要求数据的精确性、时效性，并且需要使用适当的时间范围、单位和指标来筛选。

4. 归纳检索结果

（1）事实型信息检索。需要对不同来源的事实信息进行整理和分析，将背景资料、事件描述等整合，确保信息的完整性与连贯性。

（2）数值型信息检索。主要是对数据进行整理、校验，并进行统计分析，确保数据的准确性、一致性，进而为后续分析和决策提供可靠的定量依据。

第五节 特种文献的检索

特种文献是指在某些领域或特定背景下撰写的、具有特定主题或内容的文献，通常比普通文献更为专业和深入。特种文献特色鲜明、内容广泛、数量庞大、参考价值高，是非常重要的信息源。

许多经济管理领域的研究成果和前沿知识是通过特种文献形式呈现的。比如，经管类研究中广泛引用的行业标准、会议论文、专利、企业研究报告等都属于特种文献范畴。这类文献能够为经济管理的理论研究和企业实践提供深度的参考资料，且通常涵盖最新的研究和应用成果。因此，熟练检索和利用经管类特种文献对于学术研究和实际管理工作具有重要意义。本节将主要介绍经管类特种文献的检索，帮助读者了解如何有效获取相关领域的科技文献、标准文献、会议文献、专利文献及学位论文，以支持经济管理领域的研究与实践。

一、科技文献检索

科技文献通常是由研究人员或研究机构撰写的，详细记录了科学研究、技术开发、实验过程及其结果。科技文献的目的是传达科研项目的背景、方法、进展、结果以及相关的技术信息，通常用于项目总结、技术开发、政府和行业决策参考等。根据国家标准《科学技术报告编写规则》（GB/T 7713.3—2014），科技文献的定义如下：科技报告是以文字、图表等形式系统地记载科研项目或工程技术项目的研究开发、设计、实验、试验、检测、观测、考察等活动的详细过程和结果的文件。科技文献通常来源于政府机构、科研院所、企业和国际组织等，如联合国、世界卫生组织等发布的科学技术报告，国家科学基金会、国家实验室等发布的研究报告，高校、研究所等机构的研究成果报告，企业在技术研发过程中形成的研究报告。

1. 科技文献的特点及作用

科技文献内容具有新颖广泛、专业性强、技术数据具体、种类多、数量大、出版形式多样等特点。经常查阅科技文献是科研人员保持学术敏锐度和提高研究质量的重要途径，能帮助科研人员了解最新研究进展，避免重复研究，启发创新思维，设计实验和研究方法，完善研究理论基础，撰写高质量的学术论文，发现研究空白和热点，提升学术交流与合作。

2. 科技文献的类型

（1）按研究进展划分有初步报告（primary report）、进展报告（process report）、中间报告（interim report）和终结报告（final report）。

（2）按保密程度划分有保密报告（Classify）、非保密报告（Unclassify）和解密报告（Declassify）。

（3）从技术角度来分，主要有：①技术报告（Technical Report），科研成果的总结，公开出版；②技术札记（Technical Notes），报告新的技术工艺等，公开出版；③技术备忘录（Technical Memorandum）、试验报告、数据资料、会议记录等，一般不出版；④技术论文（Technical Papers），准备在会议上宣读的论文的前身材料；⑤技术译文（Technical Translation），翻译国外有价值的新技术；⑥合同报告（Contractor Reports），完成合同过程中的进展报告、研制报告等；⑦特殊出版物（Special Publications），会议文集、总结报告、资料汇编等。

3. 科学文献检索工具

（1）万方数据（https://www.wanfangdata.com.cn）。万方数据是中国知名的综合性数据服务平台，提供广泛的学术资源和知识服务。万方数据平台收录了丰富的科技报告，涵盖了国内外各类科研项目、工程技术项目的研究开发、设计、实验、检测、观测等活动的详细记录。据统计，万方数据平台目前收录的科技报告数量超过 100 万篇，内容翔实，具有很高的参考价值（见图 2.55）。

图 2.55 万方数据科学文献检索界面

（2）国家科技成果网（NAST）（https：//www.tech110.net）。国家科技成果网由科技部发展计划司于 1999 年创建，2006 年由国家科学技术奖励工作办公室管理，旨在促进科技成果的交流与转化。该平台汇集了大量的科技文献和科技成果信息，服务于科研人员、企业、政府机构以及其他相关用户。国家科技成果网收录了大量的科技报告，当前收录的科技报告数量超过 80 万篇。这些报告详细记录了各类科研项目和工程技术项目的研究过程和结果。2022 年，全国登记科技成果共 84324 项，比上年增长 7.2%（见图 2.56）。

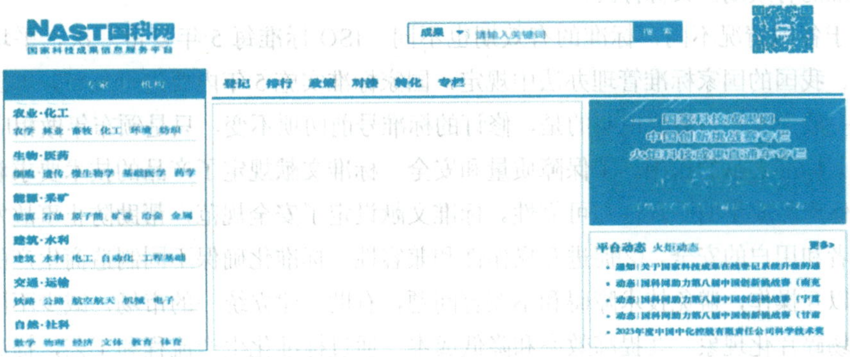

图 2.56 国家科技成果网检索界面

（3）国务院发展研究中心信息网（https：//www.drcnet.com.cn/）。国务院发展研究中心信息网是由国务院发展研究中心主办的专业信息服务平台，旨在为政府决策、企业发展和科研活动提供权威的政策研究和科技信息。该平台整合了大量的科技文献和研究成果，覆盖经济、社会、科技等多个领域。国务院发展研究中心信息网从 2000 年开始收录科技报告。平台已经收录了超过 10 万篇科技报告。这些报告涵盖了广泛的研究领域和技术前沿，为科研人员和决策者提供了重要的参考资料（见图 2.57）。

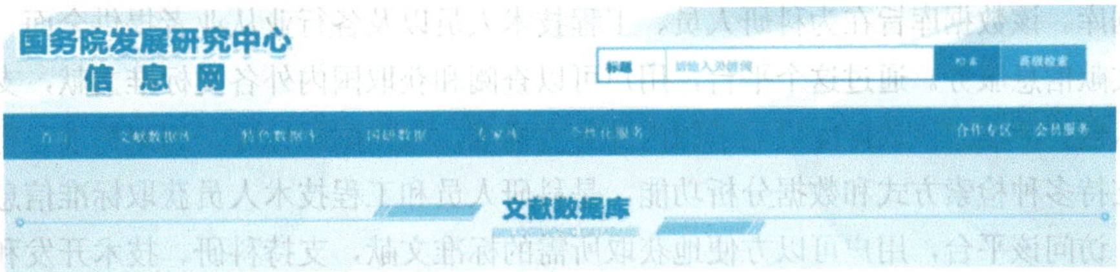

图 2.57 国务院发展研究中心信息网检索界面

二、标准文献检索

标准文献是指由标准化组织、专业机构或政府部门制定和发布的，用于规范产品、服务、过程和系统的技术要求、规格、程序和指南的正式文件。这些文献旨在确保质量、安全性、互操作性和一致性，促进技术协调和市场统一。

1. 标准文献概述

（1）标准的种类。①《中华人民共和国标准化法》规定，我国的标准分为国家标准、行业标准、地方标准和企业标准四级。各级标准的对象、适用范围、内容特性要求和审批权限，由有关法律、法规和规章作出规定。②按约束力分，国家标准、行业标准可分为强制性标准（GB）、推荐性标准（GB/T）和指导性技术文件（GB/Z）三种。③按标准化的对象分，可分为技术标准、管理标准和工作标准三大类。

（2）标准的有效期。自标准实施之日起，至标准复审重新确认、修订或废止的时间，称为标准的有效期，又称标龄。

由于各国情况不同，标准的有效期也不同。ISO 标准每 5 年复审一次，平均标龄为 4.92 年。我国的国家标准管理办法中规定，国家标准实施 5 年内要进行复审，即国家标准有效期一般为 5 年。需要说明的是，修订的标准号前两项不变，只是颁布年做相应改变。

（3）标准文献的作用。①保障质量和安全。标准文献规定了产品的技术要求和性能指标，确保产品质量的一致性和可靠性。标准文献设定了安全规范，帮助防止事故发生，保护消费者和用户的安全。②促进互操作性和兼容性。标准化确保不同制造商生产的产品和系统可以互操作，避免技术障碍和不兼容问题，有助于建立统一的市场，减少不同标准带来的市场碎片化现象。③提高效率和降低成本。通过标准化生产流程和工艺，提高生产效率。④支持法规和政策。标准文献为政府法规和政策的制定提供技术依据，帮助企业遵守法律法规。⑤促进创新和技术进步。标准文献通过公开技术要求和规范，促进新技术的传播和应用，鼓励技术创新和产业升级。

2. 标准文献检索工具

中国标准文献检索工具主要有以下 3 种。

（1）NSTL 国家科技图书文献中心（https：//www.nstl.gov.cn/）。国家科技图书文献中心（National Science and Technology Library，NSTL）是一个专门提供国内外标准信息的数据库。该数据库旨在为科研人员、工程技术人员以及各行业从业者提供全面、权威的标准文献信息服务。通过这个平台，用户可以查阅和获取国内外各类标准文献，支持科研和技术创新活动。该数据库覆盖了国内外各类标准，包括国际标准、国家标准、行业标准等，支持多种检索方式和数据分析功能，是科研人员和工程技术人员获取标准信息的主要渠道。访问该平台，用户可以方便地获取所需的标准文献，支持科研、技术开发和行业规范化工作（见图 2.58）。

图 2.58 国家科技图书文献中心标准文献检索界面

（2）中国标准服务网（https：//www.cssn.net.cn/cssn/index）。中国标准服务网是一个综合性的标准信息服务平台，由中国国家标准化管理委员会（SAC）主办。该平台旨在为用户提供全面、权威的标准信息服务，涵盖国内外标准的制定、发布、查询和应用等方面的信息。通过中国标准服务网，用户可以方便地获取标准文献、了解最新的标准动态、进行标准查询和标准化咨询等（见图 2.59）。

图 2.59 中国标准服务网检索界面

此外，该网站提供国家标准、行业标准、地方标准、团体标准、ISO 标准、IEC 标准等国内外标准信息的查询（见图 2.60）。

图 2.60 中国标准服务网标准查询界面

（3）国家标准化管理委员会（https：//www.sac.gov.cn/）。国家标准化管理委员会（Standardization Administration of China，SAC）是中国国务院主管标准化工作的直属机构，负责全国标准化工作的统一管理、监督和协调。该委员会的主要职责包括制定和发布国家标准、协调行业标准、组织国际标准化活动以及推动标准化战略的实施（见图 2.61）。

图 2.61　国家标准化管理委员会检索界面

国际标准文献检索工具主要有以下两种。

（1）国际标准化组织（https：//www.iso.org/home.html）。国际标准化组织（International Organization for Standardization，ISO）是全球最大的国际标准制定机构，通过制定和发布国际标准，促进全球贸易、提高产品和服务质量、保障安全和健康、保护环境。ISO 成立于 1947 年，总部位于瑞士日内瓦。ISO 的成员来自全球 165 个国家的国家标准化机构。ISO 在全球标准化工作中发挥着重要作用。通过其官方网站，用户可以获取最新的国际标准信息、参与标准制定过程、了解标准化动态和相关活动。ISO 的标准在全球范围内被广泛应用，推动了各国经济和技术的发展。ISO 的标准涵盖广泛的领域，包括：

①质量管理：如 ISO 9001 质量管理体系标准。

②环境管理：如 ISO 14001 环境管理体系标准。

③信息安全：如 ISO/IEC 27001 信息安全管理体系标准。

④食品安全：如 ISO 22000 食品安全管理体系标准。

⑤医疗设备：如 ISO 13485 医疗设备质量管理体系标准。

（2）IEC 标准（https：//www.iec.ch/homepage）。IEC 标准是由国际电工委员会（International Electrotechnical Commission，IEC）制定的国际标准，主要涉及电气、电子及相关技术领域。IEC 成立于 1906 年，总部位于瑞士日内瓦，是全球电气和电子技术领域的标准化组织。IEC 标准涵盖了发电、传输、分配到家用电器、办公设备、半导体、光伏能源等多个领域，旨在促进全球电气和电子技术的一致性和互操作性。

三、会议文献检索

会议文献是指在学术会议、研讨会、论坛或学术交流活动中发布和交流的研究成果、学术论文、技术报告和演讲稿等文献。会议文献是学术界和科研界重要的信息来源，记录了最新的研究进展、创新成果和学术观点，促进了学术交流和技术传播。会议文献是学术界和科研界重要的交流载体。通过阅读和研究会议文献，学者和研究人员可以了解最新的研究动态，获取有价值的学术信息，推动自身研究的深入和创新。

1. 会议文献的概述

（1）会议文献的分类。①会前文献是在学术会议、研讨会或论坛召开前准备和发布的文献。包括会议通知、会议议题和摘要、参会指南和背景材料等。②会中文献是在会议进行过程中产生和使用的文献。这些文献的主要目的是记录会议的讨论内容、研究成果和技术报告，供参会者即时参考和讨论。包括会议论文集、演讲稿和幻灯片、会议手册和讨论记录等。③会后文献是在会议结束后整理和发布的文献。这些文献的主要目的是总结会议的成果、分享会议的主要研究进展和讨论内容，供更广泛的学术界和行业参考。包括会议论文集、会议总结报告、会议纪要视频和音频记录、期刊特辑和图书等。

会议文献是学术交流和知识传播的重要载体。通过会前、会中和会后文献，参会者和未能参会的研究人员都能全面了解会议的内容和成果。会前文献帮助参会者做好准备，会中文献记录会议的即时信息，会后文献总结和传播会议的研究成果和讨论内容，从而促进学术交流和技术进步。

（2）会议文献的出版形式。会议文献的出版形式多种多样，包括会议论文集、会议专辑、会议手册、演讲稿和幻灯片、视频和音频记录、会议纪要和总结报告等。无论是传统的印刷出版还是现代的电子出版和开放获取，这些形式都旨在促进学术交流和知识传播，为研究人员提供丰富的学术资源。

2. 会议文献检索工具

国内的会议文献数据库主要有以下 3 种。

（1）中国知网会议论文数据库（https://www.cnki.net/index/）。中国知网的会议论文数据库是中国知网提供的一个重要学术资源库，专门收录和存档国内外学术会议上发表的会议论文和相关文献。该数据库涵盖了多个学科领域，汇集了大量高质量的会议论文，旨在为科研人员、学者和专业人士提供便捷的学术交流和研究支持。中国知网的会议论文数据库重点收录了国内外各类重要学术会议的论文文献，涵盖自然科学、工程技术、医药卫生、社会科学、人文科学等多个领域。截至 2024 年 7 月，已收录国内会议、国际会议论文集 4 万余本，累计文献总量 380 万余篇，内容丰富、更新及时，是学术研究和文献检索的重要资源（见图 2.62）。

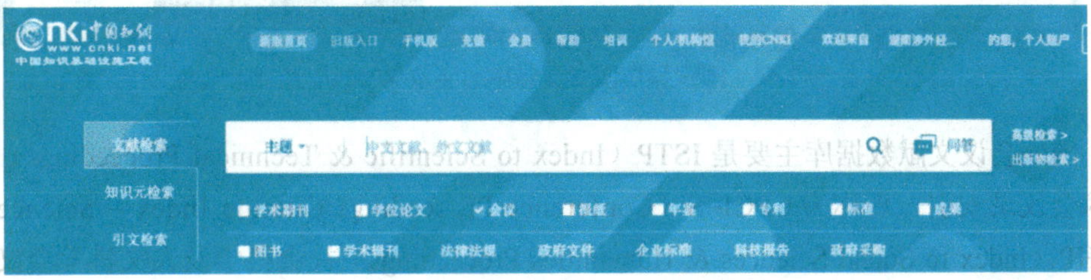

图 2.62 中国知网会议论文检索界面

检索步骤：第一，打开中国知网的官方网站；第二，在首页导航栏中找到“会议论文”或直接访问会议论文数据库页面；第三，在搜索框中输入检索关键词，或者点击“高级检索”选项，设置具体的检索条件；第四，检索结果显示后，用户可以点击具体的论文标题查看详细信息，并根据权限下载全文。

（2）万方数据会议论文数据库（www.wanfangdata.com.cn/Conference/）。万方数据的会议论文数据库是万方数据知识服务平台提供的重要学术资源库，专门收录和存档国内外学术会议上发表的会议论文和相关文献。该数据库涵盖了多个学科领域，汇集了大量高质量的会议论文，旨在为科研人员、学者和专业人士提供便捷的学术交流和研究支持。万方数据的会议论文数据库重点收录了国内外各类重要学术会议的论文文献，涵盖自然科学、工程技术、医药卫生、社会科学、人文科学等多个领域。截至 2024 年 7 月，该数据库已经收录了超过 1500 万篇会议论文。内容丰富、更新及时，是学术研究和文献检索的重要资源（见图 2.63）。

图 2.63　万方数据会议论文检索界面

（3）国家科技图书文献中心会议论文数据库（https：//www.nstl.gov.cn/）。国家科技图书文献中心会议论文数据库是由中国国家科技图书文献中心提供的一个重要学术资源库，专门收录和存档国内外学术会议上发表的会议论文和相关文献。该数据库涵盖多个学科领域，旨在为科研人员、学者和专业人士提供便捷的学术交流和研究支持。国家科技图书文献中心会议论文数据库重点收录了国内外各类重要学术会议的论文文献，涵盖自然科学、工程技术、医药卫生、农业科学、社会科学等多个领域。截至 2024 年 7 月，该数据库已经收录了超过 100 万篇会议论文，内容丰富，更新及时，是学术研究和文献检索的重要资源（见图 2.64）。

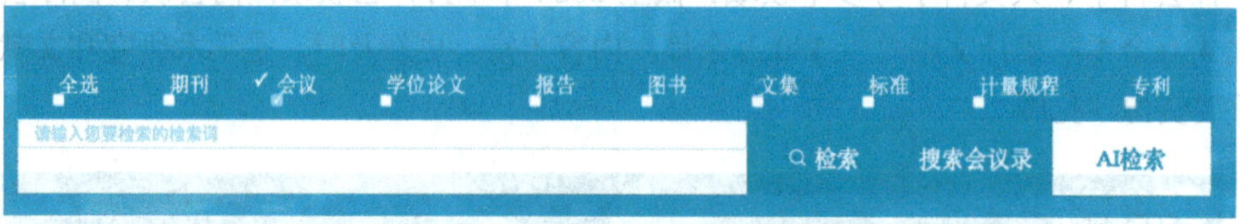

图 2.64　国家科技图书文献中心会议论文检索界面

国外会议文献数据库主要是 ISTP（Index to Scientific & Technical Proceedings）科学技术会议录索引，现称为 CPCI-S（Conference Proceedings Citation Index – Science）和 ISSHP（Index to Social Sciences & Humanities Proceedings）社会科学及人文科学会议录索引，是汤森路透（Thomson Reuters）旗下的 Web of Science 数据库中的一个子数据库。它专门收录了科学和技术领域的重要会议录文献，包括会议论文、会议报告等。通过 Web of Science 平台，用户可以进行 ISTP/CPCI-S 数据库和 ISSHP/CPCI-SSH 数据库的会议文献检索和下载，获取最新的社会科学及人文科学会议录文献。

四、专利文献

专利是一种由政府授权的知识产权，授予发明人或其权利人对某项新发明、实用新型或外观设计在一定时间内享有的独占权。通过专利，发明人可以合法地阻止他人未经许可制造、使用、销售或进口其发明。专利制度的目的是鼓励创新，激励研发，并通过公开发明细节，促进技术和社会的进步。

1. 专利文献的作用及特点

专利文献不仅是专利制度的重要组成部分，也是技术信息的重要来源，对推动技术创新和保护知识产权具有重要意义。专利文献是指有关专利的各种官方文件和技术文献，它们详细记录了专利申请、审查和授权等过程中的相关信息。专利文献详细公开了发明的技术内容，促进了技术信息的传播和共享，有助于其他研究人员和企业了解最新的技术进展和创新方向。同时，专利文献是专利检索和技术调研的主要资料来源，研究人员可以通过专利文献了解相关领域的技术现状，避免重复研究。企业可以通过分析专利文献了解竞争对手的技术布局和研发动态，为自身的技术开发和战略决策提供参考。

专利文献的权威性、技术性、全面性、新颖性、法律性、公开性、系统性和检索性使其成为技术创新的重要信息源。通过专利文献，研究人员和企业可以了解最新的技术进展、避免重复研究、进行技术布局和知识产权保护，从而推动技术进步和产业发展。

2. 专利文献检索工具

（1）国家知识产权局（https：//www.cnipa.gov.cn）。中华人民共和国国家知识产权局（CNIPA）网站专利检索系统是由国家知识产权局提供的专利信息检索服务平台。该系统为用户提供了专利申请、审查、授权等相关信息的查询功能，旨在帮助用户快速、准确地获取专利文献及其法律状态信息。通过该系统，用户可以快速获取国内外专利信息，进行专利文献的深入研究和分析，有助于推动技术创新和知识产权保护（见图 2.65）。

图 2.65 国家知识产权局专利检索界面

（2）中国专利信息网（https：//www.patent.com.cn）。中国专利信息网是由中华人民共和国国家知识产权局主办的专业信息服务平台，致力于提供全面、权威的专利信息服务。该网站汇集了大量的专利数据和相关信息，涵盖国内外专利的申请、审查、授权、法律状态等各个环节，为科研人员、企业、知识产权从业者以及公众提供便捷的专利检索和咨询服务。通过该平台，用户可以方便地获取国内外专利的详细信息，了解最新的技术发展趋势，支持技术创新和知识产权保护。该网站在专利信息的获取、管理和利用方面具有重要的参考价值（见图 2.66）。

图 2.66　中国专利信息网专利检索界面

（3）中国知网知识平台专利数据库（www.cnki.ent）。中国知网知识平台专利数据库是中国知网提供的专利信息服务平台。该数据库收录了大量的国内外专利文献，涵盖各个技术领域。中国专利收录了 1985 年以来在中国大陆申请的发明专利、外观设计专利、实用新型专利，共 4990 万余项，每年新增专利约 250 万项；境外专利包含美国、日本、英国、德国、法国、瑞士、世界知识产权组织、欧洲专利局、俄罗斯、韩国、加拿大、澳大利亚等十多个国家以及中国香港及中国台湾的专利，共计收录从 1970 年至 2024 年 7 月的专利 1 亿余项，每年新增专利约 200 万项。该平台旨在为科研人员、企业和知识产权从业者提供便捷的专利检索和分析服务（见图 2.67）。

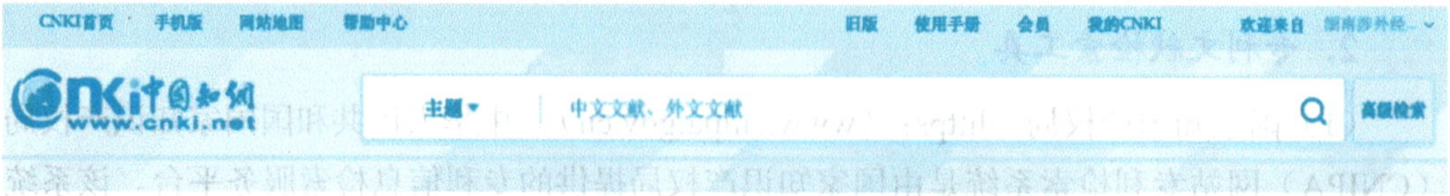

图 2.67　中国知网知识平台专利数据库检索界面

（4）万方数据知识平台专利数据库（https：//www.wanfangdata.com.cn）。万方数据知识平台专利数据库是万方数据提供的专利信息服务平台，收录了大量的国内外专利文献，涵盖多个技术领域。根据最新的数据，万方数据专利数据库已经收录了超过 4 000 万件专利文献。该平台旨在为科研人员、企业和知识产权从业者提供全面的专利信息服务（见图 2.68）。

图 2.68　万方数据知识平台专利数据库检索界面

五、学位论文检索

学位论文是指相关人在完成学术课程、通过规定的考试之后，为获得学位而提交的研究性文献。学位论文的撰写和答辩是学位授予的重要依据，学位论文是在导师指导下，经过系统的科学研究、理论分析和实际操作后完成的，反映了作者在特定学术领域内所取得的研究成果和学术水平。

1. 学位论文概要

（1）学位论文的类型。学位论文根据所授学位的层次和研究内容，可以分为不同的类型。主要包括学士学位论文、硕士学位论文和博士学位论文。此外，根据研究的性质和目的，学位论文还可以细分为应用型论文和研究型论文。

（2）学位论文的组成。学位论文通常由以下几个主要部分组成，封面、诚信声明、中英文摘要、引言、文献综述、研究方法、实验或研究过程、数据分析与结果、结论、参考文献、附录和致谢。这些部分相互衔接，系统地展示了研究的全过程和研究成果。

2. 学位论文的检索

（1）万方数据学位论文数据库（https：//www.wanfangdata.com.cn/）。万方数据学位论文数据库是万方数据知识服务平台的重要组成部分，收录了国内外高校和科研机构的硕士、博士学位论文。该数据库涵盖多个学科领域，旨在为科研人员、学者和学生提供全面的学术资源，支持科研和学术研究。截至 2024 年 7 月，万方数据学位论文数据库已经收录了超过 600 万篇学位论文，内容涵盖自然科学、工程技术、医药卫生、社会科学、人文科学等多个领域。

万方数据学位论文数据库提供多种检索字段，方便用户进行精确和高级检索。主要检索字段包括关键词、论文题目、作者、导师、学位类型、学科分类、学校、年份、摘要和全文（见图 2.69）。

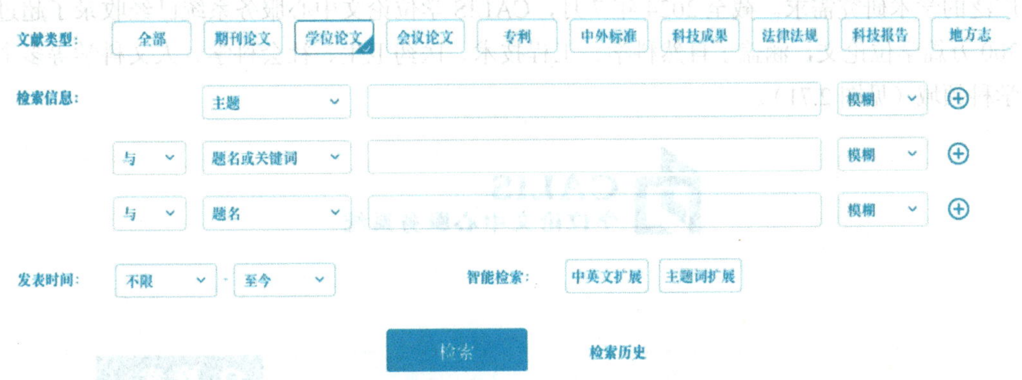

图 2.69　万方数据论文数据库检索界面

使用万方数据学位论文数据库进行检索的详细流程为：①访问万方数据知识服务平台

并登录。②在网站首页导航栏中找到并点击“学位论文”相关链接，进入学位论文数据库页面。③在搜索框中输入相关的检索条件，如关键词、论文题目、作者姓名等。也可以点击“高级检索”选项，设置多个检索字段进行组合检索。④点击“搜索”按钮，系统会根据输入的检索条件显示相关的学位论文列表。用户可以根据论文题目、作者、年份等信息浏览检索结果。⑤点击感兴趣的论文标题，进入论文详细页面，查看论文的摘要、目录和其他相关信息。如果用户有权限，可以下载论文全文。⑥用户可以根据需要使用页面上的筛选和排序功能，按照年份、学科、学校等条件进一步筛选和排序检索结果，以便更快找到所需文献。

（2）中国知网学位论文数据库（https：//www.cnki.net/index/）。中国知网学位论文数据库（简称 CNKI 学位论文数据库）是中国知网提供的重要学术资源库，专门收录和存档国内外高校和科研机构的硕士、博士学位论文。该数据库涵盖广泛的学科领域，旨在为科研人员、学者和学生提供全面的学术资源，支持科研和学术研究。截至 2024 年 7 月，中国知网学位论文数据库出版 530 余家博士培养单位的博士学位论文 57 万余篇，800 余家硕士培养单位的硕士学位论文 596 万余篇，最早可以回溯至 1984 年，覆盖基础科学、工程技术、农业、医学、哲学、人文、社会科学等各个领域（见图 2.70）。

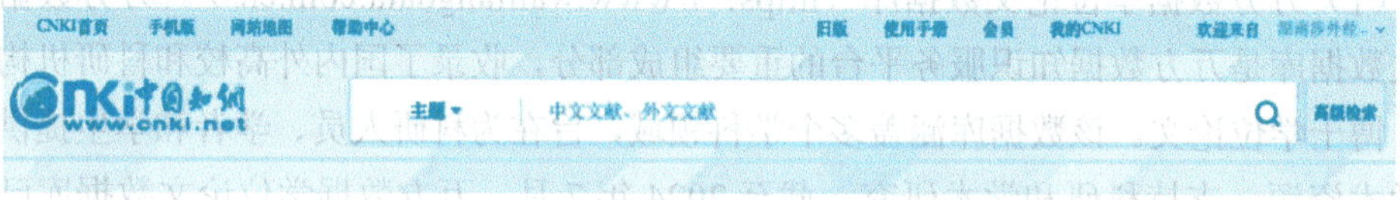

图 2.70　中国知网学位论文数据库检索界面

（3）CALIS 学位论文中心服务系统（http：//etd.calis.edu.cn）。CALIS（China Academic Library & Information System）学位论文中心服务系统是中国高等教育文献保障系统（CALIS）提供的学位论文服务平台，旨在为高校师生和科研人员提供学位论文的收集、存储、检索和利用服务。该平台整合了国内外高校的硕士、博士学位论文资源，支持广泛的学术研究需求。截至 2024 年 7 月，CALIS 学位论文中心服务系统已经收录了超过 300 万篇学位论文，涵盖了自然科学、工程技术、医药卫生、社会科学、人文科学等多个学科领域（见图 2.71）。

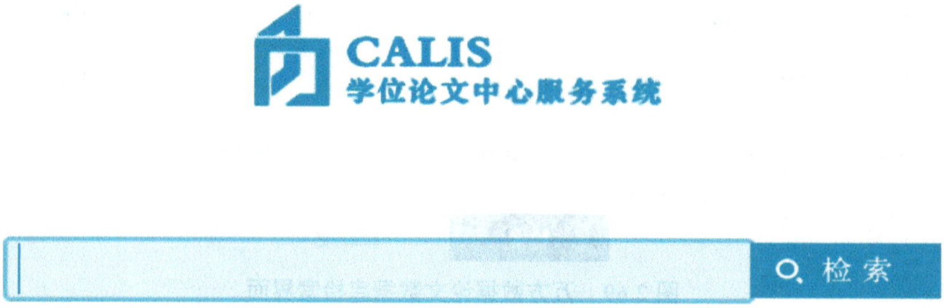

图 2.71　CALIS 学位论文中心服务系统检索界面

（4）ProQuest 硕博论文数据库（https：//www.proquest.com/）。ProQuest Dissertations & Theses Global（PQDT Global）是全球最全面的学位论文数据库之一，由 ProQuest 公司提供。该数据库专门收录了世界各地高校的硕士和博士学位论文，涵盖多个学科领域，旨在为研究人员、学者和学生提供全面的学术资源，支持科研和学术研究。ProQuest 硕博论文数据库提供多种检索字段，方便用户进行精确和高级检索。主要检索字段包括关键词、论文题目、作者、导师、学位类型、学科分类、学校、发表年份、摘要、论文的语言、ISBN 和论文的发表地点（见图 2.72）。

图 2.72　ProQuest 硕博论文数据库检索界面

使用 ProQuest 硕博论文数据库进行检索的详细流程为：①打开浏览器，访问 ProQuest Dissertations & Theses Global。②在 ProQuest 平台首页，找到并点击“Dissertations & Theses”或相关链接，进入学位论文数据库页面。③在搜索框中输入相关的检索条件，如关键词、论文题目、作者姓名等。用户也可以点击“Advanced Search”选项，设置多个检索字段进行组合检索。④点击“Search”按钮，系统会根据输入的检索条件显示相关的学位论文列表。用户可以根据论文题目、作者、年份等信息浏览检索结果。⑤点击感兴趣的论文标题，进入论文详细页面，查看论文的摘要、目录和其他相关信息。如果用户有权限，可以下载论文全文。⑥用户可以根据需要使用页面上的筛选和排序功能，按照年份、学科、学校等条件进一步筛选和排序检索结果，以便更快找到所需文献。

第六节　文献原文的获取

一、文献原文获取的途径及技巧

1. 图书馆

高校和公共图书馆通常订购了大量的学术期刊、图书和数据库，用户可以通过图书馆的资源获取文献原文。

（1）馆藏目录检索。利用图书馆的 OPAC 系统，检索馆藏纸质文献。

以湖南涉外经济学院为例，学院图书馆官网（http：//lib.hieu.edu.cn）可提供馆藏资源、馆藏分布、入馆须知等查询服务（见图 2.73）。

图 2.73　湖南涉外经济学院图书馆检索界面

（2）电子资源平台。通过图书馆订购的电子资源平台（如 EBSCO、ProQuest 等）获取文献。

2. 学术数据库

学术数据库是获取文献原文的主要途径之一。常用的学术数据库有中国知网、万方数据、维普数据库、PubMed、IEEE Xplore、ACM Digital Library、ScienceDirect、SpringerLink 和 JSTOR 等。

3. 作者个人主页和研究机构

许多学者会在个人主页、研究机构的官网或学术社交平台上分享他们的论文全文。学术社交平台：如 ResearchGate（ResearchGate）和 Academia.edu（Academia），用户可以在这些平台上请求作者提供文献原文。

（1）关注作者。在平台上关注相关领域的研究者，获取其最新研究动态和公开文献。

（2）请求全文。通过平台直接请求作者提供全文。

4. 免费网页

利用相关数据直接从网上获取电子版全文，如百度学术和 Google Scholar。获取的技巧如下。

（1）关键词检索。使用相关关键词进行检索。

（2）高级搜索。点击页面上的“高级搜索”选项，按标题、作者、刊物等条件进行检索。

（3）PDF 链接。查看检索结果中的 PDF 链接或通过链接跳转到提供全文的页面。

5. 购买或订阅

如果上述途径均无法获取，可以通过期刊官网或学术数据库平台购买或订阅文献原文。获取的技巧如下。

（1）期刊官网。许多期刊提供单篇文章的购买服务。

（2）学术数据库平台。如 ScienceDirect、SpringerLink 等，提供购买服务。

二、缩写刊名和拉译刊名的还原

在学术研究和文献管理中，经常会遇到期刊名称的缩写和拉丁文翻译（简称“拉译”）形式。了解如何将这些缩写和拉译形式还原为期刊的全名，对于准确引用文献、文献检索和科研工作都是非常重要的。

缩写刊名是指期刊名称的缩写形式，通常用于文献引用、参考文献列表和文献管理系统中。缩写形式通常遵循国际标准，如 ISO 4 标准。还原缩写刊名的过程通常涉及查找缩写形式对应的期刊全称。拉译刊名是指期刊名称的拉丁文翻译形式，通常在医学、生命科学和古典学等领域使用。这种形式需要将拉丁文翻译还原为现代语言的期刊全称。

（1）缩写刊名还原示例。具体如下。

缩写刊名：J. Biol. Chem.

还原为全名：Journal of Biological Chemistry

使用工具：通过 PubMed Journal Database 进行查询。

（2）拉译刊名还原示例。具体如下。

拉译刊名：Acta Physiol. Scand

还原为全名：Acta Physiological Scandinavica

使用工具：通过 PubMed Journal Database 进行查询。

期刊名称的缩写和拉译形式的还原，是学术研究和文献管理中常见的需求。通过利用期刊缩写词典、在线数据库、参考文献管理软件等工具，可以有效地将缩写和拉译形式还原为期刊的全称，确保文献引用的准确性和检索的高效性。

【课堂思政】

拓宽学术视野。通过对外文文献的检索，学生不仅能获取国内外前沿的研究成果，还能更好地理解全球经济、科技、文化等领域的发展动态，培养国际化的视野。在教学中引导学生使用多种文献检索工具，包括国内外的期刊数据库，如 Google Scholar、EBSCO、ProQuest 等，鼓励学生关注全球经济管理领域的研究成果，拓宽他们的全球化视野和提高国际竞争意识。例如，通过对比全球不同地区的经济管理文献，如中美贸易、欧洲经济体的研究，让学生理解全球经济的复杂性，并引导他们结合国内实际情况，形成兼具国际视野和本土实践的研究思路。

批判性思维与科学精神。通过筛选高质量文献和评估文献的权威性，引导学生在学术研究中培养批判性思维，不盲从文献，能够独立分析和判断文献内容的质量和可信度。在教学中引导学生对比和分析不同来源的文献，进行小组讨论，鼓励学生质疑和反思不同观点，提升他们的批判性思维能力。例如，可以结合某经济学经典理论的争议性讨论，让学生通过文献检索与分析得出独立结论，培养他们独立思考和科学研究中的批判精神。

学术诚信与责任意识。在文献检索过程中，强调信息的真实性与可靠性。学生在选择和引用文献时，需要对信息的来源和准确性负责，避免引用不实或虚假的数据。通过案例讨论，例如学术不端行为（如抄袭、篡改数据）的影响，向学生展示学术造假对个人、社会和学术界的危害，强调学术诚信和真实数据的重要性。例如，引入著名的学术不端案例，如某高校学者因学术造假被撤销学位的事件，借此让学生意识到学术诚信的基本底线，并引导学生树立正确的学术道德观念。

【本章小结】

本章在全书中占据基础性地位，构建了一个系统化的文献信息检索框架，各部分内容相互联系、相互补充，为后续章节的学习和实践奠定了基础。首先，学生将掌握网络文献、图书信息、期刊文献和特种文献的检索工具与方法。其次，事实型和数值型信息检索帮助学生获取定性和定量数据，支持他们在研究中获得具体的背景信息和数据支撑。最后，掌握高效获取文献原文的渠道与技巧。本章重点是让学生掌握经管类中英文电子期刊数据库的检索方法与技巧，难点在于网络文献资源的质量和真实性评估。本章不仅为读者提供了详细的经管类信息检索操作指南，更帮助他们在复杂的信息环境中高效获取和利用文献资源，从而为学术研究提供坚实支持。

【实战训练】

训练要求：每个任务要求学生通过实际操作，掌握文献检索与获取的技巧，并学会如何高效地利用各种信息资源。所有任务的完成结果应保存为 Word 文档，以备后续学习和参考。

任务 1:

了解学科信息门户，找到自己专业相关的学科信息门户，并进行浏览，制作一份 word 文档介绍收集的信息。

任务 2:

检索 2024 年诺贝尔文学奖获得者的情况（包括获奖者姓名、简介以及他们的获奖成果）。

任务 3:

选择本专业的学科研究方向，筛选 5 种适合该研究方向的期刊，列出这几种期刊的主办单位、出版期号、卷号等基本信息，保存于 word 文档中。

任务4：

CNKI、万方数据和维普资讯数据库均提供多种文献的跨库搜索，尝试使用其跨库检索方式，检索本专业某主题的文献，并分析其来源的数量和种类。

任务5：

试用读秀的图书频道搜索本专业的书籍，获得全文、阅读、下载、摘录、注明来源。

任务6：

某文章列有参考文献：

苏尼尔．供应链管理［M］．北京：中国人民大学出版社，2021．

检索图书馆是否有该文献。如果有，根据收藏信息去借阅，并通过超星电子图书馆检索有无电子版全文。

任务7：

查找湖南省2023年经济方面的年鉴。

任务8：

查找2023年全国货运吞吐量的相关信息并保存在word文档中。

【拓展学习】

1．bilibili木木及格：《文献检索与论文写作》基础课程（https：//www.bilibili.com/）

内容涉及文献检索基本知识、文献查阅、中文图书期刊检索系统、外文图书期刊数据库及常用的搜索引擎介绍的讲解。

2．bilibili崖晖：文献检索视频操作教程（https：//www.bilibili.com/video/）

内容涉及中国知网检索实例及外文数据库PubMed实例的讲解。

【课后练习】

1．常用的搜索引擎有哪些，举例并说明其特点。

2．使用百度、搜狗、360搜索等搜索引擎搜索“价值链”，比较不同搜索引擎搜索结果的异同。

3．中外文期刊检索工具各有什么特点？

4．试用CNKI平台检索几篇本专业的期刊论文。

5．读秀学术搜索平台提供了哪些文献频道？各个文献频道有哪些搜索途径？

6．使用CALIS文献获取平台检索本专业的几本书。

7．查找本专业事实型和数值型数据库有哪些？

8．如何获取即将召开的会议信息？

【参考文献】

[1] 叶继元 . 学术规范通论 [M] .2 版 . 上海：华东师范大学出版社，2017.

[2] 王细荣，张佳，叶芳婷 . 文献信息检索与论文写作 [M] . 上海：上海交通大学出版社，2022.

[3] 明均仁 . 信息检索 [M] . 武汉：华中科技大学出版社，2021.

[4] 大学数字图书馆国际合作计划 . 项目背景 [EB/OL] . (2019-05-20) [2024-6-10] .https://cadal.edu.cn/index/projectBackground.

[5] 黄建琼，陈章斌 . 文献检索实用教程 [M] . 北京：清华大学出版社，2023.

[6] 中国国家标准化管理委员会 . (2014) . 科学技术报告撰写规则 (GB/T 7731.3-2014) . 北京：中国标准出版社 .

[7] 中国知网 . 学术期刊库 [EB/OL] .https：//kns.cnki.net .

第三章 Chapter 3 论文写作概述

学习目标

知识目标：了解论文写作的含义、类别及意义；在理解论文写作的质量要求，熟悉毕业论文组成部分以及写作流程的基础上重点掌握经管类毕业论文写作的基本方法。

能力目标：通过本章的学习，学生能结合所学经管类专业独立完成论文写作的大纲撰写以及写作方法的选择和运用，同时培养学生独立分析和解决问题的能力，提高学生的综合应用能力。

素质目标：通过探析本科毕业论文写作的重要意义、质量要求、组成部分、写作流程及方法，激发学生的写作兴趣，培养学生的学术意识与创新意识，强化学生的质量意识和问题导向意识。

第一节 为什么要写论文

一、论文写作的含义

论文写作是指通过系统的研究、调查和分析，将自己的思想、观点和研究结果以科学、准确、客观的方式表达出来的一种写作形式。它是在学术领域中交流思想和知识的一种重要方式。通过论文写作，研究者可以分享自己的研究成果，推动学术进步和社会发展。

毕业论文属于学术论文的范畴，规格和要求与学术论文相同。所谓毕业论文是指高等院校应届毕业生在所在院系专业老师指导下按照学术论文标准，在规定的时间内独立完成的总结性、习作性文章。其基本含义是：在完成学业的最后一年或学期，学生需要独立选定一个研究课题或问题，并通过收集、整理、分析相关资料，运用调查和实证等方法，进行深入研究和论证。

毕业论文就其内容来讲，可分三种形式：一是就学科中某一问题，作者用自己的研究成果加以回答；二是只提出学科中某一问题，综合别人已有的结论，指明进一步探讨的方向；三是对所提出的学科中某一问题，作者用自己的研究成果，给予部分回答。毕业论文注重对客观事物作理性分析，指出其本质，提出个人的学术见解和解决某一问题的方法和意见。毕业论文就其形式来讲，具有议论文所共有的一般属性特征，即论点、论据、论证是文章构成的三大要素。文章主要以逻辑思维的方式展开，强调在事实的基础上，展示严谨的推理过程，得出令人信服的科学结论。

应用型高校经济与管理类专业本科毕业论文具有专业性、实用性、创新性和学术性的特点，因此相较于其他学科的毕业论文，定位要更加“贴近行业、贴近企业、贴近就业”。

二、论文写作的主要分类

（一）按照所属的专业学科门类分类

毕业论文按专业学科不同，可划分为社会科学类毕业论文和自然科学类毕业论文两大类。社会科学类毕业论文又可划分为管理类、经济类、法律类、文学类、历史类、政治类等专业学科论文；自然科学类毕业论文又可划分为理学类、工学类、农学类、医学类等专业学科毕业论文。

每类毕业论文还可进一步划分为不同专业方向的毕业论文。如经济与管理类可进一步划分为工商管理、市场营销、人力资源管理、农林经济管理、会计学、审计学、财务管理、公共管理、工程管理、信息管理、图书馆管理、情报与档案管理等专业毕业论文。

（二）按照内容性质分类

理论型毕业论文是对研究课题的理论、学术观点有新的发展和深入发掘，或提出新的见解，或证明先说的错误，或对学术界尚未认识的事物有新的发现，或提出新假说、新理论的论文。理论型毕业论文要求在论述的问题上具有理论上或观点上的创造性。理论型毕业论文按研究对象不同，可分为两种：一种是以纯粹的抽象理论为研究对象，研究方法是严密的理论推导和数学运算，有的还涉及实验与观测，用以验证论点的正确性；另一种是以对客观事物和现象的调查、考察所得的观测资料以及有关文献资料数据为研究对象，研究方法是对有关资料进行分析、综合、概括、抽象，通过归纳、演绎、类比，提出某种新的理论和新的见解。理论型论文按创新的角度不同，可分为五种，即提出新理论的、提出新假说的、提出新发现的、对先说进行补充和纠正的与其他创新的。

实践型毕业论文是一种将理论知识与实际问题相结合的学术研究形式，旨在培养学生的实践能力和解决实际问题的能力。这种毕业论文形式强调学生在毕业阶段通过实践活动进行研究和创新，将所学的理论知识应用到实践中，并通过实践来验证和完善理论。实践型毕业论文的研究对象通常是实际问题或实践项目，需要学生进行实地调研、实验研究、实际操作等，以深入了解和解决实际问题。在撰写过程中，学生需要注重理论与实践的结合，将所学的理论知识应用到实践中，并通过实践来验证和完善理论。同时，实践型毕业论文也强调创新能力的培养，鼓励学生在实践中提出新的观点、方法或解决方案，并进行实践验证。经济与管理类专业论文更多的是属于实践性毕业论文。

（三）按照议论方式分类

毕业论文按议论方式不同，可分为立论式论文和驳论式论文两种。

立论式论文是指从正面阐述论证自己的观点，用大量的材料、数据和理论直接论述对某一问题或现象的认识和主张的论文。具有论点鲜明、论据充分、论证严密、以理和事实服人的特点。

驳论式论文，也称争论型论文，是指通过反驳别人在经济活动中某些错误的或模糊的观点、陈旧的看法以及落后的理论展开辩论，争取树立自己的论点和主张的论文。在与对方论争中，主要侧重于驳论，批驳某些错误的观点、见解、理论，除按立论文对论点、论据、论证的要求以外，还要求针锋相对，据理力争。

（四）按照研究问题的层次分类

按照研究问题的不同层次，可分为研究宏观问题的论文，研究微观问题的论文，研究地区、产业问题的论文。

1. 研究宏观问题的论文

研究宏观问题的论文是指从宏观的角度出发，把整个国家、整个社会的问题，都纳入它的研究范围。它运用宏观分析的理论来观察、研究所存在的问题中一些带有重要价值的普遍性现象，探索一些带有全局性、整体性、综合性的问题，揭示其内在联系和客观规律，从而使人们能够科学地把握它，加速社会建设的进程。它研究的面比较广，具有较大的研究范围，论题大，篇幅往往也较长。由于经济管理类学士毕业论文的写作时间短，篇幅有限，一般不主张写论题过大的宏观问题论文。

2. 研究微观问题的论文

研究微观问题的论文从小处着手，大处着眼，具体研究局部性、具体的微观问题。借助微观分析的理论，对这些微观问题进行辩证分析，帮助人们认识问题的现象，总结产生、发展的过程和客观自然规律，研究的面窄一些。研究微观问题的论文对具体工作有指导意义，是经济管理类学士毕业论文的最主要形式。

3. 研究地区、产业问题的论文

研究地区、产业问题的论文是从研究某一地区（省、市）或某一部门某一行业问题着手所进行研究写作的论文。同样由于本科毕业生写作的时间有限，选择这种选题的论文不能将研究的面铺得太宽。

（五）按照学位层次分类

毕业论文按学位不同分为学士毕业论文、硕士毕业论文和博士毕业论文三种。大学本科毕业论文是学士学位论文，它是大学生在大学的最后一年，运用所学的基础理论、基本知识和技能，独立地探讨和解决本学科某一问题的论文。硕士毕业论文是硕士研究生运用坚实、系统的专业知识，对本学科中的某一问题展开独立和系统的研究，并有新的见解的论文。博士毕业论文是博士生运用坚实宽广、系统深入的专业知识，对本学科中的某一问题展开突破性的研究，并提出创造性的见解，要求其达到国内同行或者国际研究的先进水平的论文。

三、论文写作的意义

毕业论文是高等院校应届毕业生毕业前交的一份具有一定学术价值的文章，是作者针对某一经济问题或课题，综合运用自己所学习的基础理论、基本知识和基本技能，进行探索和研究后写出的阐述解决某一问题（课题）、发表自己学术见解的文章。因此，毕业论文既是对高等院校应届毕业生学习成果的综合性总结和检阅，也是对学生掌握专业知识情况、分析问题和解决问题的基本能力的一次全面考核。

随着经济的发展，经济管理领域的应用型人才越来越受到社会的重视。毕业论文是应用型人才培养过程中不可或缺的一环。毕业论文质量的高低直接反映了应用型人才的实际水平。因此，毕业论文写作具有重要的意义，它不仅是一个简单的学业任务，还是对学生综合素质和能力的全面检验。通过毕业论文的写作，学生可以将大学期间所学的基础理论、专业知识和实践技能进行整合，形成系统化的知识体系，并在研究中加以应用。

创新能力培养。撰写毕业论文是一个创新思维训练的过程。学生需要在导师的指导下，独立思考问题，提出自己的观点，这对培养学生的创新意识和创新能力具有重要作用。

科学研究方法训练。论文写作过程中，学生会学习和运用科学研究的步骤和方法，如文献检索、数据分析、实验设计等，这对未来从事科学研究或其他专业工作具有基础性的训练作用。

逻辑思维与表达能力提升。毕业论文要求学生逻辑清晰、论证严密。通过论文的撰写，可以锻炼学生的逻辑思维能力和语言表达能力。

学术规范与道德教育。在论文写作过程中，学生需要遵循学术规范，尊重他人知识产权，这有助于培养学生的学术诚信和道德素养。

职业素养准备：对于即将步入职场的学生来说，毕业论文的撰写是对其职业素养的一次重要锻炼，能够为其未来的职业生涯打下坚实的基础。

学位资格认证：毕业论文是高等教育阶段教育成果的重要体现，是获得学位的必要条件之一，通过论文答辩是学生完成学业、获得学位的关键步骤。

学术交流与分享。优秀的毕业论文可以作为学术交流的资料，与他人分享研究成果，扩大学术影响力，甚至有可能对相关领域的研究产生一定的推动作用。

总之，毕业论文写作是高等教育人才培养过程中的重要环节，对于学生的个人成长和未来的发展都具有深远的影响。

第二节 论文的质量要求

毕业论文质量的高低直接反映了应用型人才的实际水平。本书着重点在于经济与管理类论文写作，因此本节主要强调经济与管理类毕业论文的质量要求。

一、理论前沿

理论前沿，即在理论上要力求做到突出学术含量，运用的理论要体现一定的深度与前沿性。经济与管理类毕业论文写作时，一是要熟悉前沿理论，即要熟悉和运用经济与管理学科的前沿理论，了解经济与管理学科前沿研究领域和问题。二是要规范研究方法，即要运用经济与管理学科研究的规范化方法开展研究工作。古为今用，洋为中用，从历史的研究中吸取有益于现实社会发展的经验教训，从对外国的研究中，借鉴其成功经验和失败教训。科学研究的任务就在于揭示事物运动的规律性，并且运用这种规律性的认识指导人们的实践，推动社会的进步和发展。虽然大学本科的毕业论文不要求在理论上必须具有独创性，但无论是纯粹的理论观点研究或是理论的应用研究都必须关注该理论研究的前沿问题。因此，毕业论文在选题和观点上都必须注重理论的先进性与学术的价值含量。

二、思路清晰

毕业论文的写作思路清晰意味着其结构具有逻辑性，各部分内容紧密相连，论证过程环环相扣，能准确传达研究意图，表明其研究的目的、问题和意义，使读者能够迅速把握论文的核心，使论文内容易于理解。另外，论文的写作思路清晰也是作者学术素养和专业能力的体现，有利于树立作者的专业形象。因此，在论文写作过程中，作者应当注重思路的梳理，确保论文内容条理分明，逻辑严密，这样才能更好地达到学术交流的目的，也更有助于论文的发表和传播。

三、逻辑严密

毕业论文是学术研究的初步尝试，它必须遵循学术写作的基本规范。逻辑严密是学术研究的基础，也是学术诚信的体现。如果论文中的逻辑链条存在漏洞，那么即使观点新颖，也难以使人信服。在培养应用型经管类人才方面，撰写毕业论文的过程是学生逻辑思维和批判性思维能力训练的过程。逻辑严密有助于培养学生严谨的科学态度和良好的思维习惯。毕业论文往往涉及专业知识的综合运用，逻辑严密有助于构建完整的知识体系，使论文内容条理清晰，结构合理。如果论文逻辑不严密，可能会导致读者对论文的理解产生偏差，甚至误解作者的原意。在论文写作中注重逻辑严密性，也是对学生学术责任感的一种培养。一个有责任感的学者，在研究过程中会力求严谨，避免误导他人。

从论文全局来说，作者确定论文的研究目标和研究问题，这些问题应当是论文的核心，所有的论证和分析都应围绕这些问题展开。从局部来说，论文的结构应清晰合理，每一部分都应紧密相连，逻辑上前后呼应。论文中的每个观点都应有充分的证据支持，确保论据与论点之间有严密的逻辑关系。使用正确的逻辑推理，避免逻辑谬误，如因果谬误、偷换概念等。经济管理类论文侧重点在于与实践紧密结合，因此论证对象往往是现实中真实存在的某一经济现象或者事实，所以一般采取归纳推理的形式，求得结论。要使论证严密、富有逻辑性，必须做到：第一，概念判断准确，这是逻辑推理的前提；第二，要有层次、有条理地阐明对客观事物的认识过程；第三，要以论为纲，虚实结合，反映从“实”到“虚”，从“事”到“理”，即由感性认识上升至理性认识的飞跃过程。

四、观点明确

毕业论文写作中，确保观点明确是至关重要的。这不仅是学术写作的基本要求，也是体现作者思考深度和表达能力的标志。一是逻辑性和条理性，明确的观点有助于构建清晰的逻辑框架，使文章各部分内容紧密相连，增强论文的整体条理性。二是说服力，当论文的观点明确时，作者能够更有针对性地提供论据和证据，从而增加论点的说服力。三是避免误解，模棱两可的观点可能会导致读者对文章主旨产生误解，清晰的观点则能有效避免这种情况。四是学术交流，在学术领域，观点的明确性对于同行间的交流至关重要。它有助于其他研究者理解你的研究目的、方法和结论，促进学术思想的碰撞和讨论。五是展现研究深度，一个明确的观点能够体现作者对研究问题的深入思考，展现研究的深度和原创性。六是指导研究方向，在研究过程中，明确的观点有助于指导研究方向，使研究工作更加聚焦和高效。七是符合学术规范，学术写作有其特定的规范和要求，其中就包括观点的明确性。这不仅是学术训练的一部分，也是评价学术成果的重要标准。因此，在毕业论文写作中，作者应当通过精确的语言、严密的逻辑和充分的论证来确保观点的明确性，这对于提高论文的质量和学术价值都是非常重要的。

五、数据翔实

数据翔实是学术诚信的基本要求。在学术研究中，真实可靠的数据是研究结论成立的基础。遵守学术诚信原则，不仅能够体现作者的职业道德，也是对学生学术素养的基本要求。一篇优秀的或比较好的经济与管理类学科的毕业论文仅有一个好的主题和观点是不够的，它还必须有充分、翔实的论据材料作为支撑。旁征博引、多方佐证，也是经济与管理类学科的毕业论文作为学术论文有别于一般性议论文的明显特点。作者每确立一个观点，必须考虑用什么材料作主证、什么材料作旁证；对自己的观点是否会有不同的意见或反面意见，对他人持有的异议应如何进行阐释和反驳。因此翔实的数据能够增强论文的说服力。当读者看到严谨的数据收集和分析过程，更容易接受论文的观点和结论。

数据翔实要求作者数据来源要真实，因此在收集数据之前，明确论文的研究目的和研究问题，确保数据收集与论文主题紧密相连。根据研究目的选择合适的研究方法和数据收集方式，如问卷调查、实验、访谈、文献分析等。同时，需要使用权威、正规的数据库、期刊、书籍等作为数据来源。对于网络资源，要核实信息的真实性和准确性。在数据收集过程中，遵循科学、严谨的原则，避免主观臆断。对于问卷调查、访谈等，确保样本具有代表性，避免偏差。之后对收集的数据进行详细记录，包括数据来源、收集时间、地点、方法等。然后对数据进行分类、整理，以便于分析。通过多种途径验证数据的准确性，如交叉检验、重复实验等。如有异常数据，要分析原因，必要时进行剔除或修正。运用适当的统计方法对数据进行处理和分析，确保分析结果客观、准确。在分析过程中，要关注数据的内在逻辑和规律。在撰写过程中，始终保持严谨的态度，确保数据翔实，为论文的质量打下坚实基础。

六、论证充分

毕业论文要求论证充分体现学术严谨性。毕业论文是学术研究的初步尝试，充分论证可以体现作者严谨的学术态度。这对于培养求真务实、勇于探索的学术品质具有重要意义。在论证过程中，学生需要综合运用所学知识，发现新问题，提出新观点，这有助于培养学生的创新能力和实践能力。充分的论证过程能够锻炼学生的逻辑思维能力。通过严密的逻辑推理，使论点、论据和结论之间形成有效支撑，这对于个人综合素质的提升具有积极作用。另外，只有通过充分的论证，才能使论文的论点具有说服力和可信度，使读者能够接受并认同作者的观点。学术成果的交流与传播建立在充分论证的基础上。如果论文缺乏充分的论证，将难以在学术圈内得到认可，也不利于学术成果的分享和交流。何况充分论证是评价毕业论文质量的重要标准之一。论文是否能够通过答辩，很大程度上取决于论证是否充分。当然，在论文写作过程中指导教师评价学生论文的一个重要方面就是看论证是否充分。充分的论证能够体现学生的研究能力和学术潜力。总之，毕业论文要求论证充分，是为了保证论文的学术质量，培养严谨的学术态度，提升学生的研究能力，同时也是学术交流的基本要求。在撰写毕业论文时，应注重以下几个方面来确保论证的充分性，即明确研究问题和目标、广泛收集和筛选相关资料与数据、运用科学的研究方法和分析工具、确保论据的可靠性和相关性、合理运用逻辑推理、避免逻辑谬误、认真对待反驳和质疑、合理回应。通过这些步骤，可以确保毕业论文的论证充分，达到学术研究的基本要求。

七、创新点明确

创新是学术研究的核心。明确的创新点能够体现论文的学术价值，表明研究不是对前人成果的简单重复，而是对该领域的知识体系有所贡献。创新点明确的论文可以为后续研究提供新的研究方向和方法，对相关领域的研究具有指导意义。高等教育的一个重要目标是培养学生的创新能力和独立研究能力，要求毕业论文的创新点明确是这一培养目标的具体体现。在撰写毕业论文的过程中，明确创新点有助于学生培养批判性思维，训练问题解决能力，形成科学研究方法，对个人成长和职业发展具有重要意义。结合写作实践，衡量毕业论文的创造性，可从以下几个具体方面来考虑。

（1）确定研究课题时，尽量选择前沿课题或尚未被充分研究的问题。可以在导师的指导下，结合国家战略需求、社会热点问题和行业发展趋势来选题。

（2）在撰写文献综述时，要系统梳理相关领域的研究现状，找出研究空白和不足。通过对比分析，明确自己的研究可以填补哪些空白，解决哪些问题。

（3）尝试采用新方法、新技术解决研究问题，如跨学科研究方法、大数据分析等。或者对传统方法进行改进，提高研究效率和准确性。

（4）在研究过程中，尝试提出新的理论观点、概念或模型。结合实际案例，验证新理论的适用性和有效性。

毕业论文的创新性要求学生对前人已有的结论不盲从，善于独立思考，敢于提出自己的独立见解，敢于否定那些陈旧过时的结论；要求学生有勤奋的学习态度，追求真理、勇于创新的精神；要求学生能正确处理继承与创新的关系。因此，学生要认真地学习、研究和吸收前人的成果，既要继承，又要批评与发展。

八、表述准确，行文简洁

表述准确要做到明确概念，确保使用的术语和概念都有明确的定义，避免含混不清。精准用词，选择最恰当的词语来表达观点，避免使用模糊或多义的词语。逻辑清晰，确保论文的逻辑结构清晰，每个论点都有充分的论据支持，并且论据与论点之间逻辑关系明确。数据准确，引用的数据和信息必须准确无误，必要时进行核实。避免主观臆断，尽量使用客观的语言，减少主观性的评价和猜测。审慎引用，引用他人的观点和研究成果时，要确保准确无误，并正确标注引用。校对修正，完成初稿后，多次校对，修正语法错误、拼写错误和不准确的表述。

行文简洁则需要避免冗余，删除不必要的重复表述，如同义词堆砌、意思重复的句子。精练句子，尽量使用简洁的句子结构，避免复杂的从句和长句。直接表达，直接陈述观点和发现，避免绕弯子。合理分段，合理划分段落，每个段落只包含一个主要观点或论据。剔除无关内容，删除与主题无关或关系不大的内容。使用列表，当需要列举事项时，使用列表可以使表达更加清晰和简洁。简化复杂概念，对于复杂的概念或理论，尽量用简单易懂的语言进行解释。审稿删减，在完成初稿后，进行审稿时要有意识地删减不必要的文字，使文章更加精练。

第三节 论文的组成部分、写作流程及方法

本书着重点在于经济与管理类论文写作，因此本节主要阐述经济与管理类毕业论文的主要组成部分、写作流程及方法。

一、论文的主要组成部分

1. 标题

标题要求简洁、准确、有概括性，字数不宜过多。

2. 目录

目录建议使用 word 自动生成的。手动制作的目录一旦数据发生变化，很难修改。而自动生成的目录就不会出现这样的错误，点击“更新目录”即可一键更新。

3. 摘要

摘要一般 300～500 字为宜。摘要就是概括性地总结论文的思想，主要围绕论文研究目的、方法、结果、结论等内容来写。

4. 关键词

关键词是供检索用的主题词条，应采用能覆盖毕业论文（设计）主要内容的通用技术词条（参照相应的技术术语标准）。关键词一般列 3～5 个，按词条的外延层次排列（外延大的排在前面）。英文的关键词应与中文关键词一致。

5. 正文

正文一般包括三个部分，分别为绪论、本论、结论。绪论是论文的开头，主要写研究背景、目的等内容，然后提出问题。一般要求语言简明扼要，开门见山。本论是论文的主体，要求用充分有力的材料来阐述观点，然后展开对论点的分析及论证。结论是对整个毕业论文（设计）主要成果的总结。在结论中应明确指出本研究内容的创造性成果或创新性理论（含新见解、新观点），对其应用前景和社会、经济价值等加以预测和评价，并指出今后进一步研究工作的展望与设想。

6. 参考文献

毕业论文的参考文献是指在撰写论文时引用某一著作或论文的部分内容作为辅助证明材料。为了尊重他人的知识产权，引用的内容需要在参考文献处一一列出。参考文献原则上不少于 15 篇，其中外文参考文献不少于 2 篇，近 5 年出版的参考文献数量不少于文献总数的 1/3。

7. 致谢

致谢就是对导师和给予指导或协助完成毕业论文（设计）工作的组织和个人表示感谢。内容应简洁明了、实事求是。对课题资助者也应予以感谢。

8. 附录

附录包括设计图纸、主要源程序、插图索引、附表索引以及符号、标号、缩略词、首字母缩写、单位、术语、名词等注释表和其他部分，如软件使用说明书、U 盘、光盘等。

二、论文写作的主要流程

1. 文献阅读与研究

文献阅读与研究在论文写作中具有极其重要的地位。第一，通过阅读文献，了解研究领域的现状和趋势，帮助确定自己的研究方向和研究的创新点。了解前人的研究成果可以避免重复已经完成的研究，提高研究的效率。第二，文献阅读与研究形成文献综述，构建研究的理论框架，为研究提供理论支持，同时可以学习并借鉴前人使用的研究方法，为自己的研究方法选择提供依据，并且文献中的研究成果和观点可以作为论文中论证的依据，增强论文的说服力，通过与现有文献的对比，展示自己研究的贡献和差异。第三，在阅读文献的过程中，发现现有研究的不足和尚未解决的问题，通过批判性分析现有文献，提出自己的研究问题和假设。这些可能是新的研究课题的来源，并且在前人研究的基础上进行深入研究或探索新的研究方向，避免重复劳动，并且阅读不同作者的工作可以启发思维，促进创意的产生，了解不同的研究视角和方法论，也能有助于形成自己独特的研究视角。第四，正确引用文献是学术规范的要求，体现学术诚信。通过引用相关文献，也可以展示作者对研究领域的熟悉程度和对前人工作的尊重。因此，文献阅读与研究是论文写作的基础和前提，对于保证论文的学术价值、原创性和科学性都具有至关重要的作用。在撰写论文时，应该给予文献阅读与研究足够的重视，确保论文的质量和学术水平。

2. 确定研究目标

研究目标是论文写作的起点，论文的各个部分（如引言、方法、结果、讨论）都应围绕研究目标展开，并且研究目标是设计研究方法、实验方案或调研计划的依据，可以确保研究设计的合理性和有效性，也能确定论文的结构和内容安排，确保论文的逻辑性和连贯性，另外，明确的研究目标，可以展示研究的学术价值、实用价值和社会意义。因此，确定研究目标首先能明确研究方向，为研究提供了明确的方向和焦点，帮助研究者集中精力和资源，界定研究的广度和深度，避免研究范围过于宽泛或狭窄，提高研究效率，减少不必要的探索和重复工作，合理分配研究资源，包括时间、人力和财力等。研究目标为评价研究成果提供了标准和依据，有助于判断研究是否达到了预期的效果。一个明确、有针对性的研究目标能够吸引读者的兴趣，提高论文的阅读价值。因此，在论文写作之前，花时间明确研究目标是十分必要的。这不仅是科学研究的基本要求，也是确保研究工作顺利进行和论文质量的关键步骤。

3. 资料收集整理

资料收集整理是毕业论文写作的基础工作。好的资料是论文质量的基础，充分的资料准备能够保证论文有足够的理论支撑和实证基础，使研究更加深入和全面。当论文中的观点和结论有充分的资料支撑时，其说服力会大大增强。另外，规范的资料收集和引用是学术诚信的体现，对于培养学生的学术道德和规范具有重要意义。在资料收集的过程中，可能会发现新的研究视角或问题，这有助于调整和优化论文的研究方向。在写作过程中，如果资料已经收集整理得当，也可以大大节省查找和整理资料的时间，提高写作效率。

首先需要明确论文的主题和研究的范围，这有助于聚焦资料收集的方向。利用图书馆、数据库、网络资源等途径，检索与论文主题相关的书籍、期刊文章、会议论文、学位论文等。对于需要实证支持的论文，可能需要进行实地调查，收集第一手资料。如果可能，可以通过访谈专家的方式来获取专业意见和内部信息。然后对收集的数据进行整理，包括数据清洗、分类和编码等。最后对收集的资料进行评估，确保其可靠性、相关性和最新性。在整理资料时，应严格遵守学术规范，对引用的内容进行准确标注，避免抄袭。

在进行资料收集整理时，应遵循科学性、系统性、全面性和前瞻性的原则，确保毕业论文的学术价值和实用价值。同时，也要注重保护知识产权，尊重原创，避免抄袭行为，以维护学术诚信。

4. 论文大纲编写

大纲能够清晰地展示论文的逻辑结构和主要内容，帮助自己和导师评估论文的完整性和合理性。通过大纲，作者可以制订写作计划，控制写作进度，确保论文按时完成。在编写大纲的过程中，作者可以对自己的研究思路进行梳理，明确研究的目的、方法和步骤，合理分配论文内容的比重，确保每个部分都有足够的讨论，避免出现某些部分过于冗长而其他部分过于简略的情况。大纲是论文的骨架，它能够引导作者按照既定的结构进行写作，避免偏离主题。在论文写作过程中，大纲可以根据研究的深入进行调整，使论文更加完善。

大纲编写要符合以下要求：第一，明确性。大纲中的每一级标题都应该清晰明确，能够准确反映该部分的内容。第二，逻辑性。大纲的各个部分应该按照逻辑顺序排列，使论文内容条理清晰，逻辑连贯。第三，完整性。大纲应该涵盖论文的所有主要内容，包括引言、文献综述、研究方法、数据分析、结论和参考文献等。第四，灵活性。大纲在写作过程中应该具有一定的灵活性，可以根据研究的实际情况进行调整。第五，简洁性。大纲中的标题和内容应该简洁扼要，避免冗长和复杂。第六，符合规范。大纲的编写应该符合学校和专业的规范要求，包括格式、层级标题的使用等。

编写毕业论文大纲是一个动态的过程，可能需要根据研究的深入和论文写作的实际情况进行调整。一个好的大纲能够为论文写作提供清晰的指导，使整个写作过程更加高效和有序。

5. 论文正式写作

毕业论文的正式写作是展示研究成果、分析问题和提出论点的重要阶段。首先，撰写研究背景和文献综述。在论文开头明确指出研究的问题、目的和意义，并系统地回顾相关领域的研究，分析和评价已有文献，指出研究的空白和本研究的贡献。确定研究方法。清晰地描述研究方法，包括数据收集和分析的方法。解释为什么选择这些方法，以及它们如何帮助回答研究问题。利用数据分析阐述现状、问题及原因。使用图表、表格等形式清晰地展示数据。详细解释数据如何支持或反驳提出的假设和研究问题。对结果进行深入分析，解释其意义和影响。结论，总结研究的主要发现，强调其对理论和实践的意义，诚实地讨论研究的局限性，并提出未来研究的可能方向。在写作过程中，保持学术性和正式性，避免口语化和非专业词汇。严格遵守学术规范，准确引用所有参考资料。遵循学校或出版机构提供的格式指南，确保论文的结构清晰、一致。所有引用他人的观点、数据和材料都必须给出准确的引用。确保论文的内容是原创的，即使是基于他人的研究，也要有自己的分析和见解。

毕业论文的写作是一个复杂和耗时的过程，需要仔细规划、认真研究和精确表述。遵循上述要点，可以帮助你撰写出高质量的毕业论文。

6. 修改润色定稿

毕业论文的修改润色是论文写作必不可少的环节。第一，提高论文质量。通过修改润色，可以确保论文的表达更加清晰、准确，避免歧义和模糊不清的地方；可以检查并优化论文的逻辑结构，确保各部分内容紧密联系，逻辑流畅。第二，提高学术水平。检查引用是否规范，避免出现遗漏或错误，确保学术诚信；确保使用了正确的学术术语和行业内的标准表述，提高论文的专业性。第三，增强说服力。核实数据和事实的准确性，确保论据有力，增强论文的说服力；通过修改，可以加强论文中的主要论点，使其更加突出和有说服力。第四，完善细节。检查并修正论文格式，确保符合学校或出版机构的要求；纠正语法和拼写错误，提高论文的整体语言水平。第五，提升阅读体验。通过润色，提升语言的流畅性和美感，使论文更加易读；删除不必要的重复和冗余内容，使论文更加紧凑和高效。第六，遵守学术规范。确保所有引用都已正确标注，避免任何形式的抄袭；在使用图片、表格等资料时，确保已获得使用许可或遵守版权规定。

第七，最终审查。在定稿前进行全面的审查，确保论文的每个部分都没有遗漏或错误；根据导师和同行的反馈进行最后的修改，确保论文的质量。

修改润色定稿是对毕业论文的最后一道加工，它能够显著提高论文的整体质量和学术价值。通过这一过程，可以确保论文在提交或发表前达到最佳状态，展现出作者的学术素养和研究能力。

7. 论文答辩

毕业论文答辩通常在完成论文写作之后进行。它的重要性体现在以下几个方面。第一，知识和能力的展示。答辩是展示毕业论文研究成果的机会，可以让评审委员和其他听众了解你的研究内容、方法和成果。通过答辩，可以展示你的口头表达能力、逻辑思维能力和沟通能力。第二，研究工作的验证。答辩过程中，评审委员可能会对你的研究提出问题，这有助于验证你的研究成果的可靠性和有效性。答辩过程中可能会揭示论文中未考虑到的不足之处，为未来的研究提供改进的方向。第三，学术交流和反馈。答辩是一个学术交流的平台，可以与评审委员和听众进行互动，分享和讨论你的研究成果。评审委员的反馈可以帮助你从专业的角度理解和评估自己的研究，为未来的学术发展提供指导。第四，学术成就的认可。通过答辩，你的学术成果得到学校和专业的认证，是完成学业的重要标志。答辩通常是获得学位的必要环节，通过答辩意味着你完成了所有的学术要求。第五，个人成长和发展。答辩是对个人在学术研究、沟通表达等方面的综合能力的考验，通过这一过程，个人可以得到全面的锻炼和成长。答辩的经历对于未来的学术生涯或职业生涯都是一个宝贵的经验，它可以帮助你在未来的工作和研究中更加自信和成功。

总之，毕业论文答辩不仅是学术成果的展示，也是个人能力的体现，更是学术成长和职业发展的关键步骤。因此，认真准备答辩，充分利用这个机会展示自己的研究成果和能力，是非常重要的。

8. 论文提交与归档

毕业论文写作完成后，提交和归档是整个论文工作流程中的最后环节。归档的论文是个人学术履历的一部分，对于个人的学术发展和职业规划具有重要意义。通过提交归档论文，学校可以对论文的格式、引用、原创性等进行审查，确保论文符合学术规范和学校的要求；按照学校规定的时间节点提交论文，是学生责任感和时间管理能力的体现；论文提交之后进行归档，是保存学术成果的重要方式，确保研究工作可以被未来的研究者查阅和引用，归档的论文成为学校图书馆或学术数据库的资料，为后来的研究者提供研究基础和参考资料；通过归档，可以在一定程度上保护作者的知识产权，防止未授权的使用和抄袭。

在提交和归档毕业论文时，应确保所有文件完整、格式正确，并且遵循学校或研究机构的相关规定。这些步骤不仅是学术流程的要求，也是对研究成果的尊重和对学术规范的遵守。

三、论文写作的基本方法

结合论文写作的组成部分和写作流程，经济与管理类毕业论文可以采用以下写作方法进行写作。

1. 调查研究法

调查研究法是指通过考察了解客观情况直接获取有关材料，并对这些材料进行分析的研究方法。调查法可以不受时间和空间的限制。调查研究是科学研究中一个常用的方法，在描述性、解释性和探索性的研究中都可以运用。它一般通过抽样的基本步骤，多以个体为分析单位，通过问卷、访谈等方法了解调查对象的有关咨询，加以分析来开展研究。也可以利用他人收集的调查数据进行分析，即所谓的二手资料分析的方法。例如，旅游管理专业，研究大学生消费倾向，可以做一个问卷调查。

2. 观察研究法

观察研究法是指研究者根据一定的研究目的、研究提纲或观察表，用自己的感官和辅助工具去直接观察被研究对象，从而获得资料的一种方法。科学的观察具有目的性和计划性、系统性和可重复性。常见的观察方法有核对清单法、级别量表法、记叙性描述。观察一般利用眼睛、耳朵等感觉器官去感知观察对象。由于人的感觉器官具有一定的局限性，观察者往往要借助各种现代化的仪器和手段，如照相机、录音机、显微录像机等来辅助观察。例如，酒店管理专业，为了研究某个酒店某个时段的客流量情况，可以选取特定的时间，去酒店大堂观察。

3. 文献研究法

文献研究法主要是指收集、鉴别、整理文献，并通过对文献的研究形成对事实的科学认识的方法。文献法是一种古老而又富有生命力的科学研究方法。文献法的一般过程包括五个基本环节，分别是提出课题或假设、研究设计、收集文献、整理文献和进行文献综述。文献法的课题提出或假设是指依据现有的理论、事实和需要，对有关文献进行分析整理或重新归类研究的构思。研究设计首先要建立研究目标，研究目标是指使用可操作的定义方式，将课题或假设的内容设计成具体的、可以操作的、可以重复的文献研究活动，它能解决专门的问题和具有一定的意义。

4. 实证研究法

实证研究法是认识客观现象，向人们提供实在、有用、确定、精确知识的研究方法，其重点是研究现象本身“是什么”的问题。实证研究法试图超越或排斥价值判断，只揭示客观现象的内在构成因素及因素的普遍联系，归纳概括现象的本质及其运行规律。例如：国贸、金融等专业，研究某项支出对 GDP 的影响，可以基于计量经济学，在国泰安数据库抓取数据、建立模型、分析数据、得出结论。

5. 个案研究法

个案研究法亦称个案历史法，是指对某一个体、某一群体或某一组织在较长时间里连续进行调查，从而研究其行为发展变化的全过程。这种研究方法也称为案例研究法，它包括对一个或几个个案材料的收集、记录，并写出个案报告。在现场收集数据的叫作“实地调查”。它通常采用观察、面谈、收集文件证据、描述统计、测验、问卷、图片、影片或录像资料等方法。例如，会计、财务管理等专业选取某一个公司为研究对象，深入分析、得出结论。

6. 定量分析法

定量分析法是对社会现象的数量特征、数量关系与数量变化进行分析的方法。在企业管理上，定量分析法是以企业财务报表为主要数据来源，按照某种数理方式进行加工整理，得出企业信用结果。定量分析是投资分析师使用数学模块对公司可量化数据进行的分析，通过分析对公司经营给予评价并作出投资判断。定量分析的对象主要为财务报表，如资产负债表、利润表、现金流量表、所有者权益变动表等。其功能在于揭示和描述社会现象的相互作用和发展趋势。

7. 定性分析法

定性分析法是依据预测者的主观分析能力来推断事物的性质和发展趋势的分析方法。这种方法可充分发挥个人的经验和判断能力，但预测结果准确性较差。它一般是在企业缺乏完备、准确的历史资料的情况下，首先邀请熟悉该企业的经济业务和市场情况的专家，根据他们过去所积累的经验进行分析判断，提出初步意见，然后再通过召开调查会座谈会方式，对上述初步意见进行修正、补充，并作为预测分析的依据。

8. 比较分析法

对比法，也叫对比分析法或者比较分析法，是通过实际数与基数的对比来揭示实际数与基数之间的差异，借以了解经济活动的成绩和问题的一种分析方法。在科学探究活动中，常常用到对比分析法，这种分析法与等效替代法相似。例如，会计、财务管理等专业毕业论文，选取近五年的数据，做纵向对比，同时与同行业企业进行横向对比，分析现状、发现问题、找到原因、提出对策。

9. 跨学科研究法

结合多个学科的理论和方法，以全面研究复杂问题。例如，Chat-GPT、大数据、云计算、区块链等技术在企业管理中的运用。

10. 因果分析法

因果分析法，又名鱼骨分析法，是一种发现问题“根本原因”的分析方法，现代工商管理教育如 MBA、EMBA 等将其划分为问题型、原因型及对策型等几类先进技术分析。鱼骨分析法因其形状如鱼骨而得名，它是一种透过现象看本质的分析方法。例如，例如工商管理等专业，基于管理运筹学的知识，作管理决策分析。

【课堂思政】

在论文写作过程中，无论是哪个环节都需要注重诚实、严谨、公正，坚守学术诚信的底线，杜绝抄袭和剽窃行为，培养学生正确处理学术道德问题的意识。一篇结构清晰、逻辑严密的论文需要建立在完整的思维逻辑的基础之上，从选题开始，一直到论文写作结束，各个环节紧密相连，并且在不断创造的过程中逐步完善逻辑体系，这都能培养学生思维的整体意识。创新是第一生产力。学生通过提出新的理论、方法或观点，论文可以推动所在领域的知识边界向前扩展，促进学术界的进步。同时培养了学生解决新问题的能力，激发学术讨论，提高学术影响力，更能培养学生的创新能力，成为适应社会需求的应用型人才。

【本章小结】

本章从毕业论文含义、分类出发介绍了论文写作的基本概念，然后阐述了论文写作的基本要求以及写作流程，让同学们对论文写作有了初步的认识，最后介绍了论文的写作方法，以便同学们在论文写作中能有迹可循。同学们需要在理解概念、熟悉写作流程的基础上，重点掌握毕业论文写作的基本方法及其运用，为论文的写作建立雏形框架，为后续章节的学习打下基础。

【实战训练】

任务 1：

请以“××× 公司的盈利能力分析”为题选取毕业论文的写作方法，思考毕业论文撰写流程。

任务 2：

结合所学专业，思考一般的毕业论文写作方法如何应用。

【拓展学习】

慕课一：该课程讲述了论文写作的通论，其中包括对于学术论文各个部分的目的与形式的详细解说。课程针对论文中经常出现的问题做了专门的探讨，并且课程给出丰富的案例，以供同学们参考。（https://www.icourse163.org/course/SHUFE-1466016164）

慕课二：课程的特色与亮点是以“科学假设为驱动的研究方法”为主导，将科学研究、论文写作和论文发表系统总结为三个课程模块，并凝练成科学发现和传播“三驾马车”的知识网体系，每一驾马车包含的知识都相互联系而且同等重要。（https://www.icourse163.org/course/FUDAN-1206362806）

【课后练习】

根据所学专业，收集相关资料，选择合适的研究方法，选取一篇论文题目，写一份500字的毕业论文写作流程大纲。

【参考文献】

[1] 冯光明、蔡运记、冯靖雯．经济与管理类毕业论文写作导论［M］．北京：清华大学出版社，2013.

[2] 宋春霞．浅谈管理学案例研究型论文的写作方法［J］．河南教育（高等教育），2021（7）：74-76.

[3] 薛国红．财会类专业毕业论文写作过程中遇到的困难与挑战［J］．现代商贸工业，2024，45（9）：218-220.

第四章 Chapter 4 论文的选题与开题

学习目标

知识目标：熟悉经管类本科毕业论文选题与开题的要求及基本流程；理解经管类本科论文选题与开题过程中普遍存在的问题及解决思路，能正确撰写开题报告；掌握经管类本科论文选题与开题的基础知识及基本方法。

能力目标：提升具有创新型、前瞻性的科研论文选题能力；培育独立完成论文选题与开题的能力；加强本专业知识分析和解决实际问题的能力。

素质目标：强调在论文开题报告中必须规范撰写研究目的、研究方法和可能的预期结果，严禁抄袭和伪造数据，帮助学生树立正确的学术道德观念，培养学生严谨、务实、精益求精的质量意识；鼓励学生在开题报告中提出创新点，无论是理论上的创新还是实践应用上的创新，激发学生创新思维和创新意识。

第一节 论文选题的意义、要求与方法

一、选题的意义

选题就是选择研究方向或选定论题范围，确定所要研究论证的学术问题或在实际工作中出现的问题。正确而又合适的选题，对撰写毕业论文具有重要意义，它决定着论文的价值，甚至决定论文的成败。

1. 选题决定论文的价值

（1）指导研究方向。选题明确了研究的主题和范围，为后续研究指明了方向。一个好的选题能够帮助研究者聚焦在特定的问题上，避免研究的散乱和无序。例如，选题确定为“数字化转型对传统企业竞争力的影响”后，研究者就可以集中资源和精力深入探讨数字化技术在企业中的应用及其效果，从而提高研究的深度和系统性。

（2）提升学术价值。一个新颖且具有挑战性的选题能够在学术界产生重要影响。创新性的选题不仅能够填补现有研究的空白，还能推动学术理论的发展。例如，针对新冠疫情对全球供应链的影响进行研究，不仅可以为供应链管理理论提供新的视角，还能为企业应对类似危机提供参考和借鉴。

（3）促进个人成长。选题的过程也是研究者自我提升的重要阶段。在选题过程中，研究者需要广泛阅读相关文献、了解学术前沿、思考和分析实际问题，这不仅提高了研究者的知识水平，还培养了其独立思考和解决问题的能力。例如，选题为“绿色金融对企业可持续发展的影响”，通过研究，研究者不仅加深了对绿色金融的理解，还掌握了相关的研究方法和分析工具，为未来的学术研究和职业发展奠定基础。

（4）推动社会进步。一个具有实际应用价值的选题能够为社会和经济的发展提供重要的理论支持和实践指导。选题应关注现实问题，提出切实可行的解决方案。例如，针对“智慧城市建设中公共服务优化研究”的选题，可以为政府和相关部门提供科学的决策依据，提高城市管理效率，改善居民生活质量。

2. 选题决定论文的成败

选题是开展论文研究的前提。好的选题能够保证作者有能力、有条件对问题展开研究，保证论文的写作能够顺利进行，并取得成功，而不恰当的选题可能会使论文的撰写处处碰壁，产生事倍功半的效果，甚至影响到论文的质量，导致论文写作失败。

（1）选题得当，有利于确定论文的研究目标。选题就是寻找和确定研究目标，不通过选题来明确“写什么”“怎么写”就无从谈起。英国哲学家、科学家弗兰西斯·培根说过，如果目标本身没有摆对，就不可能把路跑对。如果一个人跑错了路，那么跑得越快，就会迷失得越厉害。因此，如果选题错误，后续的写作就只能是南辕北辙了。

（2）选题得当，有利于理顺论文的写作思路。在确定选题前，思路往往非常松散，还不能围绕一个中心点进行严密的逻辑性思考，写作思路也无从厘清。选题确定以后，就能谋篇布局、合理安排材料、有条理地进行论证。因此，好的选题有助于理顺论文的写作思路；如果选题不当，论文写作走进了死胡同，最后就无法写下去。

（3）选题得当，有利于资料的收集与整理。每个专业领域内的信息资料都是非常庞大的，如果选题目标不明确，收集资料就会有极大的盲目性，往往造成时间和财力的浪费。除此之外，经济管理专业的有些资料容易收集，有些则比较难收集，如果拟定的论题缺乏丰富的资料作支持，论文就无法完成。

二、选题的原则与要求

在论文写作过程中，选题是至关重要的第一步。选题的质量直接影响论文的整体水平和研究价值。论文选题应遵循以下基本原则。

（1）创新性。选题应具有新颖性，避免重复研究。研究领域内的前沿问题或尚未解决的难题都是不错的选题方向。例如，研究近年来的新兴市场经济现象或最新的管理理论。

（2）可行性。选题应结合自身的研究能力和资源，确保有足够的数据来源和分析工具支持。例如，对于数据获取有难度的选题，需评估自己是否有途径获取这些数据。

（3）学术价值。选题应具有一定的理论意义和实践价值。选题不仅要在学术界有一定的贡献，还应能对实际问题提供解决方案，如优化企业管理模式或提高公共政策效率。

（4）专业方向。选题应符合学生所学专业的研究方向。只有在专业领域内进行研究，才能充分发挥所学知识，并获得导师和评审委员会的认可。例如，经济学专业的学生应选择与经济理论或政策相关的题目，而管理学专业的学生应关注管理实践或组织行为方面的问题。

三、选题的来源和方法

经济管理专业毕业论文的选题要求大家能运用所学专业的基础知识，分析和解决一些实际问题，为培养和提高实际工作能力打下基础。具体选题时，可参考以下方法。

1. 选择热点问题

热点问题是指受社会关注的迫切需要解决的问题。对这类问题的研究，能体现出论文的实用价值，其研究成果能直接为经济发展服务。例如，当前的一些具体热点问题包括：数字经济与电子商务的发展，研究如何通过政策和管理手段推动数字经济的健康发展。环境保护与可持续发展，探讨如何在经济增长的同时保护环境，实现可持续发展。新能源与能源结构调整，研究新能源技术的推广和传统能源结构的优化。人工智能与大数据应用，探讨人工智能和大数据在经济管理中的应用及其带来的变革。城市化与城乡协调发展，研究如何通过政策和规划实现城乡的协调发展，缩小城乡差距。公共卫生与健康管理，探讨在全球化背景下，如何应对公共卫生危机，提高公共健康管理水平。选择热点问题的优点是各种新闻媒体会发布较多的相关资料，资料容易收集；缺点是一个选题可能会有很多同学选取，大家收集资料的来源差不多，因而不易创新。因此，我们一定要根据自身的业务专长等来选择热点问题，从而在研究中能够体现出个人的独特视角和创新能力。

2. 选择有具体研究对象的选题

将已有的理论方法应用于具体行业或企业进行实证分析是一种非常有效的选题方法。这种方法不仅可以验证理论的普适性和适用性，还能为特定行业或企业提供实际的管理建议和改进措施。选题可以来源于对某一理论方法的兴趣，结合具体行业或企业的实际需求。例如，在公共管理领域，可能对绩效管理理论非常感兴趣，而某地方政府正在推进绩效管理改革，这就可以成为一个理想的选题方向。其他来源还包括：阅读与特定行业或企业相关的文献，发现理论应用的潜力；关注行业报告和企业年度报告，了解当前面临的管理问题；与导师和企业管理者沟通，了解实际需求和问题。

举例

《基于业财融合的ZY公司成本管理优化研究》《业财融合视角下A公司全面预算评价与优化研究》《传媒行业业财融合的价值创造研究——以Z公司为例》等毕业论文，均是以某企业为研究对象，通过实地调研、数据收集等方式进行实证研究。

3. 选择适合自己的论题

毕业论文完成的质量受每个人的知识储备、分析与解决问题的能力、专长和兴趣、获取资料的渠道、时间等因素的影响，选题时应考虑这些因素，选择适合自己的论题，具体做法如下。

（1）考虑自己的知识储备情况和分析问题的能力。我们所选的论题必须在自己综合能力可驾驭的范围内，这就要求我们在选题时要客观分析和估计自己的能力。如果理论基础比较好，又具有较强的分析概括能力，那么就可以选择难度较大、内容较复杂的论题；反之，就选择小一些的论题，便于集中力量抓住重点，把某问题说深说透。

（2）考虑自己的专长和兴趣。尽管我们的学识水平高低不同，但每个人都有自己的知识专长。我们在选题时要清楚自己知识结构的优势和劣势，选取自己有优势的方向进行研究。同时，还要考虑到自己的兴趣和爱好，兴趣会促使大家对课题进行深入的研究。例如，有些来自农村地区的同学，对农村地区的贫困有切身体会，对“三农”问题的思考由来已久，在毕业论文撰写时，选择农业、农村、农民问题进行研究，应该是兴趣所在并能够写得得心应手。

（3）考虑获取资料的渠道。资料是论文写作的基础。资料缺乏或不足就难以成文；即使勉强撰写出来，论文也缺乏说服力。因此，选题时应考虑资料是否容易获取。例如：涉及国家宏观方面的一些统计数据是不公开的；如果采用电话访问法进行调查，能否抽取到足够的样本量，调查对象是否积极配合等都是必须考虑的问题。

（4）考虑时间是否充足。在选择论题时，必须考虑完成论文的时间。通常情况下，毕业论文的写作时间为3～4个月，选择的论题，要确保在规定的时间内完成写作。

第二节 论文开题报告与开题答辩

一、论文开题的要求与流程

论文开题是学术研究的重要阶段，旨在通过详细的研究计划和方法论验证选题的科学性、可行性和创新性。开题环节主要包括开题报告和开题答辩两个部分。

1. 开题的要求

（1）梳理研究背景和意义。介绍选题的研究背景，说明该问题在当前学术研究和实际应用中的重要性。例如，讨论数字化转型在全球范围内对传统企业的影响。阐述研究的理论意义和实践价值，说明其对学术发展和社会经济的贡献。

（2）明确研究目的和问题。清晰定义研究的主要目标，说明研究的预期成果和贡献。列出需要解决的核心问题，确保问题具体、明确且具有挑战性。例如，研究如何通过数字化手段提升传统企业的市场竞争力。

（3）整理文献综述。对相关领域的文献进行系统性综述，找出已有研究的不足和研究空白。例如，分析已有关于数字化转型对企业影响的研究成果，指出其不足。总结相关理论和实证研究的主要观点，为后续研究提供理论支持和参考框架。

（4）说明研究方法。详细说明研究将采用的方法和技术，包括数据收集、数据分析、模型构建等。例如，说明将采用问卷调查和统计分析相结合的方法。解释所选方法的合理性和适用性，确保方法与研究问题高度匹配。

（5）制订研究计划。列出研究的具体步骤和时间安排，确保研究在计划时间内完成。例如，制定阶段性目标和任务，包括文献综述、数据收集、数据分析、论文写作等。合理安排各阶段的时间，确保每个阶段有足够的时间进行深入研究和分析。

2. 开题的流程

（1）撰写开题报告。按照研究背景与意义、研究目的与问题、文献综述、研究方法、研究计划与进度等部分撰写开题报告。确保开题报告内容翔实、数据准确、逻辑清晰，为后续研究提供明确的指导。

（2）提交开题报告。将撰写好的开题报告提交给导师进行审阅，听取导师的意见和建议，进行必要的修改和完善。经过导师同意后，提交开题报告给评审委员会进行审核。

（3）开题答辩。准备答辩材料，包括开题报告、答辩 PPT 等，确保答辩内容简洁明了，突出研究的创新性和可行性。在答辩会上，向评审委员会详细陈述研究计划，说明研究背景、目的、方法和预期成果等。回答评审委员会提出的问题，展示对研究内容的深刻理解和充分准备。

（4）反馈和修改。根据评审委员会的意见和建议，进一步修改和完善开题报告，确保研究计划更加科学合理。答辩通过后，正式启动研究工作，按照开题报告的计划和进度开展研究。

二、论文开题报告的结构

一般来说，开题报告应该包括论文题目、选题的依据及研究目的和意义、国内外研究现状分析及、研究的主要内容、论文的创新点、研究的主要方法、进程计划和中外文参考文献等几个方面的内容。

三、开题报告的内容及写作要求

1. 论文题目

论文题目要准确、规范。准确是指论文的题目要把研究的问题及研究的对象交代清楚，要和研究的内容相一致，不能太大，也不能太小。规范就是所用的词语、句型要符合标准，似是而非的词不能用，口号式、结论式的句型不要用，要用科学的、规范的语言表述思想和观点。

2. 选题的依据及研究目的和意义

选题的依据主要是介绍研究背景，即为什么选择这样的课题。研究目的和意义也就是为什么要研究、研究它有什么价值。一般可以先从现实需要方面去论述，指出现实当中存在这个问题，需要去研究、去解决，然后阐述本选题有什么理论意义和实际价值。

3. 国内外研究现状分析

国内外研究现状分析实际上是要求我们写一篇短小的、有关本课题国内外研究动态的综合评述，即撰写文献综述。内容包括国内外学者对该选题曾经做过哪些相关研究，提出哪些观点，目前还存在什么问题，提出可能解决的办法等。在撰写该部分内容时，切忌一味地堆砌国内外学者的观点，而是应对其进行评述。

4. 研究的主要内容

研究的主要内容就是论文正文部分的内容，实际上是编写论文基本内容的写作提纲。其写法有两种。

（1）标题式写法：其优点是简明扼要、一目了然。例如，引言、文献综述、研究方法、数据分析、研究结论、讨论与建议。

（2）句子式写法：其优点是具体明确，便于导师了解学生的研究思路和具体计划。鉴于开题报告是向老师汇报选题的过程及下一步深入研究的计划，以得到指导老师的指点和帮助，因此建议采用第二种写法。

5. 论文的创新点

创新是毕业论文写作的精髓。在撰写开题报告时，突出论文的创新点，有利于老师快速了解论文的核心思想，判断论文在论题、材料、方法等方面是否有新意，从而确定该论文是否具有研究价值。

6. 研究的主要方法

这部分是一个重点。首先要弄清自己的研究类型。其次根据研究类型，明确研究设计的内容，把那些可能影响研究效度的因素简略交代清楚。例如，实验研究就要把采用的基本实验设计说明白。最后说明可能的干扰因素及其消除办法等。又如调查研究，要重点说明对象的设计（如调查对象是谁、样本量如何确定）和工具的设计（如问卷）以及可能存在的问题和弥补措施等。具体的研究方法可从下面选定：观察法、调查法、实验法、经验总结法、个案法、比较研究法、文献资料法等。确定研究方法时要叙述清楚“做什么”和“怎样做”。

7. 进程计划

进程计划是指论文资料收集、撰写、修改定稿、答辩的具体时间安排，这有利于我们有计划地实施每一个步骤。各个学校对每阶段的起止时间均有不同规定，因此在安排进程时要符合各个学校的要求。

8. 中外文参考文献

规范的开题报告一般要求罗列至少 10 种与论文主题紧密相关的参考文献，要体现不同学科、不同时期、不同学派、不同国家的已有研究情况。参考文献一般置于开题报告最后面。本学科的基础课和专业课教材一般不应列为参考文献。

四、文献综述及文献评价的撰写方法

1. 文献综述

“综述”一词，旨在集“百家”之言，通过综合分析和整理各类文献资料形成统一见解。文献综述作为一种学术论文，通过收集、分析和综合大量相关文献资料而编写，其目的在于反映某一专题的历史、现状、最新进展及发展趋势。在撰写文献综述时，常见的错误是堆砌文献资料。这种现象可能出于凑字数的需要、展示海量阅读成果的意图，或是不舍得放弃任何一篇悉心研读的文献，最终导致内容毫无逻辑地堆积。

实际上，文献综述应当引用具有代表性的文献，而非追求数量。下面推荐两种撰写方式：时间法和观点法。

（1）时间法。时间法依据时间脉络的逻辑顺序撰写，能够清晰展示研究选题的历史演变、研究现状及未来趋势，方便进行纵向描述。这种方式更具层次感，有助于清楚了解研究选题的来龙去脉，并直观地体现后续文献对前人研究在观点、研究方法和研究内容等方面的演进。

举例

张庆龙（2018）建立业财数据信息系统，实现业务数据和财务数据的一体化，避免信息孤岛的出现；赵娟娟（2020）指出信息技术的提升，能够实现不同部门的信息共享，提高企业管理效率与质量；Cao（2021）提到了在信息时代，大型集团企业可以利用云计算技术解决财务成本高、信息质量差、管理困难等问题。

（文献来源：顾思琴．“双碳”目标下能源企业业财融合路径与效果研究［D］．成都：成都大学，2023.）

（2）观点法。观点法侧重于不同学者对某一专题的不同观点进行归纳和比较，通过分析各观点的优缺点和相互关系，揭示研究领域内的争议点和研究方向。此方法能够展示研究领域内的多样性和复杂性，为后续研究提供理论支持和参考。这是更为常用的一种方法。面对同一个问题，所收集的文献可能会有不同甚至是完全对立的观点，将拥有相同观点的不同文献整合，用观点汇聚文献，不失为一个很好的逻辑。

举例

合作与制衡关系角度。何瑛和彭亚男（2014）提出如果想要让财务与业务高度整合，企业需要充分展开信息化建设工作，重视人才培养，在企业文化的指导之下对财务管理工作重新设计，在业务开展过程中融入财务管理工作，同时要使用有效的绩效考核制度来对企业的员工进行考核。殷起宏和胡懿（2015）指出，“业财融合”所具有的内涵本质上是企业的精细化管理，对于业务与财务来说两者相辅相成。

（文献来源：刘梦丹．信息化赋能下企业“业财融合”管理实践研究［D］．昆明：云南财经大学，2021.）

2. 文献评价

文献评价是一个多维度、多方法的过程，旨在全面评估科学研究或学术论文的质量、相关性和影响力。该过程包括对研究背景、数据收集与分析方法、研究的有效性以及结果的呈现和书写质量的系统评估。文献评价不仅关注研究的准确性和可靠性，还涉及研究成果的实际应用价值和对学术界的贡献。在撰写文献评价时，可以从重要性和创新性两个方向展开。

（1）重要性。选题研究的重要性可以通过综述部分得到体现。以往许多文献都致力于该领域问题的研究，这表明该选题在学术界受到了广泛关注，具有理论和实践上的重要意义。通过综述相关文献，可以展示该选题在学术研究中的地位和价值，从而强调其在理论发展和实际应用中的重要性。

（2）创新性。创新性要求对现有研究进行反思性评价。通过评估现有文献，指出其中存在的不足，如影响因素考虑不全面或不够妥当，或是研究领域内存在空白。这样的评估不仅揭示了当前研究的局限性，还为新研究提供了改进的方向和创新的空间。例如，若现有研究在某一方面的探讨不够深入，新的研究可以通过更全面和细致的分析弥补这一不足，从而在该领域内取得新的突破。

举例

《业财融合下的财务管理问题研究》一文中，作者明确指出："业财融合的应用目前主要体现在通信行业，相关文献并没有体现其在运营管理中具体的实施方式。鉴于此，本文以蒙牛集团业财融合财务转型为案例，探讨业财融合具体实施方案，为制造行业提供业财融合的思路，为国内学者的研究提供一些资料，使我国业财融合能够快速发展，助力企业实现价值管理。"

（文献来源：吴晶晶．业财融合下的财务管理问题研究［D］．北京：首都经济贸易大学，2018.）

五、研究方案的设计与可行性

设计经管类论文研究方案需要明确研究目标、选择适当的方法、进行数据收集和分析，确保研究的科学性和可行性。以下是设计经管类论文研究方案的主要步骤和要点。

1．研究背景与意义

详细描述研究的背景和动机，介绍所选研究领域的现状和发展趋势。阐明研究的理论意义和实际应用价值，说明其对学术研究和实践的贡献。

2．研究目标与问题

明确总体目标和具体目标，确保研究方向明确且具有可操作性。列出具体的研究问题或假设，这些问题应具体、明确且可检验。

3．文献综述

回顾和总结已有相关研究，找出研究空白和不足。建立研究的理论基础，明确所依据的理论和概念模型。

4．研究方法

选择合适的研究设计，如实证研究、调查研究、案例研究等。详细说明数据收集的方法和过程，包括样本选择、数据来源和数据收集工具等。选择和描述数据分析的方法和技术，如统计分析、回归分析、路径分析等。使用 SPSS 或其他软件进行数据的统计分析和回归分析。

5．研究计划与进度

列出研究的具体步骤和任务，确保每个步骤有明确的时间节点。制订详细的时间计划，确保研究工作在规定时间内完成。例如，文献综述阶段需要一个月，数据收集阶段需要两个月。

6. 预期成果与贡献

说明研究预计达到的结果和结论，明确研究的预期贡献。阐述研究的理论贡献，如对现有理论的补充和扩展。例如，补充技术接受模型在中小企业中的应用研究。说明研究的实际应用价值和对实践的指导意义。

案例

假设研究主题为“数字化转型对中小企业绩效的影响”，具体方案设计如下。

研究背景与意义

数字化转型已成为企业在现代经济中保持竞争力的关键。然而，中小企业在实施数字化转型过程中面临诸多挑战，包括资源限制、技术不足和变革管理难题。研究这一过程中的绩效影响，既有助于学术理论的发展，也能为中小企业提供实际指导。

研究目标与问题

目标：评估数字化转型对中小企业绩效的影响。

研究问题：数字化转型是否显著提升了中小企业的市场竞争力？在哪些方面（如生产效率、客户满意度、创新能力）影响最为显著？

文献综述

综述现有关于数字化转型与企业绩效的研究，分析不同研究的结论和方法，找出研究的空白和不足。

研究方法

研究设计：采用问卷调查法。

数据收集：通过在线问卷向中小企业管理人员收集数据。

数据分析：使用 SPSS 进行数据的统计分析和回归分析。

研究计划与进度

第一个月：文献综述；

第二个月：设计问卷；

第三、第四个月：数据收集；

第五、第六个月：数据分析和论文写作。

预期成果与贡献

预期成果：发现数字化转型对企业绩效有显著正面影响。

学术贡献：扩展技术接受模型在中小企业中的应用。

实践贡献：为中小企业数字化转型提供科学的策略建议。

六、开题答辩的准备

论文开题答辩是展示研究计划并接受评审专家反馈的重要环节。成功的开题答辩需要充分的准备、清晰的表达和对研究内容的深入理解。以下是准备毕业论文开题答辩的详细步骤和要点。

1. 准备开题报告

简要介绍研究背景，说明研究的重要性和动机。阐述研究的理论意义和实际应用价值。明确研究的总体目标和具体目标。列出需要解决的具体研究问题或假设。综述相关领域的现有研究，找出研究空白和不足。介绍研究所依据的理论和概念模型。详细描述研究设计，如实证研究、调查研究等。说明数据来源、样本选择和数据收集方法。描述将采用的数据分析方法和技术。列出研究的具体步骤和任务。制订详细的时间计划。说明研究预计达到的结果和结论。阐述研究的理论和实践贡献。

2. 制作答辩 PPT

按照开题报告的结构制作 PPT。使用清晰的图表和图片辅助说明，避免过多文字。确保字体大小适中，颜色搭配合理，易于阅读。确保 PPT 内容在规定的答辩时间内能够完整展示（一般为 10～15 分钟）。

3. 熟悉答辩内容

反复练习演讲，确保对每一部分内容都非常熟悉。练习时注意语速、语调和姿态，保持自信和从容。对研究的重点和难点内容进行深入理解，准备好解释和说明。

4. 准备答辩问题

根据研究内容和开题报告，预估评审专家可能提出的问题。准备好详细的回答和解释。扩展对研究领域的知识，了解相关的理论和研究成果，以备不时之需。

5. 答辩当天的注意事项

提前到达答辩地点，检查设备和 PPT 文件是否正常。带上必要的材料，如开题报告、参考文献列表等。穿着正式，保持仪表整洁，给评审专家留下良好印象。答辩过程中保持从容和自信，遇到问题时冷静应对。

6. 答辩技巧

答辩时语速适中，声音洪亮，确保评审专家听清每一个要点。重点突出研究的创新性和实际意义，展示研究的学术和实践价值。积极与评审专家互动，回答问题时思路清晰，逻辑严密。若遇到难以回答的问题，坦诚表示可以在后续研究中进一步探讨。

第三节 选题、开题中的常见问题及解决思路

一、选题中的常见问题及解决思路

1. 缺乏创新

有些学生论文选题缺乏创新，如“国有商业银行不良贷款成因分析及对策”“商业银行信用风险的防范”“如何解决中小企业融资难问题”等，这些问题已经研究多年，有关论文已经很多，除非能从全新的角度或用新方法去探讨，否则简单重复就没有意义。然而，对于本科论文来说，要想整篇文章都有创新是不太现实的，故论文中要有创新点。

2. 选题过大

选题过大是经济管理毕业论文选题中普遍存在的一个问题，如“关于中国金融改革的研究”“中国市场经济发展与金融改革”“企业原材料物流管理”等，题目均较大，一篇10000字左右的论文很难论述清楚，不容易写深。如果选择“中国农村合作金融体制的改革与发展”“东风汽车公司原材料物流管理研究”等，则从小处着眼，具有针对性，能够深层次地分析。著名语言学家王力先生曾说过：“应该写小题目，不要搞大题目，小题目反而能写出大文章，大题目倒容易写得很肤浅，没有价值。”

3. 选题陈旧

选题应注重论题的现实指导性和时效性，避免选择陈旧的问题。如现阶段“加入WTO后我国银行业面临的机遇与挑战”“论国有商业银行股份制改革的必要性”等论题已经过时。当前，我国经济金融体制正处于不断改革和发展中，很多新政策、新机构不断出现，这些为经济管理专业学生提供了广阔的选题空间，大家在选题时，应关注改革和发展中出现的新问题。

4. 选题不切实际

有些学生在选题中不切实际，盲目求“新”。国际经济与贸易类专业同学选择如“基于空间计量方法的经济增长的收敛性研究”“面板数据交互效应在机电产品出口中的应用研究”等论题，虽然新且很有应用性，但是这类选题对基础理论和软件使用的要求远远超过本科生的能力，很难把握和进行下去。因此，选题应脚踏实地、量力而行，不要好高骛远、不切实际。

5. 选题雷同

毕业论文的选题要求一人一题，不能重复。如果选题完全相同，内容不同，则可以根据自己撰写的内容重新拟定新标题；如果选题相同，内容也相似，没有超越前人的地方，则需要考虑更换选题。因此，大家在选题时，最好广泛查阅资料并进行分析，避免重复。

6. 选题避难就易

有些学生没有认识到撰写毕业论文的意义，选题时较为随意，往往选择自己认为难度不大的论题，即选择书籍、期刊、网上有相似内容的论题，而刻意避开一些有价值的论题。在写作时，对于需要深入研究的问题轻描淡写，这样的论文不仅内容浮浅、没有深度，而且不能锻炼我们分析和解决问题的能力。

二、开题报告撰写中的常见问题及解决思路

1. 选题存在问题

选题是开题报告的首要任务，必须遵循专业标准和问题标准，即符合专业研究范畴且具有具体性、集中性、原创性和意义。学生在选题时常见的问题包括：选题过大或过小。有些学生选择的题目范围过大，难以在有限的时间内深入研究；而有些学生选题范围过小，导致研究内容不够充实。例如，“中国经济改革研究”范围过大，而“某企业某部门的薪酬制度改革”范围过小。缺乏创新性，重复已有研究，缺乏新颖的视角或独特的研究问题。例如，仅仅重复已有的“共享经济对传统行业的影响”研究，而没有提出新的研究角度或方法。数据可获取性差，选题所需的数据难以获取，影响研究的可行性。例如，选题涉及的某些数据需要特定权限或费用，学生无法获得。

解决思路包括深入理解学科前沿，通过阅读最新的学术期刊、参加学术会议和与导师交流，了解学科发展的最新动态，寻找有价值的研究空白。选题具体明确，确保选题有明确的研究范围和目标，既不过大也不过小，能够在规定的时间内完成。评估数据可获取性，在选题初期，先评估所需数据的可获取性，确保有足够的资源支持研究。如果数据获取有困难，需考虑调整选题或寻找替代数据来源。

2. 文献综述存在问题

文献综述是开题报告的重要组成部分，但许多学生在撰写时存在问题，如缺乏系统性和全面性。学生在整理文献时往往没有按照一定的逻辑顺序或主题分类，导致综述内容杂乱无章。例如，只是简单地罗列了一些文献，却没有按照时间、主题或方法等进行分类和总结。学生在文献检索和阅读时不够深入，导致遗漏了许多重要的研究成果。例如，只检索了少数几篇文献，没有覆盖整个研究领域的关键文献。

解决思路包括加强文献检索和阅读能力，提前进行选题和准备工作。

3. 研究方法和方案存在问题

明确研究方法和方案对于提高开题报告质量至关重要。然而，许多学生在这方面存在以下常见问题：研究方法选择不当，学生在选择研究方法时常常出现不符合研究问题或研究目的的情况。例如，对于需要定量分析的问题却选择了定性研究方法，或反之。研究方案不详细，研究计划和方案往往过于简单，没有详细描述具体的研究步骤和过程。例如，仅仅列出要进行问卷调查，但没有说明问卷设计、样本选择、数据收集和分析的具体方法。时间安排不合理，缺乏具体的时间表，研究进度安排不合理，导致研究工作无法按时完成。例如，没有考虑到数据收集和分析所需的时间，导致后期时间紧张。

解决思路包括选择合适的研究方法，制订详细的研究计划和时间表。

4. 语言和组织结构存在问题

语言表达不清晰或组织结构混乱也是常见问题。

解决思路包括提高语言表达能力，加强写作组织和逻辑性训练。

5. 创新点提炼存在问题

在开题报告中明确指出研究的创新点是非常重要的。然而，学生在创新点提炼方面常见的问题包括：无创新点，有些学生的研究选题和方法完全重复已有研究，没有任何新的贡献。例如，只是简单重复他人已经验证过的理论或模型。创新点不明确，学生提出的创新点过于笼统，缺乏具体的描述和论证，导致创新点不清晰。例如，笼统地说“本研究具有创新性”，却没有具体说明创新的具体内容和体现在哪些方面。创新点不成立，有些学生提出的创新点没有充分的理论依据或实际价值，难以令人信服。例如，提出的假设或理论过于主观，缺乏实际数据或案例的支持。

解决思路包括深入分析研究领域的现状，明确自己的研究与现有研究的差异和贡献。

三、开题答辩中的常见问题及解决思路

1. 准备不充分

许多学生在答辩前对自己的论文内容理解不够深刻或全面，导致无法应对答辩委员会的提问。解决思路是加强答辩前的准备工作，包括熟悉论文内容、写好提纲、精选图表等。

2. 心理和生理上的问题

一些学生可能会因为紧张、焦虑而影响答辩表现。解决思路是通过模拟答辩、心理辅导等方式帮助学生克服心理障碍，同时也可以通过适当的体育锻炼来缓解生理上的紧张感。

3. 语言表达能力不足

语言表达能力是答辩成功的关键之一，不少学生在这方面存在不足。解决思路是提高语言表达能力，训练逻辑思维能力，如参加演讲比赛、辩论赛等活动来提升。

4. 缺乏临场经验

一些学生可能因为缺乏实际的答辩经验而在答辩中表现不佳。解决思路是通过组织模拟答辩、提供答辩技巧培训等方式，让学生提前适应答辩环境，增强临场应变能力。

【课堂思政】

价值观引导：在论文开题阶段，教师可以通过引导学生关注社会热点、国家发展战略等，培养其社会主义核心价值观，使研究选题符合国家和社会的需要，体现时代精神。

科研态度培养：在开题过程中，教师应引导学生树立严谨治学的态度，对待研究问题要有科学、客观、理性的态度，对待研究过程要有耐心和毅力。

批判性思维训练：在开题阶段，教师应鼓励学生质疑现有理论和方法，通过批判性思维来完善研究设计和开题报告。

【本章小结】

本章的主题为论文的选题与开题。强调了选题的重要性，认为选题不仅决定了论文的价值和成败，而且对个人成长和社会进步都有积极作用。提出了选题应遵循的创新性、可行性和学术价值原则，并提供了多种选题方法和示例。在开题报告方面，详细阐述了报告的结构和撰写方法，包括研究背景、目的、问题、文献综述、研究方法和计划等关键部分。此外，还讨论了文献综述的撰写技巧和文献评价的方法，以及如何设计研究方案以确保其科学性和可行性。为了帮助学生准备开题答辩，本章提供了答辩前的准备步骤、PPT制作技巧和答辩当天的注意事项。针对选题、开题报告撰写和答辩过程中可能遇到的常见问题，给出了解决思路和建议。

【实战训练】

任务 1：选题构思训练

（1）列出你感兴趣的三个研究领域，并简要说明原因。

（2）针对每个兴趣领域，提出至少两个可能的研究问题。

（3）选择一个你最感兴趣的研究问题，并尝试找出该问题的研究空白或争议点。

任务 2：文献调研训练

（1）使用学术数据库（如 CNKI、Web of Science、Google Scholar 等），搜索你选定

的研究问题相关文献，至少找出 5 篇。

（2）阅读这些文献，总结它们的主要研究内容、方法、结论和存在的不足。

（3）根据文献调研，修正或细化你的研究问题。

任务 3：选题评估训练

（1）评估你选定的研究问题的研究意义、创新性和可行性。

（2）设想可能的反对意见，并准备相应的回应。

（3）与同学或导师讨论你的选题，收集反馈，并据此调整选题。

任务 4：开题报告撰写训练

（1）撰写开题报告的草稿，包括引言、文献综述、研究目的与意义、研究内容与方法、预期成果和研究计划与时间表。

（2）检查开题报告草稿的逻辑性和完整性，确保每个部分都有充分的论据支持。

（3）根据同学的反馈或导师的建议，修改和完善开题报告。

任务 5：开题报告演练训练

（1）制作开题报告的 PPT，突出报告的关键点和亮点。

（2）在小组内进行模拟开题报告演讲，注意时间控制和表达清晰。

（3）根据模拟演讲的反馈，调整 PPT 内容和演讲风格。

任务 6：综合训练

（1）结合以上练习，完成一个完整的选题与开题过程。

（2）模拟一个开题答辩的场景，包括报告、提问和回答环节。

（3）撰写一份关于选题与开题过程的反思报告，总结自己的收获和需要改进的地方。

【拓展学习】

1．公众号“学术洞察”：如何通过中国知网进行论文选题？

2．公众号“中科院青年之声”：干货满满，手把手教你写论文开题报告

3．公众号“学术志”：超级全面！学位论文开题报告撰写指南

【课后练习】

1．论文选题的方法有哪些？

2．开题报告的撰写方法及注意事项有哪些？

3．开题答辩的准备技巧有哪些？

4．回顾你的论文选题过程，思考哪些选题方法适用于你的论文选题？在选题过程中遇到了什么样困难？你是如何克服的？

5．总结你在实战训练中开题答辩准备过程的经验和教训。哪些准备方法对你最为有效？在开题答辩过程中，你觉得自己表现如何？有哪些需要改进的地方？

【参考文献】

[1] 谭祥勇，熊婷燕，颜依婷 . 经管类研究生学位论文质量问题原因探析 [J] . 科教导刊，2023 (29)：51-54.

[2] 范仁军 . 应用型本科高校经管类专业学位论文写作对策分析研究 [J] . 才智，2021 (9)：125-127.

第五章 Chapter 5 论文数据的获取、处理与分析

学习目标

知识目标： 掌握撰写经管类论文时数据获取的基本方法及途径，理解数据处理的原理，掌握数据清洗、转换、整合等数据处理基本操作流程；掌握数据分析的基本理论和方法，包括比较分析法、分类分析法、回归分析法等。

能力目标： 学生在撰写经管类论文时能够熟练运用各种数据获取工具和方法，快速有效地收集研究所需的数据；能够独立处理采集回来的数据集，解决数据集中的异常值和缺失值等问题；能够选择和运用数据分析工具和技术，对数据进行深入的挖掘和分析，提取能够支撑论文论点的信息。

素质目标： 教育学生认识到数据收集过程中诚信的重要性，确保数据来源的合法性和真实性，不伪造、篡改或选择性报告数据以迎合预期结果。培养学生在写作过程中的科学思维方式和严谨的治学态度，培养学生的创新意识和实践能力，为其未来的学术研究和职业发展奠定坚实的基础。

第一节 数据获取、处理与分析概述

在经济管理领域，许多问题需要通过深入的研究和分析来揭示其本质和规律。数据作为一种客观存在的信息，能够反映经济管理现象的真实情况，为研究者提供有力的证据支持。通过对数据的收集、整理和分析，研究者能够发现隐藏在现象背后的经济规律，提出有针对性的理论观点和政策建议。因此，数据支撑是经管类论文不可或缺的一部分，它不仅能够提升论文的学术价值，还能够为实践提供有益的参考和指导。

一、数据的概念

数据是指利用测量工具所获得的未经处理的事实或数字。一切可分析的信息都能称为

数据，包括文字、图形、行为方式等。在经管类论文写作中常常使用各种数据资料，用于支持、证明或阐释论文的论点、研究结果或结论。

二、数据的分类及来源

在论文撰写过程中，选择合适的数据类型并对其进行适当的处理和分析是确保研究质量的关键。根据研究目的和问题的不同，可能需要结合使用多种类型的数据来支持论文的论点和分析。根据数据不同来源可以分为以下几类。

1. 统计数据

统计数据通常源于政府统计机构、国际组织、行业协会及学术机构等权威部门发布的官方数据。它们往往具有广泛的覆盖性和较高的准确性，可用于描述某一现象的整体情况、分析不同变量之间的关系或进行时间序列分析。

2. 调研数据

通过问卷调查、访谈、观察等方式从目标人群或特定样本中直接收集的数据即调研数据。这些数据可以深入了解受访者的态度、行为、动机等，对于研究某一现象的原因、影响或解决方案等具有重要意义。

3. 案例数据

案例数据通常源于具体的企业、行业或地区的案例研究。这些数据可能包括企业的财务报表、经营数据、市场数据等，也可能包括行业趋势、政策环境等宏观信息。通过深入分析案例数据，可以提炼出经验教训、成功因素或潜在问题等，为论文提供有力的实证支持。

4. 大数据

大数据通常指的是通过互联网、社交媒体、电商平台等渠道收集的海量数据。这些数据具有实时性、多样性和高维度等特点，可用于揭示隐藏在大量数据中的规律、趋势或模式。在经管类论文中，大数据可以用于分析市场趋势、消费者行为、产品特征等，为决策提供科学依据。

在问题研究过程中，研究者可需要根据研究目的及问题选择合适的数据收集方法，并对数据进行适当的处理和分析，以确保数据的准确性和可靠性。同时，还需要注意遵守学术规范和伦理原则，确保数据的合法性和正当性。

三、数据的使用

论文撰写过程中数据作为论据其使用至关重要，它能够为研究提供实证支持，增强论文的可信度和说服力。数据能够成为论据服务于论文中的研究目的往往需要通过三个步骤。

首先，数据的选择与采集。根据研究目的及问题选取合适的数据类型，这可能包括统计数据、调研数据、案例数据等，每种数据类型都有其独特的应用场景、价值及来源，在采集数据的过程中要确保其来源的可靠性和权威性，优先选择官方发布或经过权威机构验证的数据。采集数据的方式也可以考虑通过问卷调查、访谈、实地观察或公开数据库等途径获取所需信息。

其次，数据处理与分析。数据处理是确保数据质量和有效性的关键步骤，其内容包括数据的清洗、整理、转化等，旨在消除数据中的错误和冗余，使其更易于分析和解读。在数据分析方面，应根据研究问题选择适当的分析方法，如比较分析、聚类分析、回归分析等，以揭示数据背后的规律和关系。同时，还需要运用专业的统计软件和工具进行数据处理和分析，确保结果的准确性和可靠性。

最后，数据的呈现与解释。论文中应清晰地呈现数据分析的结果，并通过图表、表格等形式直观地展示数据。此外，还需要对数据结果进行深入的解释和讨论，将其与研究问题和理论框架相结合，以证明研究假设或提出新的观点。在解释数据时，要注重逻辑性和客观性，避免主观臆断和过度解读。

第二节 经管类数据采集

撰写经管类论文时，数据采集是一项核心工作，是所有数据工作的开始，它关乎研究的准确性和深度。为确保研究的可靠性，研究者需明确研究目标和问题，从而有针对性地选择数据类型和采集方法。数据类型可能包括统计数据、调研数据或实验数据等，而采集方法则可能涵盖问卷调查、访谈、实地观察以及数据库检索等。在数据采集过程中，研究者还需注意数据的来源与可信度，优先选择权威、可靠的数据源。通过科学、规范的数据采集工作，研究者能够为经管类论文提供坚实的数据支持，从而推动相关领域的学术进步和实践发展。

一、统计数据获取途径与方法

统计数据为研究者提供了实证支持和定量分析的基础。通常用来描述某一现象的整体情况、分析不同变量之间的关系或进行时间序列分析。为了确保研究的准确性和可靠性，研究者需要掌握多种统计类数据的获取途径与方法。

研究者可以从官方统计机构获取数据。这些机构通常负责收集、整理和发布各种经济、社会、科技等方面的统计数据。例如，国家统计局、省级统计局等发布的数据涵盖了国民经济、社会发展、人口变动等多个方面；海关总署、地方海关的数据库可以查询到进出口货物数据，包括货物名称、数量、金额、货主、出入境口岸等信息，具有较高的权威性和可靠性。研究者可以通过访问这些机构的官方网站或数据库，获取所需的统计数据，并根据研究目的进行筛选和分析。

学术研究机构也是获取统计类数据的重要途径。许多高校、研究院所等学术机构会开展各种研究项目，并发布相应的研究报告和数据集。这些数据通常具有较高的学术价值和专业性，能够为研究者提供深入的分析和洞察。如知网等知名学术数据库就是这一领域的重要代表。

知网作为中国最大的学术资源平台之一，收录了大量的期刊论文、博硕士学位论文、会议论文等各类学术成果。这些论文中往往包含丰富的统计数据和实证分析，涵盖了经济、管理、社会、自然科学等多个领域。研究者可以通过知网检索相关领域的论文，进而获取这些论文中使用的统计数据和研究方法。此外，知网还提供了数据下载和引用服务，方便研究者进行进一步的数据分析和学术引用。万方数据同样拥有海量的学术文献和统计数据资源。与知网相比，万方数据在数据种类和覆盖范围上可能有所不同，但同样为研究者提供了丰富的数据获取途径。通过万方数据，研究者可以检索到各类统计报告、行业分析、市场研究等资料，这些数据对于经济管理类论文的写作具有重要的参考价值。

除了知网和万方，还有许多其他学术研究机构也提供统计类数据的获取服务。这些机构可能针对某一特定领域或行业进行深入的数据收集和分析，为研究者提供更具针对性的数据支持。在利用学术研究机构获取统计类数据时，研究者还需要注意数据的真实性和可靠性。由于学术研究领域存在一定的竞争和合作关系，部分研究数据可能存在一定程度的偏差或主观性。因此，在获取和使用这些数据时，研究者需要进行充分的核实和比对，以确保数据的准确性和可靠性。

随着互联网技术的不断发展，越来越多的在线数据平台为研究者提供了便捷的统计类数据获取途径。这些平台通常涵盖了各种行业、领域和地区的统计数据，具有数据量大、更新速度快、查询方便等特点。研究者可以通过注册账号、使用搜索引擎或API接口等方式，从这些平台上获取所需的统计数据，并进行进一步的分析和处理。

二、调研数据获取途径与方法

调研数据为研究提供实证支持，也是论文具备实践元素手段之一，通常用来研究某一现象的原因、影响或解决方案等具有重要意义的内容，研究者需要掌握多种调研数据的获取途径与方法。

问卷调查法是获取调研数据的一种常见且有效的方式。研究者可以通过设计合理的问卷，针对研究问题和目标，收集受访者的观点、意见和经验。问卷可以采用开放式或封闭式问题，既可以通过面对面方式进行，也可以借助网络平台或电子邮件进行虚拟调查。这种方法能够覆盖较大的样本群体，收集多样化的数据，为后续分析提供坚实的基础。

访谈法也是获取调研数据的重要方法。与问卷调查相比，访谈法更为深入和灵活，能够获取受访者更为详细和个性化的信息。研究者可以通过与被访者进行面对面或电话交流，深入了解其观点、态度和经验。在访谈过程中，研究者需要注意提问的技巧和方式，引导被访者充分表达自己的意见和看法。

观察法也是获取调研数据的一种有效途径。通过直接观察研究对象的行为、事件和环境，研究者可以获取客观、真实的数据。观察可以是参与观察，即研究者亲自参与被观察对象的活动；也可以是非参与观察，即仅仅观察被研究对象的行为。观察法能够获取第一手资料，有助于研究者深入理解研究对象的实际情况。

除了以上提到的三种主要方法，还有一些其他途径可以用于获取调研数据。例如，研究者可以利用图书馆资源，查阅相关的书籍、期刊和报告，从中获取有关研究问题的背景信息和数据支持。此外，学术数据库也是获取调研数据的重要平台，这些数据库通常收录了大量的学术研究成果和统计数据，能够为研究者提供丰富的数据资源。

在获取调研数据的过程中，研究者还需要注意一些基本原则和注意事项。第一，要确保数据的真实性和可靠性，避免使用来源不明或质量低劣的数据。第二，要注意保护受访者的隐私和权益，遵守相关的伦理规范。第三，研究者还需要对数据进行必要的处理和分析，以提取出有价值的信息和结论。

三、案例数据获取途径与方法

案例数据是经管类论文写作中一种重要的信息来源，它能够为研究提供具体的、实际发生的情境和事件。通过深入分析案例数据，可以提炼出经验教训、成功因素或潜在问题等。

学术数据库是获取案例数据的重要途径之一。学术期刊数据库如知网、万方等收录了全球范围内的大量学术文章、期刊论文和会议论文等。这些学术资源中往往包含丰富的案例研究，涉及不同领域、不同行业的实际案例。研究者可以通过关键词搜索，筛选出与论文主题相关的案例数据，并进行深入的分析和比较。

行业报告和案例分析书籍也是获取案例数据的重要来源。行业报告通常由专业机构或咨询公司编制，对特定行业或市场的案例进行深入剖析。这些报告通常包含大量的实际数据、案例分析和趋势预测，能够为研究者提供宝贵的案例素材。此外，一些专门出版案例分析书籍的出版社也会推出一些与论文主题相关的案例集，这些书籍通常包含多个不同行业的案例，有助于研究者进行比较和归纳。

除了学术数据库和行业报告，企业官方网站和年报也是获取案例数据的途径之一。许多企业会在其官方网站上发布与业务相关的案例故事或成功案例，这些案例通常详细介绍了企业在某个特定情境下的解决方案和实施效果。企业的年报中通常包含企业的业务数据、市场分析和战略规划等信息，有助于研究者了解企业的实际运营情况和市场环境。

在获取案例数据的过程中，研究者还需要注意案例的真实性和可靠性。为了确保案例数据的真实性，研究者应该选择权威、可靠的来源，避免使用来源不明或存在争议的案例。同时，研究者还需要对案例数据进行仔细的分析和比较，以确保其与研究问题和目标的相关性。另外，获取案例数据也可以实地调研和访谈。实地调研可以让研究者亲自观察和了解案例发生的实际情境，获取一手资料。通过访谈与案例相关的当事人或专家，研究者可以深入了解案例的背景、过程和结果，获取更为详细和深入的信息。

最后，需要强调的是，案例数据只是论文写作中的一部分，研究者还需要结合其他数据和研究方法，进行综合分析和论证，以得出科学、合理的结论。

四、大数据获取途径与方法

在数据时代的浪潮中，大数据作为一项新的、极具价值的数据源，正在逐渐渗透到论文写作的方方面面。大数据的广泛应用不仅丰富了研究内容，也提升了研究的深度和广度。大数据的获取途径与方法有以下几种。

网络爬虫是获取大数据的一种常见且高效的方式。网络爬虫可以自动、快速地抓取网络上的海量数据，如社交媒体上的用户信息、电商平台的交易数据等。研究者只需编写相应的爬虫程序，设置好爬取规则和目标，就能获取到大量的、第一手的数据。该方法要求研究者在采集数据之前需要掌握相关爬虫程序设计语言，如Python等。

开放数据源是获取大数据的重要途径。随着数据开放政策的推进，越来越多的政府机构、公共事业单位和科研机构将数据进行了公开和共享。研究者可以通过这些开放数据源，获取与论文主题相关的、经过权威机构处理的数据，从而大大提高研究的可信度和准确性。

与数据提供商合作也是获取大数据的有效方法。数据提供商通常拥有专业的数据采集、处理和分析能力，能够为研究者提供高质量、高价值的数据服务。通过与数据提供商合作，研究者可以获取到更加精准、全面的数据，从而更好地支撑论文的研究和分析。该渠道的数据获得通常情况下需要支付一定的信息咨询报酬。

在获取大数据的过程中，研究者还需要注意数据的隐私和安全问题。在爬取和使用数据的过程中，应严格遵守相关法律法规和道德规范，尊重用户隐私和数据权益。同时，也需要对数据进行适当的脱敏和加密处理，确保数据的安全性和保密性。通过一定的处理和分析手段，研究者能够从大数据中挖掘出有价值的信息和规律，为论文的论点提供有力的支持。

五、经管类数据获取中的常见问题及解决思路

在经管类论文的撰写过程中，有效的数据采集能够为研究提供坚实的基础，为后续的数据处理和分析提供真实有效的素材。然而，实际操作中，数据采集过程往往面临着诸多挑战和问题。

1. 数据来源单一且质量参差不齐

在经管类论文的数据采集过程中，研究者常常面临数据来源单一、数据质量参差不齐的问题。这可能导致研究结果的可靠性和有效性受到质疑。

为解决这一问题，研究者应该积极拓展多样化的数据来源。除了常见的政府公开数据、行业报告和企业年报，还可以考虑利用调查问卷、访谈、实验等多种方式获取数据。

2. 数据采集技术落后且效率低下

数据采集技术落后和效率低下是经管类论文数据采集过程中常见的另一个问题。传统的手工采集方式不仅耗时耗力，而且容易出错，严重影响研究进度和结果。

研究者应该积极学习和应用先进的数据采集技术，如自动化工具、数据挖掘技术等。这些技术可以大大提高数据采集的效率和准确性，减少人为错误和重复劳动。同时，研究者还可以利用云计算和大数据处理技术对海量数据进行高效处理和分析，进一步提高研究质量。

3. 数据采集过程中应重视隐私保护

在数据采集过程中，隐私保护和伦理问题也是不容忽视的。不当的数据采集方式可能侵犯个人隐私或违反伦理规范，给研究者带来法律风险和社会压力。

研究者在采集数据时应该始终遵守相关的法律法规和伦理规范，尊重并保护个人隐私。在采集涉及个人隐私的数据时，应事先征得被采集者的同意，并告知数据的使用目的和范围。同时，对于涉及敏感信息的数据，应进行脱敏处理或匿名化操作，以减少对个体隐私的影响。

第三节 经管类数据处理

在经管类论文撰写过程中，数据处理是一个至关重要的环节。数据处理是指对收集的原始数据表进行进一步的处理，使原始数据更符合分析需求且便于进行数理分析。

一、数据处理流程及方法

成功收集的原始数据往往比较杂乱，数据量也很大，此时需要对其进行数据处理。数据处理的目的在于提高数据质量。数据处理的方法包括对收集的数据进行检查、清洗、转换、提取、分组、计算（见图 5.1）。经过处理的数据会更具准确性、更有规律，为数据分析打下基础。

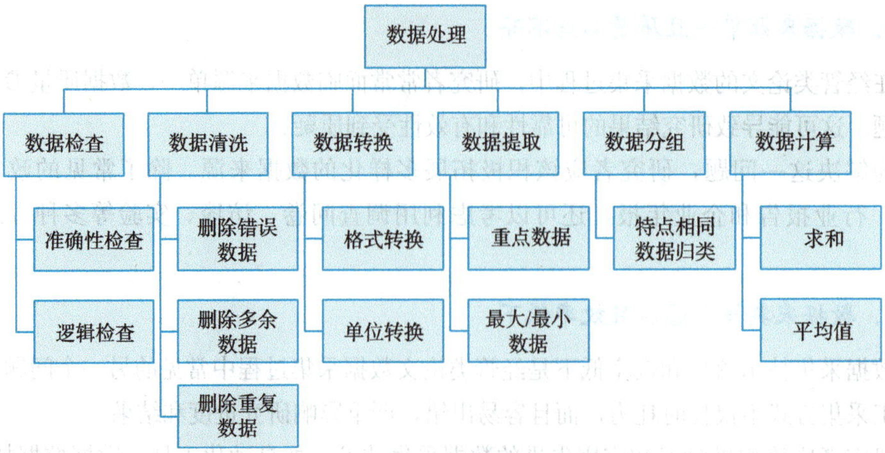

图 5.1 数据处理流程图

数据处理方法，简言之，就是一系列对原始数据进行清洗、整理和转换的技术手段。数据处理过程建议充分利用 Excel 软件进行。这是因为 Excel 具备强大的数据处理和分析功能，能够大大提高工作效率。首先，Excel 拥有直观易用的界面，使用户能够轻松地进行数据录入、整理和格式化。其次，Excel 提供了丰富的函数和公式，可以满足各种复杂的计算需求，如求和、平均值、最大值、最小值等。最后，Excel 还支持数据透视表和图表功能，能够直观地展示数据的分布和趋势，帮助用户更好地理解和分析数据。最后，Excel 还具有强大的数据筛选和排序功能，能够方便地查找和整理数据，进一步提高数据处理的准确性和效率。

1. 数据检查

数据检查的过程，可以将数据按照一定的逻辑及字段整理到 Excel 中，录入完成后，通过查看整理好的表格，能直观地识别出是否存在数据的缺失。空白的单元格或者不符合字段格式的数据会一目了然，这样就能够迅速定位并处理缺失的数据。

除了直接观察，Excel 中的"IF"函数也是检查数据逻辑性的有力工具。通过"IF"函数，我们可以设定一系列的条件来检查数据是否符合预期的规则。例如，假设我们有一个包含年龄字段的数据表，我们可以使用"IF"函数来检查年龄数据是否在合理的范围内。如果年龄小于 0 或者大于 150（这显然是不合理的），那么"IF"函数可以返回一个错误提示，从而帮助我们识别并修正这些逻辑错误。

此外，"IF"函数还可以用来检查数据之间的逻辑关系。比如，在一份销售数据中，可能有"销售额"和"销售数量"两个字段。通过"IF"函数，可以设置一个条件来检查这两个字段是否满足一定的比例关系。如果销售额与销售数量的比值不符合预期的价格，那么"IF"函数可以发出警告，提示可能存在数据录入错误或者数据逻辑问题。

2. 数据清洗

数据清洗阶段的主要工作包括处理缺失值、删除重复项及处理异常值。通过 Excel 删除重复项功能，也可以迅速排除表格中重复数据。针对异常值即数据集中其他值显著不同的极端值，这些值往往是由于测量错误、数据录入错误或其他原因导致的。处理异常值的方法包括删除异常值、使用统计量进行替换，或者根据领域知识进行修正（见图 5.2）。

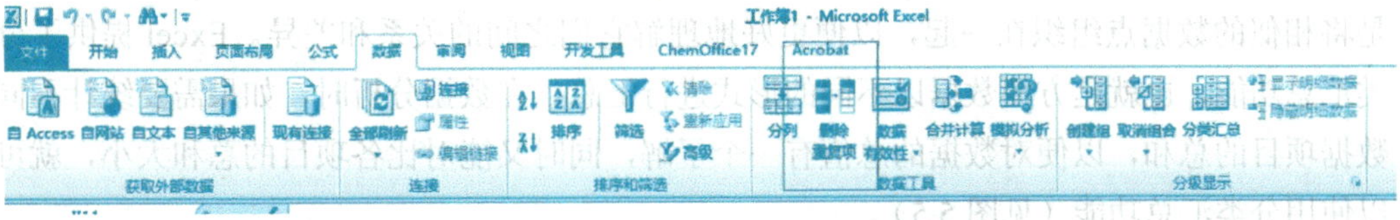

图 5.2　Excel 2010 版本删除重复项功能键展示

3. 数据转换

数据转换包括格式的转换及单位的转换。例如，将文本格式的日期转换为日期格式，或将数值型数据转换为分类型数据。单位的转换常见的包括货币单位转换（如美元转换为人民币）、销售额、出口额单位转换（如元转换成万元）等。在进行单位转换时，需要确保转换的准确性和合理性，避免因为单位转换不当而导致的数据失真。同时合理使用千分符使数据呈现更为清晰和易读。以上都可以通过 Excel 中设置单元格格式来进行转换和调整（见图 5.3、图 5.4）。

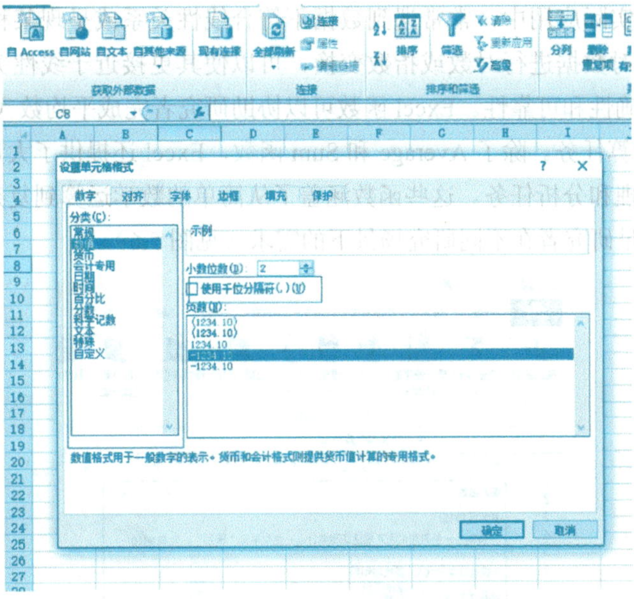

图 5.3　Excel 2010 版本设置单元格格式及千分符功能键展示

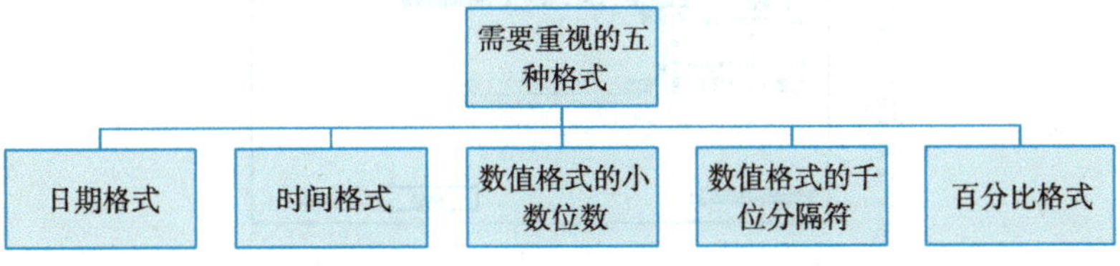

图 5.4　数据格式检查时需要重视的五种格式

4. 数据分组

将数据进行分组的处理，是基于数据的属性或特征进行的。例如，如果论文数据包含关于不同群体的调查结果，可以根据性别、年龄、教育背景等变量进行分组。分组的目的是将相似的数据点组织在一起，以便更好地理解它们之间的关系和差异。Excel 提供了分类汇总功能，也就是方便数据以不同的形式进行汇总。在数据分析时，如果需要统计不同数据项目的总和，以便对数据的总值有一个了解，同时又能对比各项目的总和大小，就可以使用分类汇总功能（见图 5.5）。

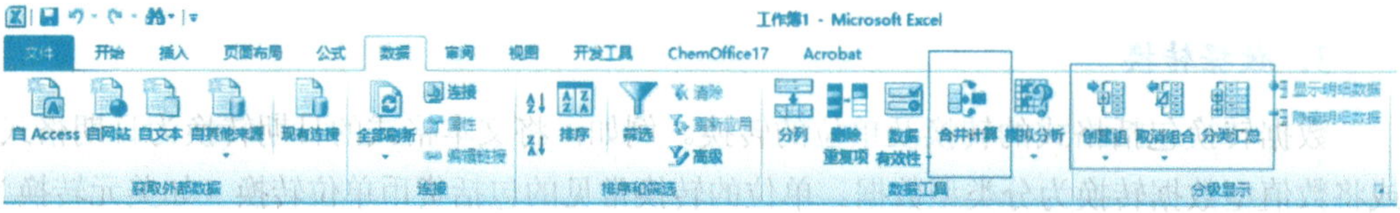

图 5.5　Excel 2010 版本分类汇总及合并计算功能键展示

5. 数据计算

数据计算是最基本的数据加工方法，包括计算出数据项目的乘积、和、平均数、众数和中位数等。其中对数或指数计算，对于数据的线性回归分析而言，是一种有效的数据预处理手段。在实际应用中，常常遇到数据不符合线性关系或呈现某种非线性趋势的情况。此时，通过对数据进行对数或指数变换，可以使其更接近于线性关系，从而提高线性回归分析的准确性和可靠性。Excel 函数可以协助研究者完成平均数（Average）和求和（Sum）等多种计算任务。除了 Average 和 Sum 函数，Excel 还提供了大量其他函数，用于完成各种数据处理和分析任务。这些函数涵盖了从简单的数学运算到复杂的统计分析等多个方面，可以满足研究者在不同研究场景下的需求（见图 5.6）。

图 5.6　Excel 2010 版本函数功能键展示

二、数据处理过程中的常见问题及解决思路

1. 数据缺失的处理

数据缺失是数据整理中最为常见的问题之一。缺失数据可能导致分析结果不准确，甚至无法进行后续分析。解决这一问题首先根据数据的特性，可以选择使用均值、中位数、众数等统计量进行填充；对于分类数据，可以考虑使用最频繁出现的类别进行填充。对于时间序列数据，可以使用插值法（如线性插值、多项式插值等）来估算缺失值。如果缺失值过多或无法合理填充，可以考虑删除这些记录。

2. 数据重复的处理

数据重复不仅会浪费存储空间，还可能影响分析结果的准确性。对于完全重复的数据，可以直接删除。对于部分重复的数据，可以根据关键字段进行去重，保留唯一的记录。

3. 数据格式不一致的处理

数据不一致及格式问题，表现为不同来源或不同格式的数据在表示同一信息时存在差异且数据类型不匹配、日期格式不一致等。解决这一问题首先制定统一的数据标准和格式规范，确保数据的一致性和可比性。对于存在不一致的数据字段，建立映射关系，将不一致的数据转换为统一的标准。

第四节 经管类数据分析方法

数据分析是指通过恰当的统计方法和可行的分析手段，首先对数据进行收集汇总，其次加工处理，最后对处理过的有效数据进行分析。在撰写论文时，对数据进行分析，能够增强论文的说服力。通过对数据进行深入剖析，研究者能够用数据说话，用事实支撑观点，使论文的论证更加严密、有力。数据分析还有助于提升论文的学术价值。通过发现数据中的新现象、新规律，研究者能够为相关领域的研究贡献新的知识和见解，推动学科的发展。同时，数据分析还能帮助研究者发现研究中的不足与局限，为未来的研究提供方向与启示。

一、数据比较分析方法

数据的比较分析法是一种通过对比两个或两个以上的数据来揭示它们之间的差异，并

进一步分析这些差异所代表的事物发展变化情况和规律性的方法。这种方法的特点在于能够直观地展现事物某方面的变化或差距，并且可以准确、量化地表示这种变化或差距的程度。

1. 绝对值对比与相对值对比

绝对值对比与相对值对比可以帮助研究者清晰地展示数据的实际大小和相对关系，这对于分析销售额、市场份额等商科领域的实际问题至关重要。通过对比不同时间点或不同市场区域的绝对值数据，研究者可以论证某一策略或市场变动对企业业绩的直接影响。

2. 环比和同比

环比和同比是时间序列数据分析的常用手段。通过环比，研究者可以观察连续时间段内数据的变化趋势，从而揭示出季节性波动、市场周期性等规律。而同比则有助于消除季节性因素的影响，更好地展现数据的长期变化趋势，有助于论证企业发展策略的长远效果。

3. 横向对比和纵向对比

横向对比和纵向对比则侧重于从不同维度揭示数据之间的关系。横向对比可以帮助研究者分析不同企业、行业或市场之间的差异和相似之处，从而论证某一行业特点或市场趋势。纵向对比则通过对比同一对象在不同时间点的数据变化，论证企业发展过程中的变化趋势和规律。

比较分析的过程和结果通过 Excel 的图表进行展示，能够清晰直观地传递信息，使数据间的差异和趋势一目了然。不同类型的图表适用于展示不同方面的比较分析内容。

（1）柱状图使用场景。柱状图可以有效地展示不同类别之间的数据对比。在经管类论文中，柱状图常被用来比较不同产品、市场区域或时间段的销售数据、市场份额等。通过柱状图的高度和颜色差异，读者可以直观地看出各个类别的数据大小和相对关系，从而有助于论证某一因素对不同类别的影响程度。

（2）饼状图使用场景。饼状图适合用于展示整体中各部分的比例关系。在经管类论文中，饼状图常用于表示不同销售渠道的销售额占比、不同成本构成的比例分布等。通过饼状图的扇区大小和标签，读者可以清晰地了解各部分在整体中所占的比例，有助于分析资源的分配情况、识别关键业务领域等。

（3）折线图使用场景。折线图适用于展示数据随时间的变化趋势。在经管类论文中，折线图常被用来分析销售额、利润、用户数量等指标的长期变化趋势，或者对比不同时间段内同一指标的变化情况，从而论证某一策略或市场变动对时间序列数据的影响。

二、数据分类分析方法

数据分类分析是一种统计学方法，旨在将数据分成不同的类别或组，以便更好地理解数据的结构和模式。这种方法能够揭示数据中的潜在类别和结构，并为决策提供有力支持。

通过分类分析，研究者能够识别数据中的不同类别和模式，从而更深入地理解经济和管理现象的本质。同时分类分析有助于提高决策效率。在经管领域，决策者常常面临大量的数据和信息，如何从中筛选出有价值的内容是一个重要问题。通过分类分析，决策者可以更快地识别出关键类别和特征，从而更有针对性地制定策略和措施。

使用 Excel 透视表进行数据的分类分析是一种高效且灵活的方式。数据透视表是一种交互式的表，可以对数据的不同项目进行快速统计，并且动态地改变数据的版面布置，从不同的角度来分析数据。它可以帮助研究者快速汇总、分析并展示大量数据。具体的步骤如下。

1. 创建透视表

插入透视表。在 Excel 的“插入”选项卡中，选择“透视表”。选择数据区域：在出现的对话框中，确认已选中的数据区域是否正确（见图 5.7）。

选择创建区域。研究者可以选择在新工作表中创建透视表，或在现有工作表的某个位置创建。

图 5.7　Excel 2010 版本创建数据透视表功能键展示

2. 配置透视表字段

在透视表字段列表中，研究者可以将不同的字段拖拽到“行”“列”“值”和“筛选器”区域中。行区域：用于分类数据，显示不同的类别。列区域：可以进一步细分数据，展示不同维度。值区域：用于显示聚合数据，如总和、平均值等。筛选器区域：用于筛选数据，只显示符合特定条件的数据。调整布局：研究者可以通过拖拽字段或调整字段顺序来改变透视表的布局（见图 5.8）。

图 5.8 Excel 2010 版本数据透视表字段设置展示

3. 设置值字段汇总方式

选择汇总方式。在透视表的值区域中，点击下拉箭头，选择适当的汇总方式（如求和、平均值、计数等）。

数据透视表提供了将字段拖拽到不同区域（如行、列、值和筛选器）的功能，这使用户能够根据自己的分析目标，构建出多样化的数据视图。例如，如果想要了解不同销售地区的产品销售额情况，可以将“销售地区”字段拖拽到行区域，将“产品”字段拖拽到列区域，并将“销售额”字段拖拽到值区域。这样，数据透视表就会按照指定的维度展示出销售额数据。数据透视表还允许用户对字段进行进一步的配置。例如，对于值字段，可以选择不同的汇总方式（如求和、平均值、计数等），以满足不同的分析需求。此外，还可以设置字段的显示格式、添加条件格式等，以增强数据透视表的可读性和可理解性。

在经管类论文中，使用数据透视表进行数据分类分析的意义在于，它能够帮助研究者更加系统地组织和展示数据，从而更深入地理解经济和管理现象的本质。通过构建出多样化的数据视图，研究者可以从不同角度对数据进行分析和解读，挖掘出隐藏在数据背后的深层信息。

三、数据聚类分析方法

聚类分析是统计学中研究这种“物以类聚”问题的一种有效方法。通过将数据对象的集合分组为由类似的对象组成的多个类，从而将相似的样本聚在同一个类簇中，把不相似的样本分为不同类簇。这种分组过程基于数据之间的相似性，通常是通过定义一个距离或者相似性系数来判别的。聚类分析的目的在于揭示样本之间内在的性质以及相互之间的联系规律，其结果能够反映数据的内在结构和特征。

在经管类论文的数据分析中，聚类分析可以帮助研究者识别出不同的群体或类别，并探索这些群体之间的相似性和差异性。这对于理解市场细分、消费者行为、企业竞争态势等问题具有重要意义。

使用 SPSS 进行聚类分析时，可以按照以下步骤进行。

1. 数据导入

需要确保数据已经准备好并导入到 SPSS 中。数据格式应统一为数值型。如果数据集中包含非数值型变量（如文本或分类数据），则需要进行适当的转换或编码。数据导入前已经进行了必要的清洗和预处理。例如，缺失值可以通过删除含有缺失值的记录、使用均值、中位数或众数等方法进行填充，或者通过插值、回归等方法进行估算。异常值需经过排除及处理。聚类分析前研究者需要明确研究目的和需要聚类的变量。这些变量应该是能够反映其研究主题的关键指标。如针对消费者购买行为的研究，目的是识别出不同的消费者群体，并了解这些群体的购买偏好、消费习惯。采集的变量信息应包括购买频率、消费金额、购买渠道、产品偏好及价格敏感度等。

2. 聚类方法的选择

选择合适的聚类方法。SPSS 提供了多种聚类方法，如 K- 均值聚类、系统聚类等。研究者需要根据数据的性质和研究目的来选择合适的方法。如果数据包含大量的连续型数值变量，并且研究者希望将样本划分为预先设定的数量的簇，那么可以选择 K- 均值聚类。如果数据包含多种类型的变量（如连续型、分类型等），或者研究者希望更深入地了解簇的形成过程，那么系统聚类可能更合适。

3. 运行程序

执行聚类分析。在 SPSS 中，研究者可以通过选择相应的菜单项或命令来启动聚类分析过程。同时根据研究目的设置一些参数，如簇的数量、距离度量方式等。执行聚类分析后，SPSS 将生成聚类结果，包括每个簇的样本数量、每个样本所属的簇以及簇间的距离等信息。

4. 结果解释

最终根据分析聚类结果，解释各个类别的特征和含义，并将其应用于实际问题的分析和解决中。

四、数据回归分析方法

回归分析是确定两种或两种以上研究变量间定量关系的一种统计分析方法。一般来说，回归分析是通过感兴趣的因变量和自变量来确定变量之间的因果关系，建立回归模型，并根据实测数据求解模型的各参数，然后评价回归模型是否能够很好地拟合实测数据。如果能够很好地拟合，则可以根据自变量做进一步预测。一个完整的回归分析通常包括以下几步。

1. 确定回归方程中的因变量和自变量

由于回归分析用于分析一个事物如何随其他事物的变化而变化，因此回归分析的第一步需确定因变量 y 和自变量 x，回归分析正是要建立 x 与 y 之间的回归方程，并在给定 x 的前提下，通过回归方程预测 y 的取值。

2. 确定回归模型

根据函数拟合方式，通过观察散点图确定应通过哪种数学模型来概括回归方程。如果被解释变量与解释变量之间存在线性关系，则应进行线性回归分析，建立线性回归模型；反之，如果存在非线性关系，则应进行非线性回归分析，建立非线性回归模型。

3. 建立回归方程

根据收集的数据以及第 2 步所确定的回归模型，在一定的统计拟合准则下估计出模型中的各个参数，得到一个确定的回归方程。

4. 回归方程检验

由于回归方程是在样本数据基础上得到的，因此，需要对回归方程进行检验，以确定回归方程是否真实地反映了事物之间的统计关系以及回归方程能否用于预测等。主要包括以下几方面的检验。

（1）拟合优度检验。检验样本数据聚集在样本回归直线或曲线周围的密集程度，从而判断回归方程对样本数据的代表程度。一般用决定系数 R 实现，它越接近于 1，表明回归方程的拟合程度越好；反之，越接近于 0，方程拟合就越差。

（2）回归方程的显著性检验。对因变量与所有自变量之间的线性关系是否显著的一种假设检验。一般采用 F 检验，其中原假设 H：回归总体不具显著性（所有回归系数与零无显著差别：A2=B=…=Bn=0），备择假设 H：回归总体具有显著性（所有自变量对 y 具有显著的线性作用，也就是说，所有回归系数同时与 0 有显著差别）。

（3）回归系数的显著性检验。根据样本估计的结果对总体回归系数的有关假设进行检验。之所以要对回归系数进行显著性检验，是因为回归方程的显著性检验只能检验所有回归系数是否同时与零有显著性差异，它不能保证回归方程中不包含不能较好地解释因变量变化的自变量，因此，可以通过回归系数显著性检验对每个回归系数进行考察。其中，原假设 H：x 对 y 没有显著性影响，备择假设 H：x 对 y 具有显著性影响。

5. 利用回归方程进行预测

建立回归方程的目的之一就是根据回归方程对事物的未来发展趋势进行预测。

五、数据可视化分析方法

数据可视化分析，是关于数据视觉表现形式的技术，其主要是通过图表、图形等形式将复杂的数据信息展示出来，帮助人们更直观地理解数据背后的意义和规律。

在经管类论文中，进行数据可视化分析能够将大量的数据信息以直观、易懂的形式展示出来，有助于研究者快速把握数据的整体情况和趋势，同时使研究者可以更容易地发现数据中的异常值和潜在规律，进而提出更有针对性的假设和理论。

使用 Power BI 进行数据可视化分析的方法主要包括以下步骤。

1. 连接数据源

在 Power BI 中，用户可以从多种数据源中选择并连接，如数据库、Excel 文件、云服务等，从而获取所需的数据。

2. 数据清洗和转换

在获取数据后，用户可以使用 Power BI 的数据模型和查询编辑器进行数据清洗和转换。这包括过滤不必要的数据、重命名列、合并行等操作，以确保数据的准确性和一致性。

3. 创建可视化图表

Power BI 提供了丰富的可视化图表类型，如柱状图、折线图、饼图、散点图等。可以根据数据的特性和分析目标，选择合适的图表类型来展示数据。同时，还可以自定义图表的样式、颜色、标签等属性，以满足特定的视觉需求。

4. 构建仪表板

在创建完可视化图表后，可以将多个图标组合到一个仪表板中。仪表板可以展示多个维度的数据，有助于更全面地了解数据。此外，还可以在仪表板中添加筛选器、交互元素等，以增强仪表板的交互性和可用性（见图 5.9）。

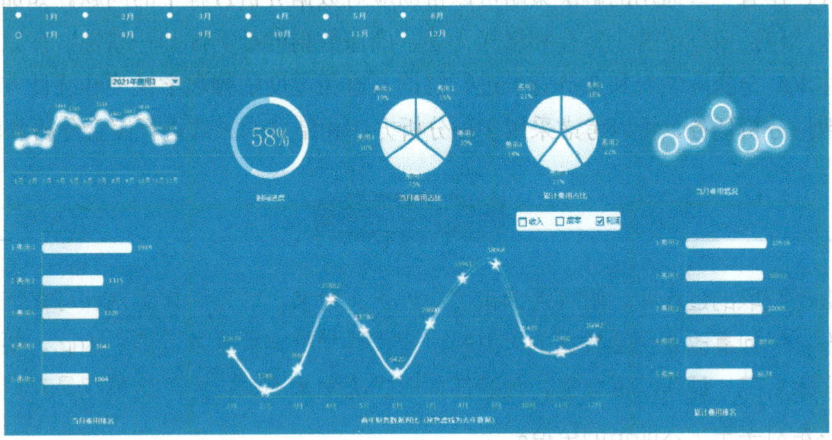

图 5.9　PowerBI 构建财务数据分析看板示例

六、数据分析过程中的常见问题及解决思路

在经管类论文的数据分析过程中，常会遇到分析目标不明确、分析方法选择不合理以及分析过程中出现偏差等问题。这些问题可能导致分析结果的不准确或无法有效支持研究论点，因此需要采取相应的解决方案。

1. 分析目标不明确

研究者在开始数据分析之前，未能清晰界定研究目的和要解决的问题，缺乏明确的分析目标，导致在数据处理和分析过程中迷失方向。因此，研究者在开始数据分析之前，就应明确研究问题、目的和假设。根据研究目的，确定需要收集的数据类型、范围和来源并制订详细的数据分析计划，包括分析方法、步骤和预期结果。

2. 分析方法选择不合理

不同问题需要采用不同的分析方法，然而，一些研究者在选择分析方法时缺乏针对性，或者过于追求复杂的统计方法而忽视了问题的实际特点，导致分析结果偏离实际或难以理解。研究者应根据研究问题的特点和数据类型进行合理选择。对于复杂的统计方法，应充分理解其原理和应用条件，避免盲目追求复杂性而忽视问题的实际特点。此外，还可以通过与其他研究者交流或查阅相关文献来获取更多的分析方法选择建议。

3. 分析过程中出现偏差

分析过程引用的数据清洗不彻底，会导致分析结果受到异常值或缺失值的影响。同时样本选择偏差，也会使分析结果无法反映总体情况。另外，在分析过程中忽视数据分布的假设，同样会导致统计结果不准确。要解决以上问题，在数据分析前，对数据进行彻底清洗，处理缺失值和异常值。采用随机抽样等方法，确保样本具有代表性，减小样本选择偏差。在分析前对数据进行分布检验，选择合适的统计方法或进行数据转换以符合假设。

此外，还有一些通用的解决策略可以帮助应对数据分析过程中的问题。如加强数据预处理工作，包括数据清洗、整合和格式化等，确保数据的准确性和一致性。在数据分析过程中，注重结合实际情况和业务背景进行解读，避免过度依赖数学模型和统计方法。对于复杂的数据分析任务，可以考虑采用多种分析方法相结合的方式进行综合分析和验证。

【课堂思政】

在数据获取的过程中，始终强调诚信、公正、合法。数据的真实性和可靠性是科学研究的基石，任何篡改或伪造数据的行为都违背了科学精神和学术道德。因此，要求学生严格遵守学术规范，诚信获取数据，杜绝任何形式的学术不端行为。这不仅是对科学研究的尊重，也是对学生个人品格的塑造。

在数据处理和分析阶段，注重培养学生的批判性思维和创新精神。面对复杂的数据，需要运用所学知识进行独立思考和判断，选择合适的分析方法，并勇于提出新的见解和观点。这种批判性思维和创新精神的培养，有助于学生在未来的学术研究和工作中不断突破自我，追求卓越。

【本章小结】

本章系统而全面地探讨了数据在学术研究中的关键性角色及其处理分析的重要步骤，在数据获取环节，需强调了数据来源的多样性和可靠性。无论是通过问卷调查、实验测量，还是借助公开的数据库和网络爬虫技术，都应力求保证所获取数据的真实性、完整性和代表性。同时，也需注意数据获取过程中可能遇到的伦理和法律问题，并遵循相应的规范。

在数据处理部分，重点介绍了数据处理的流程及相关的方法，这些步骤对于消除数据中的异常值、缺失值和重复项，以及将数据转化为适合分析的格式至关重要。通过采用适当的数据处理技术和工具，能够成功地将原始数据转化为可用于进一步分析的有效信息。

在数据分析阶段，提供了一些数据分析的方法，研究者应根据研究对象和研究目的选择合适的分析方法，得出具有说服力的分析结果，揭示数据背后的潜在规律和趋势。

【实战训练】

任务 1：

以“消费者对绿色消费产品的认知、态度与购买意愿”为研究对象，设计一份调查问卷，自行确定发放形式，并回收不少于 100 份有效问卷，分析和总结调查结果。（不少于 1000 字）

任务 2：

以“中俄铁路国际联运发展现状分析”为研究对象，通过参考相关文献和官网信息，收集相关数据，从运输量、运输市场、运输产品结构等纬度进行现状阐述。（不少于 2000 字）

【拓展学习】

1. Excel 数据分析与实践
2. SPSS 统计分析中聚类分析方法及回归分析法

【课后练习】

1．请根据以下提供的数据表格，使用比较分析法，说明云南省花卉出口中各品类产品出口的现状，并选择合适的图表进行比较结果展示。

2018–2022 年云南省各品类花卉出口额

单位：万美元

年份	种类			
	鲜花	盆栽花	种用植株	其他
2018	4,781.30	1,292.13	542.04	133.43
2019	5,923.25	1,032.87	532.34	202.78
2020	6,465.66	1,295.47	574.30	794.08
2021	6,774.60	1,111.37	586.46	1,300.44
2022	7,496.79	876.67	501.63	1,343.88

数据来源：中国海关统计数据查询平台 http://stats.customs.gov.cn/ 整理所得。

2．以下表格数据是针对快餐品牌消费者偏好问卷调查的结果统计，请使用数据透视表，分析不同年龄段对快餐品牌的选择。

序号	性别	年龄层	学历	最熟悉	了解途径	进餐原因	价格
1	女	20	高中	麦当劳	电视广告	氛围	适中
2	女	20	高中	肯德基	电视广告	口味	适中
3	女	20	高中	肯德基	电视广告	口味	适中
4	男	40	高中	麦当劳	报刊广告	口味	适中
5	女	40	大学	永和豆浆	其他	其他	适中
6	男	50	大学	荣华鸡	朋友介绍	口味	适中
7	女	40	高中	肯德基	朋友介绍	服务	很贵
8	女	50	小学	永和豆浆	看到	价格	适中
9	女	50	高中	永和豆浆	报刊广告	氛围	较贵
10	女	50	大学	永和豆浆	电视广告	口味	较贵
11	男	50	高中	肯德基	电视广告	品牌	较贵
12	女	40	高中	麦当劳	电视广告	氛围	较贵
13	女	40	高中	肯德基	朋友介绍	服务	适中
14	女	50	小学	永和豆浆	看到	价格	适中
15	男	20	高中	麦当劳	电视广告	口味	适中
16	男	30	大学	肯德基	电视广告	口味	适中
17	女	50	初中	永和豆浆	报刊广告	口味	适中
18	男	70	初中	永和豆浆	朋友介绍	口味	适中
19	男	50	大学	永和豆浆	朋友介绍	便捷	适中
20	女	50	大学	麦当劳	电视广告	口味	较贵

【参考文献】

[1] 周庆麟，胡子平．Excel 数据分析思维、技术与实践［M］．北京：北京大学出版社，2019．

[2] 邓维斌，等．SPSS 统计分析实用教程［M］．3 版．北京：电子工业出版社，2023．

第六章 Chapter 6 论文的设计方案与论文论证方法

学习目标

知识目标：理解研究问题提出的背景、依据、意义，以及科学性和针对性；掌握论文方案设计的基本方法和主要观点的论证方法，以及摘要、关键词和结论的写作方法；熟悉挖掘创新点的方法，能够从多方面提炼论文的创新点。

能力目标：使学生运用批判思维从多角度结合自己的专业去发现社会经济和民生问题，具备准确地提出毕业论文研究问题和创新点的能力；能灵活地运用宏观经济和微观企业数据、特征事实和典型案例、逻辑关系等方法论证论文的主要观点；独立地按照经管毕业论文写作规范完成论文摘要和结论的写作以及关键词的提炼；综合地结合毕业论文提出的研究问题、创新点、主要论证观点的论证方法设计毕业论文的写作框架和流程。

素质目标：通过引导学生结合国家经济、社会民生、企业发展提炼毕业论文研究问题，培养学生的问题导向意识；通过要求学生以科学严谨的态度提炼毕业论文创新点和主要观点的论证方法，弘扬科学精神和探索精神；通过强调论文结论总结准确、客观原则和学术诚信的重要性，培养学术实事求是的精神；通过引导学生利用批判性思维和发散思维挖掘毕业论文的创新点，强调创新性对毕业论文的重要性，培养学生的创新精神和创新意识。

第一节 研究问题的提出

在经管类毕业论文的撰写过程中，提出一个明确、具有研究价值的问题是整个研究过程的核心。研究问题包括理论研究问题和实践研究问题，本节阐述了研究问题提出的背景、依据与意义，以及其科学性和针对性，旨在帮助学生在毕业论文写作时提出一个合适的研究问题，指导毕业论文的研究方向，确保毕业论文具有一定的学术价值和实践意义。

一、研究问题提出的背景、依据与意义

1. 研究问题提出的背景

（1）学术背景。在相关领域的研究中，以往的学者们已经对某个问题或现象进行了广泛的探讨，并提出了相关理论或模型。这些研究成果为毕业论文写作提供了丰富的学术资源和理论支持，同时也在某些方面还存在一些未解决的问题，或者研究的空白和不足，以此为毕业论文写作提供了新的研究方向和思路。

如在研究“茶叶出口竞争力”毕业论文时，可以发现大部分学者采用实证分析法分别从国家层面和省级层面的茶叶出口现状和竞争力进行研究分析，但是在两个省份之间的对比研究则比较欠缺。因此，借助这个学术背景资料，可以将湖南省和浙江省之间的茶叶出口竞争力进行对比，对欠缺的部分加以补充。

（2）现实背景。随着社会、经济、科技等的发展，某个问题或社会现象近年来引起了广泛关注，对人们的生活、社会经济产生了深远的影响。因此，对这个问题或现象进行深入的研究具有重要的现实意义，以便更好地解决这个问题。

同例，在研究“茶叶出口竞争力”毕业论文时，可以发现自 2019 年新冠疫情暴发以来，湖南省茶叶出口一直处于低迷状态。针对此现象，2022 年 7 月 28 日，湖南省颁布了《湖南省茶产业发展促进条例（草案）》健全茶产业发展。但据国家统计局统计，2020 年湖南省共生产茶叶 25 万吨，产茶量居全国第五位，其出口量却只有 4.16 万吨，占全国茶叶出口总量的 11.2%。而浙江省 2020 年产茶量共 17.7 万吨，居全国第七位，其茶叶出口量却高达 15.08 万吨，占茶叶出口总量的 40.8%。因此，借助此现实背景数据，可以发现湖南省作为产茶大省，其出口量却远远低于浙江省这个问题，所以可以深入比较分析湖南省和浙江省的茶叶出口竞争力，找出湖南省茶叶产业发展的不足。

2. 研究问题提出的依据与意义

（1）理论意义的阐述。理论意义可以从学术贡献、学术空白填补和学术进步促进三个方面进行阐述。从学术贡献方面，阐述毕业论文研究如何为所在领域或学科带来新的见解、理论或模型，以及该研究是否对已有理论进行了补充、修正或挑战。从学术空白填补方面，指出毕业论文研究如何填补了当前学术研究的空白或不足，是否有某些问题或现象尚未得到充分的探讨。从学术进步促进方面，阐述毕业论文研究是否促进了学术界新的讨论观点，是否引发了新的研究方向或视角。

（2）实践意义的阐述。实践意义可以从现实问题解决、应用前景和政策建议三个方面进行阐述。从现实问题解决方面，阐述毕业论文研究是否针对某个现实问题提出了解决方案或策略，这些方案或策略是否具有一定的可操作性和可行性。从应用前景方面，阐述研究成果在实际应用中的前景，是否能够为相关行业、组织或社会带来实际的好处或改变。从政策建议方面，阐述毕业论文研究成果是否能够为政策制定者提供有价值的参考或建议。

二、理论问题的提出

1. 理论问题具备的特点

（1）明确性。理论问题应该具体、明确地表达，避免模糊或含糊地表述。

（2）创新性。理论问题应该具有一定的创新性，能够填补当前学术研究的空白或不足。

（3）可研究性。理论问题应该具有可研究性，即可以通过科学的方法进行研究和验证。

2. 理论问题提出的方法

（1）文献综述分析法。通过广泛阅读相关领域的文献，了解当前研究的前沿动态、主要观点和未解决的问题。在此基础上，运用批判性思维分析现有研究的不足、矛盾或空白点，从而提出新的研究问题。

如在研究“山东省出口贸易”时，通过文献综述发现，大多数研究集中研究了山东省农产品出口贸易现状、存在问题和对策分析，但较少关注山东省玻璃出口贸易。基于此，可以提出“山东省玻璃出口竞争力分析”这一新的理论研究问题。

（2）政策与法规影响分析法。关注国家和地方的政策法规变化及其对经济管理的影响，分析政策实施过程中的问题和挑战，提出相关政策研究问题。

如在研究“影响山东省玻璃出口竞争力指数的因素”时，可以关注近年来我国以及山东省出台的一系列对于玻璃出口扶持政策的数量，分析扶持政策数量的多少对于山东省玻璃出口竞争力的影响。基于此，可以提出“政府扶持力度对山东省玻璃出口竞争力的影响”这一理论研究问题。

（3）结合定量和定性分析。在提出理论问题时，可以结合定量和定性分析的方法，对研究对象进行更深入的研究和探讨。定量分析法可以使人们对研究对象的认识进一步精确化，而定性分析法则可以对研究对象进行“质”的方面的分析。

如在研究“山东省玻璃出口竞争力分析”中，对出口竞争力的内涵和定义属于定性分析法，对山东省玻璃出口竞争力的指标测算属于定量分析法。

（4）跨学科研究。鼓励跨越传统学科界限，寻找经济管理与其他学科（如信息技术、心理学、社会学等）的交叉点，从新的视角审视经济管理问题，提出创新性的研究问题。

如论文《心理所有权对顾客公民行为的影响——基于感知支持和社交焦虑的调节作用》，在提出的理论问题“心理所有权对顾客公民行为的影响”中，研究顾客公民行为属于管理学科范畴问题，提出的影响因素心理所有权、感知支持、社交焦虑属于心理学科理论视角，以此为研究顾客公民行为的影响因素问题提供了新的研究思路。

三、实践问题的提出

1. 实践问题具备的特点

（1）针对性。实践问题应针对具体领域或行业中的实际问题，避免过于宽泛或抽象。

（2）可行性。所提问题应具有可操作性，能够通过实证研究等方法进行验证。

（3）创新性。在已有研究的基础上，提出新的问题或新的研究角度，体现研究的创新性和价值。

2. 实践问题提出的方法

（1）实地调研与访谈法。通过实地调研和访谈，深入了解企业、市场、消费者等各方的实际需求和问题，获取第一手资料，为提出实践研究问题提供基础。

如在研究“乡村振兴战略下农村电商的发展路径”时，可以深入农村地区进行实地调研，与农村电商从业者、农户、政府官员等进行访谈，了解农村电商发展的现状、瓶颈和需求。基于调研结果，学生可以提出“乡村振兴战略背景下农村电商发展的模式创新与实践路径研究”这一实践研究问题。

（2）企业案例分析法。选取具有代表性的企业或项目案例进行深入分析，通过实践反思，发现企业在运营过程中遇到的问题、解决策略及其效果。基于案例分析，提炼出具有普遍意义的研究问题。

如在研究“供应链金融在中小企业融资中的应用”时，可以选择几个成功应用供应链金融解决融资难题的中小企业案例进行分析，通过案例研究可以观察供应链金融如何帮助企业优化资金流、降低融资成本等。基于此，学生可以提出“供应链金融模式下中小企业融资效率提升的关键因素研究”这一实践研究问题。

（3）数据驱动的问题发现法。利用大数据分析、数据挖掘等技术手段，对海量经济数据进行处理和分析，发现数据背后的规律和趋势，从而提出具有实践意义的研究问题。

如在研究“消费者网购行为的影响因素”时，可以利用电商平台提供的交易数据、用户行为数据等，进行数据挖掘和统计分析，通过分析数据可能发现某些特定因素（如商品价格、促销活动、用户评价等）对消费者网购行为有显著影响。基于此，学生可以提出“基于大数据分析的消费者网购行为影响因素及预测模型研究”这一实践研究问题。

四、研究问题的科学性与针对性

1. 研究问题的科学性

（1）基于理论框架。研究问题应基于相关学科的理论框架，确保问题具有扎实的理论基础。学生应深入阅读和理解相关领域的文献，并应用理论框架来构建对应的研究问题。

（2）逻辑清晰。研究问题应具有清晰的逻辑结构，包括问题的前提、核心内容和预期目标。这有助于学生明确研究路径，并确保研究的连贯性和系统性。

（3）可验证性。研究问题应具有可验证性，即问题可以通过实证研究等方法进行验证。学生应确保所提问题可以通过数据收集、案例分析等手段得到解答。

2. 研究问题的针对性

（1）具体明确。研究问题应具体明确，避免过于宽泛或模糊。学生应关注具体的研究对象、研究内容和研究方法，确保问题具有明确的指向性。

（2）与实际应用相结合。研究问题应具有实际应用价值，能够解决现实生活中的问题或满足实际需求。学生应关注行业或社会的热点问题，将研究问题与实际应用相结合。

（3）创新性。在已有研究的基础上，提出新的问题或新的研究角度，体现研究的创新性和价值。学生应关注前沿领域和新兴技术，提出具有创新性的研究问题。

3. 研究问题科学性与针对性的方法

（1）深入调研。学生应对相关文献和实际案例进行深入调研，了解相关领域的研究现状和发展趋势，明确研究问题的科学性和针对性。

（2）不断反思和调整。在研究过程中，学生应不断反思和调整所研究问题，确保问题始终符合科学性和针对性的要求。如果发现研究问题存在缺陷或不足，应及时进行修正和完善。

第二节 解决问题的方案设计

在毕业论文的撰写过程中，解决问题的方案设计是毕业论文的关键环节。本节主要阐述了研究思路与流程的设计、研究内容与框架的设计、研究方法的选择与设计、研究资料的选取与准备、方案设计中的常见问题及解决思路，旨在帮助学生在毕业论文写作时设计合理的解决问题的方案，确保毕业论文逻辑性和连贯性。

一、研究思路与流程设计

1. 提出研究问题

（1）确定研究领域。学生需要结合所学专业明确自己感兴趣或需要研究的经管类领域，如国际经济与贸易、跨境电子商务、市场营销、财务管理、人力资源管理等。

（2）识别研究缺口。识别研究缺口可以从文献资料分析和实践观察分析两个方面入手。学生可以系统回顾与研究领域相关的近五年的国内外文献（中文文献至少 15 篇，英文文献至少 5 篇），总结该研究的贡献与不足，了解该领域的发展现状、趋势以及存在的问题。除此之外，学生也可以通过实践观察，结合实习工作经验或实地调研，观察和分析在实践中存在的问题。

（3）明确研究目的与意义。基于研究背景和缺口，明确毕业论文的研究目的，即希望通过研究解决什么问题，达到什么目标。同时，分析研究问题的理论意义和实践意义。理论意义在于能否为相关领域提供新的见解或理论贡献，实践意义在于能否为实际问题的解决提供指导或建议。

（4）构建研究问题。将研究目的转化为具体、明确的研究问题。研究问题应具有可操作性，不宜过大、过难或者无法获得足够的数据支持，即能够通过研究得到解答。

2. 分析问题

（1）明确研究问题的核心要素。首先，要明确研究问题的具体对象，如某个行业、企业、市场、消费者群体等。其次，识别出研究问题中的关键变量，包括自变量（影响因素）和因变量（受影响的结果）。最后，明确自变量和因变量之间的关系，即研究要探讨的是什么因素如何影响什么结果。

（2）构建理论框架。通过系统回顾与研究问题相关的文献，了解前人的研究成果、研究方法和研究结论。这有助于确定研究的起点和基础，避免重复研究，并发现新的研究视角和切入点。同时，基于文献回顾，构建研究问题的理论框架，这可以是一个模型、一个假设或一个理论框架图，用于指导后续的研究设计和数据分析。

（3）确定研究方法。根据研究问题的性质和假设的检验需求，选择合适的研究方法。这可能包括定量研究（如问卷调查、实证检验等）或定性研究（如典型案例研究、特征事实分析等）。

（4）数据收集与分析。根据确定的研究方法明确研究所需的数据类型和来源。数据可以来自问卷调查、访谈、二手数据、实验等，确保数据的可靠性和有效性是研究质量的关键。同时，运用适当的统计或定性分析方法对收集到的数据进行分析，分析应该旨在验证假设，揭示变量之间的关系，并解答研究问题。

3. 解决问题

（1）解释结果与讨论。基于数据分析的结果，解释研究发现，包括确认或拒绝假设，以及阐述结果对研究问题的意义。同时，将研究结果与文献中的其他研究进行比较，讨论研究的贡献、限制和未来研究方向。

（2）提出解决方案与建议。基于研究结果提出研究问题的具体解决方案或建议，这些建议直接针对该研究问题。也可以从实践意义出发，讨论研究结果对实践的意义，以及可能的政策或管理建议。

举例

假设论文研究的主题是"社交媒体营销对企业品牌忠诚度的影响"，具体的研究思路与流程设计如下：

研究步骤	研究思路	研究内容
提出问题	确定研究领域和研究背景	市场营销中社交媒体营销
	识别研究缺口和明确研究意义	通过文献综述和实践观察，学生发现虽然社交媒体营销受到广泛关注，但关于其对企业品牌忠诚度影响的研究尚不深入
	构建研究问题	社交媒体营销如何影响企业品牌忠诚度？
分析问题	明确研究问题的核心要素	自变量是社交媒体营销，因变量是企业品牌忠诚度
	构建理论框架	基于文献综述，提出社交媒体营销影响品牌忠诚度的理论基础和假设。例如，假设社交媒体营销通过增强品牌认知、提高品牌信任、促进口碑传播方式影响品牌忠诚度
	研究方法确定与数据分析	在理论框架的基础上，设计实证研究方案，包括数据收集方法（如问卷调查、社交媒体数据分析等）、数据分析方法（如统计分析、结构方程模型等），以验证理论假设和模型的有效性
解决问题	解释结果与讨论	通过数据分析可知，社交媒体营销可以通过增强品牌认知、提高品牌信任、促进口碑传播方式影响企业品牌的忠诚度。
	建议与对策	根据研究结果，提出加强品牌与消费者的互动、提升品牌信任度、优化社交媒体传播功能来提高消费者对企业品牌的忠诚度

二、研究内容与框架的设计

1. 绪论部分

（1）研究背景。首先，通过查阅相关领域的学术文献、行业报告、政策文件、新闻报道等了解该领域的历史发展、现状和未来趋势，并将收集的资料按照时间顺序、逻辑结构或问题类别进行整理，提炼出与研究主题密切相关的内容。其次，通过整理的数据、行业报告、政策文件等资料描述当前领域或行业的整体状况，包括市场规模、竞争格局、技术进步、政策环境等方面。最后，基于背景资料的描述和分析，指出当前存在的主要问题、挑战或不足，引出毕业论文需要研究的主要观点。

（2）研究意义。研究意义的撰写分为理论研究意义和实践研究意义。理论研究意义主要从三个方面进行撰写。第一，丰富理论体系。说明论文研究如何丰富或拓展现有经济管和管理论体系的某个方面。第二，验证或修正理论。如果论文研究涉及验证或修正某个现有理论，详细阐述该研究如何做到这一点，并指出其重要性。第三，提出新理论或新视角。说明你的研究是否提出了新的理论框架、模型或视角，以及对学术界的贡献。实践研究意义主要从三个方面进行撰写。第一，解决实际问题。阐述论文研究如何帮助企业、政府或其他组织解决实际问题，如提高运营效率、降低成本、增强竞争力等。第二，指导政策制定。如果论文研究涉及政策分析或建议，强调其对于政策制定者的参考价值，以及可能带来的社会经济效益。第三，推动行业发展。说明论文研究如何推动经济管理领域的某个子领域或整个行业的发展，促进技术创新、市场扩展等。

（3）国内外研究动态。首先，筛选和整理国内外相关文献。根据研究主题确定好需要筛选和整理的国内外文献，利用学术数据库，如 CNKI、万方、维普、Web of Science、Google Scholar 等，输入关键词进行文献检索，刷选和整理相关文献。其实，根据筛选和整理的国内外文献进行分类，按照分类的结果分段概述国内外研究现状，主要从以下三个方面进行概述。第一，概述主要研究成果。总结国内在该领域的主要研究成果，包括理论创新、实证研究、政策建议等。第二，分析研究方法。归纳国内学者采用的主要研究方法，如案例研究、实证研究、文献综述等。第三，指出研究不足。指出国内研究在哪些方面存在不足，如研究深度不够、数据样本有限、理论框架不完善等。最后，总结研究动态。根据国内外文献的概述，总结国内外在该领域的主要研究成果和贡献，指出当前研究中的空白领域或待解决的问题，强调论文研究在填补这些空白或解决这些问题方面的意义和价值。

（4）可能的创新点。根据研究动态的总结，可以从以下四个方面提炼毕业论文的可能创新点。第一，理论创新和理论拓展。在总结已有理论的基础上，尝试构建新的理论模型或框架，以便更好地解释现象、预测趋势或指导实践；或者对现有理论进行补充、修正或拓展，使其更具普适性和解释力。第二，方法创新。引入新的数据分析方法、新的数据衡量标准、新的研究方法等，进行深入的实证分析，提高研究的准确性和效率。第三，跨学科融合。结合其他学科的研究方法和研究理论，进行跨学科研究，形成新的研究视角和思路。第四，视角创新。从文化、制度、社会等角度审视经济管理问题，揭示其背后的深层次原因和规律；或者将国内外、不同行业或不同时期的比较研究，发现差异性和共性，提出新的见解和解决方案。

2. 现状分析

（1）明确现状分析的范围。明确论文的研究主题界定分析范围，明确现状分析的时间跨度、地域范围、行业领域等，以便有针对性地收集资料和数据。

如毕业论文的研究主题为“五菱汽车出口贸易”，则其现状分析应该围绕的是“五菱汽车出口贸易现状”，因此，需要收集的资料的时间跨度为近五年，地域范围为五菱汽车对国外的贸易，行业领域属于汽车行业。

（2）划分现状分析的类目。围绕现状分析的范围，根据该行业所需要概括的整体发展情况，细分现状分析的类目。一般经管类论文包括市场规模、增长速度、竞争格局、政策环境等。

如“五菱汽车出口贸易现状分析”可以将其现状分析细分到市场规模（分析其出口贸易规模、主要出口市场、出口产品结构）、竞争格局（分析其主要竞争对手）、政策环境（分析汽车出口政策扶持和汽车出口贸易壁垒）。

（3）广泛收集资料与数据。利用学术数据库、图书馆资源、统计年鉴、行业报道、企业年报等专业网站等渠道，广泛检索与细分类目相关的统计数据、案例资料、政策文件等，确保数据的准确性和时效性。

如根据五菱汽车出口贸易现状分析的细分类目，出口贸易规模需要收集的资料有五菱汽车近五年的出口量和出口额，并计算其增长率；主要出口市场需要收集的资料有五菱汽车近五年主要出口的国家，一般列出5～10个主要出口国，根据出口额排名进行分析；出口产品结构需要收集的资料有五菱汽车近五年出口的主要产品，并计算各种产品所占比例同时进行分析；主要竞争对手需要收集的是五菱汽车在汽车产品出口方面国际市场上的主要竞争对手，并列出其对手的市场占有率同时进行分析；汽车出口政策环境需要查找近五年中国汽车出口的扶持政策，以及五菱汽车主要出口市场的出口贸易壁垒同时进行分析。

（4）分点撰写现状分析。对收集的数据进行清洗、整理和分析，分点归纳总结出现状的主要特点，概括其现状。

3. 核心研究内容的确定

（1）明确研究内容和研究问题。学生选择研究方法前需要明确自己的研究内容和研究问题，研究内容是指论文将要探讨的主题或领域，而研究问题则是具体要解答的疑问或假设。明确这两点有助于学生根据具体的问题找到合适的研究方法设计论文的主要部分。

（2）选择合适的研究方法。在选择研究方法时，学生应考虑以下因素：第一，研究问题的性质。研究问题是描述性还是解释性问题，不同性质的问题需要不同的研究方法。一般描述性问题适合定性分析，常用的方法有案例分析；解释性问题适合定量分析，常用的方法有统计分析（回归分析、相关分析等）。第二，数据可获取性。在选择研究方法时需要考虑数据收集的难度和成本，不同的研究问题和研究领域选择的数据性质。对于经管类论文，研究的对象不同，则其数据性质也不同，研究微观企业一般选择问卷调查数据或者企业财务报告等微观数据，研究对象为省份和国家时一般会选择统计年鉴等公布的宏观数据。微观数据如果数据量不够大一般适合定性分析，宏观数据如果数据量较大，比较适合定量分析（如果微观数据有足够多的数据作为支撑也能选择定量分析，而宏观数据如果收集的数据量不够充足，也只能选择定性分析）。第三，个人兴趣和能力。学生可以根据大学四年所熟悉和感兴趣的研究方法去解决对应的研究问题，这有助于高效地完成其毕业论文。第四，时间和资源限制。一般而言定量分析需要大量的数据样本，这使得收集数据需要花费大量的时间，因此要确保有足够的时间撰写毕业论文。

例如，当毕业论文的研究主题为“五菱汽车出口贸易研究”时，该研究问题是一个描述性问题，而研究对象为微观企业五菱汽车，因此其数据选择主要为五菱汽车企业和调查问卷的微观数据，数据选择比较有限，数据量不够大，所以，适合定性分析。当毕业论文研究主题为“出口退税对我国农产品出口贸易的影响研究”时，该研究问题为解释性问题，而研究对象为宏观经济问题，数据能通过统计年鉴、海关等官方网站收集10年甚至20年的数据，而且还可以收集我国不同省份出口到不同国家、不同年份的农产品出口数据，数据量够大，所以，适合定量分析。

（3）根据研究方法设计研究内容。根据确定的研究方法，设计毕业论文主要研究内容。一般而言，选择定性分析的研究方法，研究内容主要通过调查问卷、案例分析等方法去探讨其存在的问题、存在问题的原因、对策和挑战分析、竞争力分析、发展趋势分析等。选择定量的研究方法，研究内容主要通过相关性分析、回归分析等方法去验证两个事物之间的相关性、因果关系。

如当毕业论文研究主题为“五菱汽车出口贸易研究”时，如果收集的数据量不大，选择定性分析，那么主要研究内容有五菱汽车出口存在的问题及其原因分析、提高五菱汽车出口贸易的对策、五菱汽车出口贸易的发展趋势、五菱汽车出口竞争力分析。如果收集的数据量大，也可以选择定量分析，那么主要研究的内容可以是五菱汽车出口贸易的影响因素研究，或者某某因素对五菱汽车出口贸易的影响研究。

4. 研究结论与讨论

（1）回顾研究问题。在研究结论撰写开头简要回顾研究的问题和主要内容，为读者提供上下文。

（2）解读主要发现。首先，根据具体的定性分析或定量分析结果按照研究结果的重要性或逻辑性进行排序，逐一解读每个发现。其次，结合现有的理论框架或先前的研究，对研究结果进行合理解释。

（3）探讨限制与不确定性。指出研究方法、样本容量、数据收集等方面的限制，分析这些限制对研究结果的影响，并且探讨研究结果的不确定性，分析不确定性的来源和可能的解决方案。

（4）对比与补充。将本研究结果与先前的研究进行对比，分析异同点及其原因，对正文中的观点或结论进行补充说明，使观点更加清晰明了。深入讨论研究结果对领域知识、实践应用或政策制定的潜在影响，探讨研究结果可能引发的进一步思考或问题。

三、研究方法的设计与选择

1. 研究方法设计的原则

（1）适切性原则。研究方法应与研究问题和目标相适切，能够有效地回答研究问题，实现研究目标。

如在论文《心理所有权对顾客公民行为的影响——基于感知支持和社交焦虑的调节作

用》中，为论证心理所有权对顾客公民行为的影响，选择了调查研究方法，通过322份问卷收集了心理所有权、防御性心理所有权、感知支持、社交焦虑以及顾客公民行为相关数据进行分析论证。而在论文《数字技术跃迁与企业全要素生产率——从自动化到智能化的比较分析》中，为论证数字技术跃迁对企业全要素生产率的影响，选择了比较分析法，通过对比自动化和智能化两种水平对企业全要素生产率的影响差异来揭示数字技术跃迁与企业全要素生产率的关系。

（2）可行性原则。研究方法应具有可行性，能够在现有条件下实施，并获取所需的数据和信息。

（3）科学性原则。研究方法应遵循科学研究的规范和要求，确保研究结果的可靠性和有效性。

2. 研究方法设计的步骤

（1）明确研究问题。要明确研究问题，确定研究的目标和范围，这是选择和设计研究方法的基础。

（2）文献回顾。通过回顾相关文献，了解已有研究的方法和成果，为选择和设计研究方法提供参考。

（3）确定数据类型。根据研究问题和目标，确定所需的数据类型，如定量数据、定性数据或混合数据。

（4）选择研究方法。根据数据类型和研究问题的特点，选择合适的研究方法。常见的研究方法包括实证研究、调查研究、案例研究、文献分析等。

（5）设计研究方案。在确定研究方法后，需要设计详细的研究方案。

3. 研究方法的选择

（1）文献综述法。通过对已有文献的系统性回顾与分析，总结前人的研究成果、理论框架、研究方法及存在的不足，为当前研究提供理论基础和研究方向。此方法有助于明确研究问题，避免重复劳动，并找到研究的创新点。

（2）实证研究法。包括定量研究和定性研究两种形式。定量研究是运用统计和数学方法对收集的数据进行量化分析，以揭示变量之间的关系、预测趋势或验证假设。常用的方法有回归分析、因子分析、结构方程模型等，这种方法强调客观性和可重复性。定性研究是指通过深入访谈、案例研究、观察等方法，对研究对象的内在特性和过程进行理解和解释。它侧重于深入理解复杂现象背后的原因、动机和机制，适用于探索性研究和理论构建。

（3）案例研究法。选取一个或多个典型案例进行深入剖析，通过详细描述和分析这些案例的背景、过程、结果等，来探讨一般性的管理原理或经济规律。案例研究可以是单案例或多案例，能够提供丰富的情境信息，帮助理解复杂的社会经济现象。

（4）比较研究法。通过对比不同国家、地区、企业、政策等之间的差异，分析影响这些差异的因素，揭示普遍规律和特殊现象。比较研究有助于拓宽研究视野，深化对经济管理问题的理解。

（5）调查研究法。通过问卷、访谈、观察等方式收集第一手资料，了解研究对象的现状、态度、行为等。调查研究法能够获取大量数据，适用于描述性研究和探索性研究。

4. 研究方法的选择依据

（1）研究问题的性质。不同性质的研究问题需要采用不同的研究方法。

如因果关系研究通常采用实证研究方法，而现状调查则适合采用调查研究方法。

（2）数据的可获得性。不同研究方法所需的数据类型和数据来源不同。在选择研究方法时，需要考虑数据的可获得性和质量。

（3）研究资源的限制。研究方法的选择还需要考虑研究资源的限制，如时间、人力、物力等。在有限资源下，需要选择既符合研究要求又经济可行的方法。

四、研究资料的选取与准备

1. 研究资料选取的原则

（1）针对性原则。研究资料的选取应紧密围绕研究主题和目的，确保所收集的资料能够直接支持研究问题的解答。

（2）全面性原则。研究资料选取应覆盖相关领域的各个方面，包括理论、实证、现状等，以确保研究的全面性和深度。

（3）可靠性原则。研究资料来源应可靠、权威，避免使用未经证实的资料或数据，以确保研究结果的准确性和可信度。

（4）时效性原则。研究资料选取中应充分考虑时效性，尽可能收集最新的研究成果和数据，以反映当前领域的最新动态和发展趋势。

2. 研究资料的来源与收集

（1）学术数据库。如 Google Scholar、Web of Science、CNKI 等，这些数据库提供了大量的学术论文、期刊文章和会议论文等资源，是获取研究资料的重要途径。

（2）图书馆资源。图书馆是获取研究资料的重要场所，包括纸质图书、期刊、报纸、学位论文等。此外，许多图书馆还提供电子资源和在线服务，方便研究者进行资料检索和下载。

（3）专业网站和论坛。针对特定领域或专业的网站和论坛，往往提供了丰富的行业报告、技术文档、案例分析等资料，是获取专业信息的重要来源。

（4）实地调查和访谈。对于某些需要深入了解的问题，可以通过实地调查和访谈的方式收集一手资料。这种方式能够获取更加真实、生动的信息，为研究提供有力的支持。

3. 研究资料的整理与分析

（1）资料分类。将收集的资料按照不同的类别进行整理，如理论资料、实证资料、历史资料等，以便于后续的分析和引用。

（2）资料筛选。在资料整理的过程中，需要根据研究主题和目的进行筛选，去除与研究无关或重复的资料，保留有价值的资料。

（3）资料提炼。对于有价值的资料，需要进行进一步的提炼和总结，提取出其中的核心观点、论据和数据等信息，为后续的论文撰写提供素材。

（4）资料分析。在资料整理和分析的过程中，可以采用各种分析方法，如统计分析、比较分析、内容分析等，对资料进行深入的分析和解读，以揭示其中的规律和趋势。

五、方案设计中的常见问题及解决思路

1. 常见问题

（1）研究思路不清晰。学生在毕业论文撰写过程中，对于研究问题概念模糊、研究方法掌握混乱、研究步骤无序以及预期结果判断不明确等，导致整个研究思路缺乏条理性和方向性。

（2）研究框架不合理。学生在构建论文结构时，未能根据研究问题和研究目的合理地安排论文的各个部分和章节，导致论文结构不完整、逻辑不连贯、内容重复或缺失。

（3）研究方法不恰当。学生在毕业论文研究过程中，所选用的研究方法与研究问题、研究目的或研究对象不匹配、所选方法过于复杂或简单不适合所研究的具体情境、方法操作不当等导致研究结果的可信度和有效性受到影响。

（4）研究资料准备不充分。学生在毕业论文撰写前，未能全面、系统地收集、整理和分析与研究问题相关的文献资料、数据资料或其他形式的资料，导致论文内容单薄、论据不足。

2. 解决思路

（1）梳理研究思路。重新审视和界定研究问题，确保问题具体、明确且具有研究价值。并且广泛阅读相关领域的文献，特别是近五年的高质量论文和综述文章，通过文献调研了解研究现状、前沿动态和存在的研究空白，以此梳理出清晰的研究思路。

（2）优化研究框架。首先，清晰界定论文各部分的内容和功能，如引言、文献综述、研究方法、结果分析、讨论与结论等，确保各部分内容紧密相关、相互支撑且共同服务于研究主题。其次，合理安排论文的章节和段落结构，确保逻辑连贯、条理清晰，使整篇论文形成一个有机的整体。

（3）选择适合的研究方法。首先，加强毕业论文相关方法论的学习，了解不同研究方法的适用范围、优缺点及操作步骤。其次，根据研究问题的性质、研究目的和研究对象的特点，有针对性地选择最合适的研究方法。

（4）明确研究资料需求。首先，根据研究问题和研究目的，详细列出所需要收集、整

理和分析的各类资料，包括文献资料、数据资料、案例资料等。其次，确定各种资料的主要来源渠道，如图书馆、学术数据库、专业网站、实地调查等，确保所需资料能够收集充分。

第三节 主要观点的论证方法

在经管毕业论文的撰写过程中，主要观点的论证方法是毕业论文的核心部分。本节主要从数据、特征事实、典型案例、逻辑关系阐述主要观点的论证方法，旨在帮助学生在毕业论文写作时根据论文主要观点找到合适论证方法进行论证，确保毕业论文具有一定的说服力和学术价值。

一、使用数据进行论证

1. 明确论文观点

基于研究问题、研究背景、文献综述、数据分析等得出的清晰、明确，并能够概括论文的核心观点或假设。

2. 收集和整理相关数据

根据毕业论文需要论证的主要观点与假设，通过阅读以往论文对相似观点衡量指标的数据，收集与论文观点相关的数据，并对收集的数据进行筛选和整理，以确保它们与论文观点直接相关。可以去除与主题无关的数据，或者只选取与主要观点最相关的部分。数据的来源应该可靠，如学术数据库、政府工作报告、统计年鉴、行业报告等，在收集数据时，要确保数据的准确性和时效性。

3. 数据分析和结果展示

使用适当的数据分析方法，如描述性统计、相关性分析、回归分析、聚类分析、比较分析等来解读数据并提取关键信息，以此帮助发现数据中的分布和趋势。同时将数据分析的结果以柱状图、折线图、饼图、表格等方式清晰地展示，并且对与主要观点论证的重要数据进行详细的说明，以此来论证论文的主要观点。

4. 讨论结果和提出对策

除了简单地展示数据结果，还需要深入地对数据进行解读和讨论。这包括解释数据背后的原因、分析可能存在的局限性、讨论结果的普适性和应用性等，并且根据数据分析的结果的讨论，得出结论后提出相对应的对策。

举例

假设论文研究的是“互联网发展对农产品出口贸易的影响”，使用数据进行论证的具体方法如下。

1. 明确论文观点

论文需要论证的主要观点可能是互联网发展对农产品出口贸易具有正向促进作用。其中，核心解释变量是“互联网发展”，被解释变量是“农产品出口贸易水平”。

2. 收集和整理相关数据

首先，根据论文需要论证的主要观点，收集衡量“互联网发展”和“农产品出口贸易水平”两个主要指标的相关数据。其次，通过现有文献中关于互联网发展可以使用“互联网普及率”数据进行衡量，农产品出口贸易水平可以用“农产品出口总额”进行衡量。最后，可以在中国统计年鉴、海关查询到互联网普及率和农产品出口贸易总额的数据并进行收集整理。

3. 数据分析和结果展示

根据需要论证互联网发展与农产品出口贸易之间的相关性，可以采用相关性数据分析方法对收集的数据分析后进行说明。例如，通过相关性分析结果可以发现，互联网发展的相关系数为 0.644，表明互联网普及率每提高 1%，对农产品出口贸易总额平均增加 0.644%。

4. 讨论结果和提出对策

通过数据结果可知，互联网发展对农产品出口贸易有正向促进作用。因此，为提高我国农产品出口贸易，可以优化全国各区域的互联网基础设施建设，提高互联网的普及率。为持续增强农产品出口贸易的竞争力，建议应重点加强西部和东北部农产品出口大省的互联网基础设施建设，缩小区域间的互联网发展差距对我国农产品出口贸易的影响。

二、使用特征事实进行论证

1. 明确论文观点

基于研究问题、研究背景、文献综述、数据分析等得出的结论清晰、明确，并能够概括论文的核心观点或假设。

2. 收集与筛选特征事实

（1）数据收集。围绕论文观点，广泛收集相关数据、案例、研究报告或行业分析。数据来源可以包括政府统计数据、企业年报、行业报告、学术文献、市场调研等。

（2）筛选与整理。从收集的资料中筛选出与论文的观点紧密相关、具有代表性和显著性的特征事实，这些事实应当能够直接或间接支持论文的主要论点。

3. 运用特征事实进行论证

运用特征事实进行论证可以选用直接论证和间接论证两种方法。直接论证是指引用特征事实的、具体的数据或案例来论证论文的主要观点。间接论证是指通过对比不同情境下的特征事实来论证主要观点。

4. 总结和对策

在论文的最后部分，总结特征事实如何支持论文观点，并针对该结论提出相对应的对策。

举例

假设研究主题为“跨境电商平台的个性化推荐对用户购买意愿的影响”，使用特征事实进行论证的具体方法如下。

1. 明确论文观点

论文需要论证的主要观点是“跨境电子商务平台的个性化推荐能显著提升用户的购买意愿”。

2. 收集与筛选特征事实

根据论文需要论证的主要观点可知，需要筛选的特征事实可能是跨境电子商务平台的个性化推荐功能，因此要选择一个具有代表性的跨境电商平台的个性化推荐功能来进行论证。通过调查了解，近年来发展比较强势且熟知的跨境电商平台有亚马逊（Amazon）、Shopee、Lazada、美客多（MercadoLibre）等，学生可以根据对这些跨境电商平台的熟悉程度和数据的可获取程度，选择一个跨境电商平台的个性化推荐功能来进行论证。

3. 运用特征事实进行论证

根据对特征事实的筛选，可以选用人们比较熟知的亚马逊跨境电商平台的个性化推荐系统对用户购买意愿的影响进行论证。

直接论证：例如可以用亚马逊平台的 A/B 测试数据，显示启用个性化推荐系统后，用户点击率、加购率、转化率等关键指标显著提升，直接证明个性化推荐系统对提升用户购买意愿的积极作用。

间接论证：可以对比亚马逊跨境电商平台在启用个性化推荐系统前后，用户行为数据的变化（如浏览深度、停留时间、购买频率等），以及用户满意度调查结果的差异，通过对比强调个性化推荐系统的重要性。

4. 总结和对策

通过特征事实论证可知，跨境电商平台的个性化推荐对提升用户购买意愿是有显著影响的，因此跨境电商平台可以优化个性化推荐功能，更好地促进用户的购买行为。

三、使用典型案例进行论证

1. 明确观点

需要清晰地阐述毕业论文的主要观点或研究假设，这通常是论文的核心问题、结论或政策建议。

2. 选择典型案例

（1）相关性。选取的案例应与论文主题紧密相关，能够直接支持或反驳论文论点。

（2）代表性。案例应具有行业代表性或特殊性，能够反映普遍现象或特殊问题。

（3）数据可获取性。确保能够获取足够的数据和信息来详细分析案例。

3. 案例描述与分析

（1）详细描述案例。介绍案例背景、发展历程、关键事件等，确保读者对案例有全面了解。

（2）数据支撑。利用财务报表、市场份额变化、用户增长等数据，量化展示案例情况。

（3）深入剖析。首先，将论文主要观点或相关理论框架应用于案例分析中，明确说明案例如何体现这些观点。其次，利用案例中的具体数据、事实或证据来支撑主要观点的分析，如财务报表、市场调研数据、访谈记录等。最后，通过逻辑推导，将案例中的现象、问题与主要观点联系起来，形成一条清晰的论证链条。

4. 总结案例启示与提出对策

基于典型案例分析，提炼出一般性的结论或启示，以及对现有理论的补充、修正或新的发现。在总结部分重申论文主要观点，说明案例如何支持或深化这些观点，并提出基于案例分析的建议或对策。

举例

假设研究主题为“酒店员工流失问题及对策研究”，使用典型案例进行论证的具体方法如下。

1. 明确观点

根据研究主题可知，需要探讨的主要观点是总结酒店员工流失的主要问题及提出相对应的对策。

2. 选择典型案例

为了总结酒店员工流失的主要问题有哪些，并提出相应对策，需要选择有员工流失问题且能获取相关酒店数据信息的酒店作为案例分析的对象。例如，学生根据自己的专业知识和对酒店的熟悉度选择了长沙的K酒店作为案例分析的对象。

3. 案例描述与分析

（1）详细描述案例。根据选定的典型案例对象长沙K酒店，对长沙K酒店近五年的员工流失数据进行概括。

（2）数据支撑。设计相对应的调查问卷，对长沙K酒店员工针对薪资福利、晋升机制、奖惩机制、企业文化等主要影响员工流失问题的相关方面进行问卷收集。

（3）深入剖析案例。通过对收集的问卷数据进行结果分析发现，对“酒店发放的薪资比较满意”表示比较不认同及非常不认同的离职员工占样本数的64.2%，对“酒店的薪酬制度比较合理”表示比较不认同及以上的离职员工占样本数的69.14%，对“酒店的晋升机制比较合理”表示比较不认同及以上的离职员工占样本数的62.96%，对“酒店的奖惩制度公平公正”表示比较不认同及以上的占样本数65.43%，对“认为在酒店的未来职业发展前景较好”表示比较不认同及以上的离职员工占样本数的71.61%。综上所述，从薪资福利、晋升机制、奖惩制度和企业文化这四个方面来分析长沙K酒店员工流失问题的原因及对策。

4. 总结案例与提出对策

根据典型案例长沙K酒店员工流失问题分析可知，酒店员工流失问题主要原因有薪资福利满意度不高、晋升机制和奖惩制度不合理、企业文化认同度不高三个原因。因此，提出完善酒店薪酬体系、建立合理奖惩和晋升机制、完善“以人为本”的企业文化理念来减少酒店员工流失。

四、使用逻辑关系进行论证

1. 提出论点

明确论文的研究主题和论文需要论证的主要观点，提出需要论证的论点。准确地提出论点是使用逻辑关系进行观点论证的核心，所有逻辑关系论证都需围绕其展开。

2. 列出论据

在论证之前，分析论文需要论证的主要观点的逻辑结构，列出支持这个论点的论据。

3. 选择逻辑关系进行论证

根据论点和论据，选择合适的逻辑关系来连接论文的论点和论据。在经管类毕业论文中，常见的论点和论据的逻辑关系论证方法有以下几种。

（1）因果论证法。通过分析事物之间的因果关系来论证主要观点。即确定某一因素是导致另一结果的直接原因或主要原因。在经管毕业论文中，可以通过收集数据、引用研究或进行案例分析来展示这种因果关系。如分析电子商务如何通过降低运营成本、提高市场覆盖率等方式促进零售业的转型升级。

（2）对比论证法。通过对比不同对象、情况或时期之间的差异来突出需要论证的主要观点，可以是横向对比论证，也可以是纵向对比论证。如可以对比传统零售业与电子商务环境下的零售业在经营策略、市场表现、顾客体验等方面的差异，以此来论证电子商务对零售业转型升级的积极影响。

（3）归纳论证法。从个别或特殊的事实出发，概括出一般性的结论或规律。在经管类毕业论文中，可以通过多个具体案例或数据分析，归纳出某一普遍的经济规律或市场趋势。如通过分析多家零售企业实施电子商务后的成功转型案例，归纳出电子商务促进转型升级的一般路径。

（4）演绎论证法。从一般性的原理或前提出发，推导出个别或特殊的结论。在经管类毕业论文中，可以从经济学、管理学等学科的普遍原理出发，推导出某个具体行业、市场现象的具体结论。如从交易成本理论出发，推导出电子商务通过降低交易成本来促进零售业转型升级的论点。

（5）假设论证法（也称反证法）。通过假设某个条件为真或假，然后推导出与之矛盾的结论，从而证明原假设的错误或原论点的正确性。如假设没有电子商务的发展，零售业将无法实现有效转型升级，然后通过分析这种假设下的困境和挑战，来反证电子商务对零售业转型升级的必要性。

4. 得出结论和提出对策

基于论据和逻辑关系，得出结论，并根据结论提出相对应的对策和建议。

举例

假设研究主题为“移动支付对居民消费的影响”，使用逻辑关系进行论证的具体方法如下。

1. 提出论点

根据研究主题移动支付对居民消费的影响可知，本论文的论点为“移动支付使用对居民消费有影响”。

2. 列出论据

通过阅读文献，结合经济学、管理学等学科知识，以及分析现实中移动支付使用对居民消费影响的实际情况，可以整理出以下论据：

（1）移动支付促进了网络购物形式的发展，打破了空间和时间的界限，消费者随时随地就可以买到自己心仪的商品，促进了居民消费。

（2）移动支付作为居民消费的支付手段，代替了现金支付，提高了支付结算的效率和降低了资金清算和存储的风险。

3. 选择逻辑关系进行论证

通过对论点和论据的连接可知，本论文需要论证的观点是：移动支付的使用是如何影响居民消费的？由于移动支付使用是一个具体的行为，而影响居民消费的因素属于经济学和管理学普遍的学科原理，因此可以使用从一般到特殊的演绎论证的方法对这一现象进行论证。

经济学中常用收入效应和替代效应分析对消费者需求的影响，结合列出的论据可知，移动支付影响居民的消费存在“替代效应”和“收入效应”。替代效应是指居民用网络消费替代传统消费，用移动支付替代传统的现金支付，这种替代促进了居民的消费行为。收入效应是指移动支付相对于现金支付方式，提高了交易效率，降低了交易费用，导致商品的实际交易价格降低，促进了消费数量。

4. 得出结论和提出对策

根据论证可知，移动支付使用促进居民消费。因此，需要积极推广适用地区的多样化、差异化的移动支付业务，完善中西部地区网络基础设施建设，提高移动支付使用居民使用率，更好的促进居民消费。

五、论文论证中的常见问题及解决思路

1. 常见问题

（1）论证缺乏深度。对研究问题的理解不够深入，导致论证过程浮于表面，未能深入挖掘问题的本质。

（2）论文中的论据不充分。缺乏足够的数据、实例或文献支持，使论证显得单薄无力。

（3）逻辑结构混乱。论文的论证过程缺乏清晰的逻辑结构，段落之间缺乏衔接，论文中的观点、论据和结论之间缺乏明确的逻辑关系，使整个论证过程显得杂乱无章。

（4）研究方法不当。学生采用的研究方法不恰当，无法有效支持论文的论证过程，甚至可能导致研究结果失真。

（5）数据分析不深入。对收集的数据未能进行深入的分析和解读，未能充分揭示数据的内在规律和关联，导致论文的论证过程缺乏有力的数据支撑，使论文的论证结果缺乏说服力。

2. 解决思路

（1）深化对研究问题的理解。教师在指导过程中应引导学生深入阅读相关文献，加深对研究问题的理解。同时，鼓励学生开展实地调查、访谈等实践活动，从实践中获取真实、丰富的论据材料。

（2）优化论文的逻辑结构。教师在指导过程中应帮助学生构建清晰的论文逻辑结构，

明确各个部分之间的逻辑关系。并且，教授学生使用合适的衔接词、过渡句等技巧，使论文的论证过程更加流畅自然。

（3）选择合适的研究方法。教师在指导过程中应根据研究问题的性质和要求，帮助学生选择合适的研究方法。另外，鼓励学生尝试多种研究方法，通过对比分析找到最适合自己论文的研究方法。

（4）加强数据分析能力。教师在指导过程中应教授学生基本的数据分析方法和技巧，如描述性统计分析、因果关系分析等，并鼓励学生使用专业的数据分析软件或工具进行数据分析，提高数据分析的准确性和效率。

（5）加强论文评审和修改。教师在论文评审过程中应重点关注论文的论证过程是否深入、逻辑结构是否清晰、研究方法是否恰当以及数据分析是否深入等方面的问题。针对评审中发现的问题提出具体的修改意见和建议，帮助学生完善论文的论证过程和提高论文质量。

第四节　创新点的挖掘

在经管毕业论文的撰写过程中，创新点的挖掘是毕业论文的亮点和特色所在，它体现了学生在研究过程中的独特贡献和价值。本节主要从研究视角、研究方法、研究问题、研究观点、研究数据、研究对策、研究结论等方面阐述毕业论文创新点挖掘的方法，旨在帮助学生在毕业论文写作时根据论文主题提炼创新点，确保毕业论文具有独特性和新颖性。

一、从研究视角上挖掘创新点

1. 深入分析文献综述

广泛阅读相关领域的文献，了解已有研究的主要观点、方法和结论。识别出研究领域的空白或尚未充分探讨的问题，这些空白可能是论文创新点的来源。

2. 跨学科思考

尝试将不同学科的理论、方法或视角应用到论文研究中，跨学科的研究视角能够带来全新的思考和发现，为论文增添创新元素。

3. 关注现实问题

将研究视角聚焦于当前社会、经济或技术发展中的实际问题，通过解决现实问题，论文将更具实践意义，同时也能在方法论或理论上实现创新。

4. 提出新假设或理论框架

基于对现有文献的综述和对现实问题的思考，提出新的研究假设或理论框架，这些假设或框架应能够解释或预测新的现象，为学术界提供新的视角和见解。

5. 结合个人经验和专业知识

将自己的个人经验和专业知识融入研究中，形成独特的研究视角。让经验和专业知识能够为研究提供独特的见解和发现，增加论文的创新性。

二、从研究方法上挖掘创新点

1. 深入理解研究方法

（1）定义研究方法。研究方法是指研究者进行科学研究时所采用的手段、途径和程序。在毕业论文中，选择合适的研究方法是确保研究有效性和创新性的关键。

（2）了解常用研究方法。如调查法、实验法、观察法、文献研究法等，每种方法都有其独特的适用场景和优缺点。

2. 识别研究方法的局限性

（1）分析现有研究方法的不足。在阅读相关文献时，注意识别已有研究中使用的研究方法是否存在局限性，如样本选择偏差、数据分析方法单一等。

（2）思考这些局限性如何影响研究结果。理解研究方法的局限性，有助于认识到创新研究方法的重要性。

3. 探索新的研究方法或技术

（1）跨学科方法融合。结合不同学科的研究方法，如将社会科学的研究方法与自然科学的技术手段相结合，以获取更全面、深入的研究数据。

（2）引入新兴技术。利用大数据、人工智能、机器学习等新兴技术来收集、处理和分析数据，以提高研究的准确性和效率。

三、从研究问题及原因上挖掘创新点

1. 深入理解研究问题

（1）明确研究问题的范围。确保论文的研究问题具有明确的边界和焦点，避免过于宽泛或模糊。

（2）审视问题的新颖性。检查研究问题是否已经在学术界被充分探讨，或者是否存在新的角度或层面值得研究。

（3）考虑问题的紧迫性和重要性。优先选择那些对现实世界有重大影响或紧迫需要解决的问题进行研究。

2. 深入分析问题的原因

（1）多角度剖析。不要局限于单一的原因分析，尝试从多个角度、多个层面去探讨问题的根源。

（2）基于理论和实证。结合理论框架和实证数据，对问题原因进行深入的分析和解释。

（3）考虑动态性和复杂性。认识到问题的原因可能是动态的、复杂的，并尝试揭示它们之间的相互作用和相互影响。

四、从研究观点上挖掘创新点

1. 深入理解研究主题

（1）全面梳理文献。对研究主题进行深入的文献回顾，了解已有研究的主要观点、理论框架和争议点。

（2）识别研究空白。在梳理文献的过程中，注意识别出尚未被充分探讨或存在争议的研究领域，这些领域往往蕴含着创新观点的可能性。

2. 批判性思考已有观点

（1）质疑传统观点。不要盲目接受已有研究中的观点，要学会用批判性思维去审视它们，思考其合理性和局限性。

（2）提出反驳或修正。在质疑的基础上，可以提出对传统观点的反驳或修正，通过提供新的证据、理论或案例来支持自己的观点。

3. 挖掘新的研究视角

（1）跨学科融合。尝试将不同学科的理论、方法或视角应用到研究中，通过跨学科的融合来挖掘新的研究观点。

（2）结合现实情境。将研究观点与现实世界的情境相结合，从新的角度去理解和解释现象，提出更具实用性的观点。

4. 提出新的研究观点

（1）基于实证数据。在提出新的研究观点时，要确保它们有充分的实证数据支持，这可以通过调查研究、实验分析或案例分析等方式获得。

（2）明确表达观点。清晰、明确地表达研究观点，避免出现模糊或含混不清的表述。

（3）论证观点的合理性和价值。通过逻辑推理、数据分析或案例研究等方式，论证研究观点的合理性和价值，使其具有说服力和可信度。

五、从研究数据上挖掘创新点

1. 深入理解研究数据

（1）数据的收集与整理。确保数据来源可靠，收集方法科学，数据整理规范。对于定量研究，可能包括问卷调查、实验数据等；对于定性研究，可能包括访谈记录、观察日志等。

（2）数据的初步分析。对数据进行初步的统计分析或内容分析，了解数据的基本特征，如均值、方差、频率分布等。

2. 挖掘数据中的隐藏信息

（1）深入探索数据。使用更高级的数据分析技术，如回归分析、聚类分析、因子分析等，探索数据之间的深层关系。

（2）寻找异常值或模式。注意数据中的异常值或非典型模式，它们可能揭示了之前未被注意到的现象或规律。

（3）对比不同数据集。对比不同来源、不同时间或不同条件下的数据集，发现其中的差异和相似之处。

3. 从数据中提炼创新点

（1）提出新的研究假设。基于数据的深入分析，提出与已有研究不同的假设或预测。

（2）揭示新的关系或趋势。展示数据之间新的、之前未被注意到的关系或趋势。

（3）验证或反驳已有理论。使用数据来验证或反驳现有的理论模型或假设。

4. 确保数据创新点的可行性和可靠性

（1）验证数据的准确性。确保论文数据来源可靠，数据收集和处理过程规范，以保证结果的准确性。

（2）使用适当的统计方法。选择适合研究问题的统计方法，避免方法选择不当导致的错误结论。

（3）进行敏感性分析。评估数据变化对结果的影响程度，以检验模型的稳定性和可靠性。

5. 展示和讨论数据创新点

（1）清晰的展示数据。通过使用图表、图像等可视化形式呈现数据，能够更直观地展示研究的主要成果，便于读者理解和分析论文内容。

（2）详细讨论数据创新点。解释数据创新点如何支持或反驳已有研究，以及它们对研究领域的贡献。

（3）考虑研究的局限性。承认论文研究可能存在的局限性，并提出未来的研究方向或改进方法。

六、从研究对策上挖掘创新点

1. 明确研究问题与挑战

（1）确定核心问题。需要清晰地定义论文研究的核心问题或挑战，这是制定创新对策的基础。

（2）分析问题的紧迫性和重要性。评估问题对现实生活、经济的影响，以及解决该问题的紧迫性和重要性。

2. 回顾已有对策

（1）查阅相关文献。了解已有研究对于类似问题的对策和建议，以及它们的实施效果。

（2）评估现有对策的局限性。分析现有对策的不足，以及为何它们未能完全解决问题。

3. 挖掘创新对策

（1）跨学科思维。借鉴其他学科的理论和方法，为问题提供新的解决方案，结合不同学科的知识，形成综合性的创新对策。

（2）关注新技术或新方法。利用最新的技术或方法，如人工智能、大数据、机器学习等，为问题提供新的解决方案。思考新技术如何与所研究领域相结合，以产生新的对策。

（3）考虑实际操作的可行性。在制定创新对策时，要考虑其在现实生活、经济状况中的可行性，包括资源、时间、人力等因素，尝试提出具有可操作性的具体步骤和计划。

（4）强调可持续性。在制定对策时，要考虑其长期效果和可持续性，避免短期效应和负面影响。思考如何确保对策的持久性和稳定性。

（5）结合实证数据。使用实证数据来支持论文的创新对策，通过数据分析来验证对策的有效性和可行性，展示对策如何基于实际数据来解决问题。

4. 阐述创新对策的优势

（1）清晰阐述对策的优势。明确说明论文的创新对策相比现有对策的优势和改进之处。

（2）提供实证支持。提供实证数据或案例来支持论文的创新对策的有效性和实用性。

5. 讨论对策的局限性和未来研究方向

（1）承认对策的局限性。在讨论创新对策时，也要承认其可能存在的局限性和不足。

（2）提出未来研究方向。基于论文研究，提出未来可能的研究方向或改进对策的建议。

七、从研究结论上挖掘创新点

1. 深入理解研究结论

（1）全面分析结论。仔细审视研究结论，确保对结论有全面而深入的理解。

（2）与预期对比。将研究结论与研究假设或预期结论进行对比，分析它们之间的异同。

2. 挖掘结论中的新发现

（1）非预期结果。注意研究结论中的非预期结果，这些结果可能揭示了之前未被注意到的现象或规律。

（2）新趋势或模式。分析结论中是否出现了新的趋势、模式或关联，这些可能是创新点的来源。

3. 从结论中提炼创新点

（1）提出新的理论或模型。如果结论支持或反驳了现有的理论或模型，可以基于这些结论提出新的理论或模型，详细描述新理论或模型的内容、优点和应用范围。

（2）新的解释或观点。基于论文的研究结论，提供对现象或问题新的解释或观点，阐述这些新解释或观点如何为研究领域带来新的见解。

（3）实践建议或策略。将论文的研究结论转化为具体的实践建议或策略，为现实生活、经济的问题提供新的解决方案，详细描述这些建议或策略的实施步骤和预期效果。

八、创新点挖掘中的常见问题及解决思路

1. 常见问题

（1）缺乏明确的创新目标。在开始撰写论文时，往往不清楚论文的创新点应该是什么，导致整篇论文缺乏明确的研究目标和价值。

（2）对现有研究了解不足。对相关领域的研究现状了解不够深入，难以在已有研究基础上提出新的观点或方法。

（3）研究方法陈旧。可能沿用传统的研究方法，没有尝试引入新的技术或工具，导致研究缺乏新意。

（4）数据分析不深入。对收集的数据缺乏深入的分析和解读，未能从中发现新的规律或现象。

（5）理论与实践脱节。研究内容过于理论化，缺乏实际应用价值，或者理论与实际应用之间存在较大的差距。

2. 解决思路

（1）明确创新目标。在选题阶段，教师应引导学生关注当前领域的热点问题和前沿技术，明确论文的研究目标和创新点。

（2）深入理解创新点。帮助学生理解创新点的重要性，鼓励他们在论文中体现自己的独特见解和贡献。

（3）深入了解研究现状。指导学生广泛阅读相关领域的文献，掌握研究现状和发展趋势。同时引导学生如何对文献进行综述和批判性分析，找出已有研究的不足和空白。

（4）引入新的研究方法。鼓励学生关注新技术和新工具的发展，尝试将其应用于自己的研究中。教师可以提供一些示例或案例，帮助学生理解如何将新技术与已有研究相结合。

（5）加强数据分析。教授学生使用先进的数据分析方法和工具，对收集的数据进行深入挖掘，并引导学生关注数据中的异常值和模式，从中发现新的规律和现象。

（6）紧密结合实践。鼓励学生在研究过程中关注实际应用场景，将理论研究与实际问题相结合。同时，教师可以提供一些实践项目或案例，帮助学生将研究成果应用于实际情境中。

（7）培养创新思维。在日常教学中注重培养学生的创新思维和批判性思维能力，引导学生关注跨学科的研究方法和思路，促进不同学科之间的交叉融合。

（8）加强论文修改和评审。在论文撰写过程中，教师应定期与学生进行交流和讨论，及时指出论文中存在的问题和不足。在论文初稿完成后，组织同行评审或专家评审，对论文的创新点进行重点评价和建议。

第五节 摘要、关键词和结论的写作方法

在经管毕业论文撰写的过程中，摘要、关键词和结论写作是毕业论文的总结性部分，它们对整篇论文进行了精练和概括。本节主要阐述了摘要、关键词、结论的写作方法，并提出了在毕业论文写作中摘要、关键词和结论常见的写作问题和解决思路，旨在帮助学生在毕业论文写作时能规范地撰写好摘要、关键词和结论，确保毕业论文的规范性。

一、摘要的写作方法

1. 摘要的基本结构与内容

（1）研究背景与意义。简要介绍论文的研究背景、研究目的和研究意义，使读者了解论文的重要性和价值。

（2）研究内容与方法。概述论文的研究内容、研究方法和方案设计等，突出论文的创新点和独特性。

（3）研究结果与讨论。总结论文的主要研究结果，并对结果进行分析和讨论，展示研究成果的可靠性和实用性。

（4）结论与展望。总结论文的主要结论，指出研究的不足和未来的研究方向，为读者提供进一步的研究思路。

2. 摘要的写作技巧

（1）简洁明了。摘要应尽可能简短，一般300～500字，要抓住重点，避免冗长和重复。

（2）客观准确。摘要应客观陈述研究内容和结果，避免主观臆断和夸大其词。

（3）逻辑清晰。摘要应按照研究背景、内容、方法、结果和结论的顺序进行组织，逻辑清晰，条理分明。

（4）专业术语。在摘要中使用专业术语时，应确保其准确性和通用性，避免使用过于复杂或生僻的词汇。

3. 注意事项

（1）摘要应独立成篇，无须包含引言、结论等章节标题。

（2）摘要应突出论文的创新点和研究成果，避免与正文内容重复。

（3）摘要应使用第三人称进行撰写，避免使用“我”“我们”等主观性强的词汇。

（4）摘要中应避免使用图表、公式等非文字表达形式，以确保其易于阅读和理解。

二、关键词的写作方法

1. 关键词的选择原则

（1）相关性。关键词必须与论文的主题和内容紧密相关，能够准确反映论文的研究重点和核心内容。

（2）规范性。关键词的选择应遵循学科领域的规范，使用学科领域内的标准术语或常用词汇。

（3）精准性。关键词应精准表达论文的主题和研究方向，避免过于宽泛或模糊的词汇。

（4）代表性。关键词应具有一定的代表性，能够代表论文的主要观点和结论。

2. 关键词的写作技巧

（1）准确提炼。在阅读全文的基础上，准确提炼出能够代表论文主题和核心内容的关键词。

（2）避免冗余。在选择关键词时，应避免使用与论文主题无关或重复的词汇。

（3）注意顺序。关键词的排列顺序应遵循一定的逻辑，如从大到小、从抽象到具体等。

（4）数量控制。关键词的数量应适中，不宜过多或过少。一般来说，3～5个关键词是比较合适的。

3. 关键词的来源

（1）论文题目。论文题目中往往包含了论文的主要研究内容和方向，因此可以从题目中提取关键词。

（2）正文内容。通过阅读论文的正文内容，可以提炼出能够反映论文主题和核心观点的关键词。

（3）参考文献。参考文献中包含了大量的专业术语和常用词汇，可以从中获取与论文主题相关的关键词。

（4）学科领域标准。学科领域内的标准术语和常用词汇也是选择关键词的重要来源。

4. 注意事项

（1）避免主观性。在选择和撰写关键词时，应避免过多的主观性，尽量使用客观、准确的语言。

（2）一致性。关键词的选择应与论文的题目、摘要和正文内容保持一致，避免出现不一致的情况。

（3）标准化。尽量使用学科领域内的标准术语和常用词汇，避免使用非标准词汇或缩写词。

（4）灵活性。在选择关键词时，要考虑论文的特定情况和读者的需求，灵活地选择和组合关键词。

三、结论的写作方法

1. 结论的写作要点

（1）总结主要观点。在结论部分，先要对论文的主要观点和研究结果进行简要总结，这有助于读者快速回顾和理解论文的核心内容。

（2）强调研究意义。除总结观点外还应强调研究的理论意义和实践价值，这有助于提升论文的学术影响力和实际应用价值。

（3）指出研究的限制。在撰写结论时，应客观指出研究的限制和不足。这有助于展现研究的严谨性和科学态度，同时也为后续研究提供改进方向。

（4）提出未来展望。在总结研究意义的基础上，可以进一步提出未来研究的方向和展望，这有助于推动学术领域的进一步发展和完善。

2. 结论的写作技巧

（1）简洁明了。结论部分应简洁明了，避免冗长和烦琐。要用精练的语言概括论文的主要内容和研究成果。

（2）逻辑严密。结论部分的论述应具有严密的逻辑性，各观点之间应相互支持、相互印证。

（3）客观公正。在撰写结论时，应保持客观公正的态度，避免主观臆断和夸大其词。

（4）突出亮点。在总结研究成果时，应突出论文的亮点和创新点，以吸引读者的关注和兴趣。

3. 结论与其他部分的联系

（1）与引言相呼应。结论部分应与引言部分相呼应，体现研究问题的解决和论文主题的深化。

（2）与正文内容相衔接。结论部分应准确概括正文内容的主要观点和研究成果，确保整篇论文的连贯性和完整性。

（3）与参考文献相关联。在撰写结论时，可以适当引用参考文献中的相关观点或数据，以增强结论的权威性和可信度。

4. 注意事项

（1）避免重复。结论部分应避免与正文内容重复，而是对全文进行高度概括和总结。

（2）注意语气。结论部分应采用客观、严谨的语气进行论述，避免使用过于主观或情绪化的表达方式。

（3）检查逻辑性。在撰写完结论后，应仔细检查其逻辑性是否严密、观点是否一致以及表述是否清晰。

（4）征求他人意见。在完成初稿后，可以征求导师或同学的意见，以发现可能存在的问题并进行修改完善。

四、摘要、关键词、结论写作中常见的问题及其解决思路

1. 摘要写作中常见的问题及解决思路

（1）常见问题。第一，内容冗长。摘要过于冗长，未能简洁明了地概括论文的主要内容和研究结论。第二，缺乏重点。没有突出论文的核心观点和创新点，使读者难以把握论文的价值。第三，信息不完整。摘要中遗漏了论文的重要信息，如研究方法、数据来源等。

（2）解决思路。第一，精练内容。确保摘要在300～500字之间，用精练的语言概括论文的主要研究内容、方法、结果和结论。第二，突出重点。在摘要中明确标出论文

的创新点和研究贡献，使读者能够迅速了解论文的价值。第三，确保信息完整。摘要中应包含论文的主要信息，如研究背景、目的、方法、结果和结论等，确保读者能够全面了解论文。

2. 关键词写作中常见的问题及解决思路

（1）常见问题。第一，关键词选择不当。选择的关键词与论文内容不符，或者关键词过于宽泛，无法准确反映论文的主题。第二，关键词数量不足或过多。关键词数量过少无法全面反映论文内容，数量过多则显得冗余。

（2）解决思路。第一，准确选择关键词。根据论文的主题和内容，选择能够准确反映论文主题的关键词，避免使用过于宽泛或模糊的词汇。第二，控制关键词数量。一般来说，关键词的数量应控制在 3～5 个之间，确保这些关键词能够全面而准确地反映论文的主题和内容。

3. 结论写作中常见的问题及解决思路

（1）常见问题。第一，结论笼统。结论部分过于笼统，没有针对具体研究问题和结果给出明确的结论。第二，结论缺乏依据。结论缺乏充分的数据和论据支持，显得主观臆断。第三，结论与引言不一致。结论部分与引言中的研究问题或假设不一致，导致论文逻辑不严密。

（2）解决思路。第一，明确结论。结论部分应针对具体研究问题和结果给出明确的结论，避免使用过于笼统或模糊的表述。第二，提供充分依据。结论应给予充分的数据和论据支持，在结论部分可以简要回顾和分析研究数据，以支持结论的合理性。第三，保持逻辑一致。确保结论部分与引言中的研究问题或假设保持一致，如果研究过程中出现了新的发现或问题，应在结论部分进行说明和解释。

【课堂思政】

1. 培养问题导向意识

通过鼓励学生结合当前的社会热点问题和经济发展趋势，根据自己的专业有针对性地选择具有现实意义和时代价值的研究问题，增强毕业论文的学术价值和实用价值。

2. 弘扬科学精神与探索精神

通过引导学生以科学严谨的态度去提出研究问题和设计解决问题的方案，注重实证研究和数据分析的科学性和客观性，避免主观臆断和空谈。同时，鼓励学生勇于质疑、敢于探索，不断推动知识的创新和发展，培养学生的科学素养和探索真知的精神。

3. 培养批判性思维与逻辑思维能力

通过引导学生对已有的研究成果进行批判性分析，发现其中的不足和局限性，鼓励学生勇于挑战权威和传统观念，提出自己的见解和观点。并且，强调主要观点论证方法和论文框架设计的逻辑性和严密性，引导学生在学术研究中注重逻辑思维的训练。

4. 培养学生实事求是精神

通过讲解论文观点选择的论证方法，以及摘要、关键词、结论写作方法时，强调学术诚信的重要性，引导学生在论证过程中以及写作过程中坚守真实、准确、客观的原则，不抄袭、不造假，树立良好的学术道德风尚。

5. 培养创新意识和创新精神

通过强调创新点的提炼对毕业论文的重要性，引导学生认识到作为新时代的大学生，应该具备创新意识和创新精神，勇于探索未知领域，为国家和社会的发展作出贡献。

【本章小结】

本章主要介绍了论文设计的设计方案与论证方法，包括了研究问题的提出、解决问题的方案设计、主要观点的论证方法、创新点的挖掘和摘要、关键词和结论的写作方法。本章首先讨论了研究问题的提出，准确的提出研究问题是撰写经管类毕业论文的起点，它决定了毕业论文的核心研究内容和研究方向。根据提出的研究问题，本章接下来讨论了解决问题的方案设计。在本节重点讨论了研究流程和研究内容的设计，这是整个论文框架逻辑性、合理性设计的关键。其次，本章详细地介绍了毕业论文运用数据、特征事实、典型案例、逻辑关系方法论证其主要观点，这确保了论文的说服力和学术价值。最后，本章节讨论了经管类毕业论文创新点挖掘的方法，以及摘要、关键词和结论写作的方法。创新点的挖掘是毕业论文的亮点和特色所在，它体现了学生在研究过程中的独特贡献和价值。摘要、关键词和结论写作是毕业论文的总结性部分，它们对整篇论文进行了精练和概括。综合本章节所讨论的内容，要求学生能够结合自身专业准确的提出毕业论文的研究问题，根据研究问题合理的设计主要研究内容和思路，并能灵活地选择合理的研究方法对论文的主要观点进行论证。同时，要求学生能根据所研究的问题和主要内容提炼出毕业论文的创新点，掌握毕业论文摘要、关键词和结论的写作规范，以此来确保整个毕业论文达到本科毕业论文的写作要求。

【实战训练】

任务 1:

阅读论文《评金融发展、融资约束对出口贸易的影响研究》，指出该论文的创新点是什么，并指出其是从哪些方面提炼创新点。

任务 2:

以“新疆维吾尔自治区水果出口贸易研究”为主要研究内容，提炼其主要研究的问题和主要观点，选择合适的论证方法，设计一个合理的论文主要研究框架。

【拓展学习】

公众号“学术论文方法”：论开题报告的逻辑结构（https://mp.weixin.qq.com/s/1u3eL-U0dcwBV_05Ud1NgA）

【课后练习】

1. 论文观点论证的主要方法有哪些？

2. 解决方案设计中的常见问题？

3. 结合所学专业理论知识和最新前沿动态，以及现实问题确定感兴趣的研究问题，并对该研究问题设计一个合理的研究思路和主要内容的研究框架。

【参考文献】

[1] 尹元元，张灿．心理所有权对顾客公民行为的影响：基于感知支持和社交焦虑的调节作用 [J]．消费经济，2020，36（2）：72-81.

[2] 刘征驰，高翔宇，陈文武，等．数字技术跃迁与企业全要素生产率：从自动化到智能化的比较分析 [J]．经济评论，2024（4）：73-89.

[3] 付慧姝．大学生毕业论文指导与创新能力培养——以法学专业毕业论文指导为例 [J]．教育学术月刊，2012（12）：30-32.

[4] 李珊，罗婷丹．本科毕业论文写作中的逻辑问题与对策研究 [J]．兰州职业技术学院学报，2024，40（2）：30-32，44.

[5] 曹灵美，童小婉．融合思政元素的毕业设计（论文）写作课程教学模式研究：以上海财经大学浙江学院商务英语专业为例 [J]．高教学刊，2024，10（8）：105-108.

[6] 程恋军，崔宁．新文科背景下公共管理类专业毕业论文“四环递进”质量提升模式研究 [J]．扬州大学学报（高教研究版），2023，27（5）：107-118.

[7] 陈艳娇．高校本科生毕业论文改革设计方案新构 [J]．江苏高教，2011（05）：93-94.

第七章 Chapter 7 经管类论文的修改、格式规范及答辩

学习目标

知识目标： 了解经管类论文写作的常见问题，并理解相应的解决办法；掌握论文修改的基本原则和技巧；熟悉常见的格式规范要求，能够正确地应用于经管类论文写作中。

能力目标： 提高逻辑思维能力；培养准确、清晰、简洁的表达能力；能运用答辩技巧从容面对毕业答辩的能力；重点培养学生分析经管类问题及解决相应问题的能力。

素质目标： 引导学生坚守学术诚信，确保经管类论文中数据的真实性和可靠性；培养学生的质量意识，注重经管类论文撰写的严谨性；培养学生的遵守规则意识，强化应用经管类论文创新和学术规范意识；培养严谨工作态度与敬业精神。

第一节 经管类论文写作的常见问题及解决思路

经管类毕业论文写作常遇问题包括写作思路不清、论文结构不合理、文不对题、数不对题、逻辑不严密、表达不准和言不达意、论点不明、论证不充分、创新点不明等，针对这些问题本节提供相应解决思路，旨在提高毕业生论文质量（见图 7.1）。

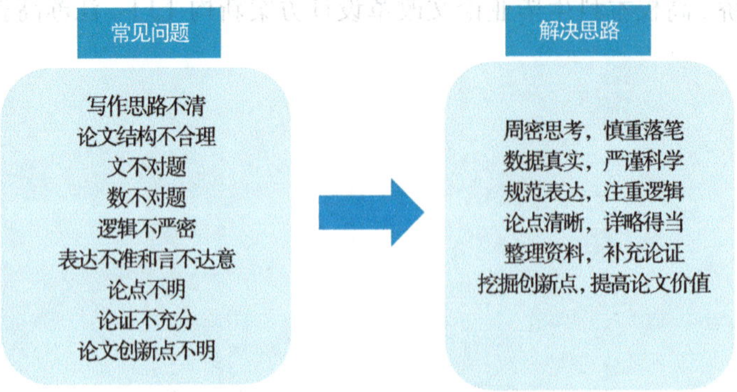

图 7.1 经管类论文写作的常见问题及解决思路

一、常见问题

1. 写作思路不清

（1）在写论文时没有遵循逻辑性的思路，文章的内容过于松散。有的学生在写经管类论文时一味堆砌大量的文字，而忽略了论文的主旨。因此，在写论文之前要清楚论文的主题和要点，选择出其中的重点进行分析。本科经管类毕业论文要求10000字以上，有些学生为凑字数而写大量重复的话，导致论文重点不明。经管类论文一般通过一定篇幅的文字阐述经济现象、解释管理活动，因此更需要层次清晰，才能让人更好地了解论文的主旨。

（2）学生在写作过程中没有遵循经管类论文“问题—原因—对策—结论”这样的思路，将问题和原因分析糅杂在一起，导致写的时候出现思路中断的现象。

2. 论文结构不合理

（1）论文结构不完整。学生在写经管类论文时缺少某一重要部分，如无头（绪论）或无尾（结论），不能形成一个完整的整体。有的学生论文开头没有说明背景或研究目的意义，也不交代调查的手段和方法，一上来就列举大量事实和数据，让人觉得“没头没脑”；有的论文结尾处没有明确的结论，没有个人的观点和见解，缺乏必要的分析和评论。

（2）论文结构没有条理性。有很多学生写经管类论文的时候，内部联系没有逻辑关系，有些学生在分析原因时并未与之前提出的问题相对应。如有学生写《小微企业员工职业伤害保障问题与对策研究》，提出的问题是“小微企业劳动合同签订率低”，但是后面分析原因是“政策与小微企业适配度不够”，其原因与问题并未形成对应关系；布局没有整体观念，颠三倒四、东拉西扯，导致论文结构没有条理性。

（3）论文结构不平衡。经管类论文中文字篇幅占比大。有的论文该详细的部分不详细，该简明的部分却过于冗长。如有的学生对问题分析篇幅达到三四页，但是对策建议只有一页，这样就造成论文结构严重不平衡。

3. 文不对题

在论文撰写过程中，由于没有坚持做到从经管类学位论文角度思考论文的写作，而造成章节内容与论文题目不一致。主要表现在以下两个方面：一是文章题目解析不足，即在破题阶段对题目理解不深入，导致在论文撰写的不同阶段和不同章节中，对题目理解不一致，使论文表现出文不对题的现象；二是文章的章节标题与内容不符，即在论文章节标题拟好后，写作中出现了偏差，作者又没有反复思索标题与内容的关系，造成章节标题没有体现内容整体的现象。

4. 数不对题

经管类论文不仅要阐述清楚理论，也需要一定的数据支撑。而有的学生在撰写的过程中容易出现数不对题的问题，即论文中的数据与题目联系不紧密。如有的学生在写《民营企业人员流失问题及对策研究》时，调研问卷的题目都是设置关于招聘的问题，明显调研数据与选题存在偏差。还有的学生在分析数据时，数据和文字分析矛盾，如调研结果中显示员工对企业激励制度持满意和一般满意的人达 70%，但是学生在描述的时候却说该公司员工对激励制度极不满意。

5. 逻辑不严密

逻辑是论文的生命线。在经管类论文写作中常见的逻辑问题主要表现在以下几个方面。一是缺乏逻辑连贯性。论文在阐述观点或论证论点时，各部分之间缺乏合理的逻辑关联。二是论据不足或不可靠。论文所引用的论据不足以支撑作者的观点，或者论据本身存在逻辑漏洞或不可靠的问题，从而削弱了论文的可信度。三是推理错误。论文中的推理过程存在错误，例如由特例得出普遍规律、非因果关系的错误推断等，导致论文的结论不可靠或不合理。四是结论不符合论据。论文的结论与所提供的论据之间存在矛盾或不一致，使读者对论文的结论产生怀疑。

6. 表达不准和言不达意

有的学生文字基本功不够扎实，书面表达能力较差，行文时语言粗疏多病，行文不够流畅。语言粗疏多病表现为：一是用词不符合学术规范。经济类各专业都有自己一套完整的语言系统，一套“标准件”。不可以弃掉“偏好”“弹性”“边际效用”“规模收益”等通用专业词语。有学生还自创语汇表达同样的语义，结果读者看不懂。二是不合语法规则。句子结构残缺不全，妨碍了语义表达；句子结构混乱，在一个句子里将两种以上句式硬套在一起导致文理不通等。

行文不够流畅表现为：一是语言啰唆。通篇充斥着重复的阐述和论证，多余的交代和说明等。二是语言生硬别扭。比如在对问题进行分析时，没有深入探讨，自己似懂非懂。三是不合论文的语体和文体风格。经管类论文是以逻辑概念的论证推理为主要表达方式的，因此其多为议论性语言。但有的作者不辨文体特征，滥用表达方式，只顾罗列、阐释他人观点或材料，并用一些口语化的表达方式，冲淡了经管类论文的科学性和严谨性。

7. 论点不明

（1）中心论点模糊。有些毕业论文的中心论点提炼不够，没有把问题的实质讲清楚，抽象概括也不准确，形成的观点含混不清，似是而非。例如，有一篇毕业论文研究会计诚信问题，可是论文对会计诚信的界定却含混不清，论文中通篇谈的是会计信息失真的问题。会计信息失真有主观原因，也有客观原因。主观原因中，有会计的能力问题，也有会计人员的道德问题，而会计诚信涉及的道德层面应当多一些。学生在讨论中心论点问题的时候，概念要清楚，中心要明确，观点要鲜明，不要把不同类型的问题混为一谈，以致产生歧义或使人费解。

（2）论点缺乏明确性。论点在论文中未得到明确阐述，或者在不同部分出现相互矛盾的情况。这可能是由于学生在写作过程中思路不清晰，或者对研究问题的理解不够深入导致的。

8. 论证不充分

论证不充分主要表现为两个方面：一是单纯的理论分析，从理论到理论，缺乏必要、充分的实例和数据基础；二是材料繁多，但选材和组织材料较差，缺乏严谨的逻辑。在众多的经管类毕业论文中容易出现的第二类问题，一般表现在以下几个方面。

（1）忽略了选材上的“新颖性”要求，材料陈旧，以一些大家熟知的老例子来说，缺乏新鲜感和吸引力。

（2）论据缺乏典型性和必要性，如论据是某些在特定环境中很少发生的事实。

（3）不能有选择地运用典型、精练的材料形成自己的观点。

（4）提出论点、罗列论点后，不作深入分析，甚至不作任何分析，没有论证过程，便用“有据可查”“大量事实证明”等语句，来推敲提出的论点。

（5）以偏概全，以点带面，导致论证不足。例如，有学生在撰写某公司顾客满意度分析时写道：通过对 30 个样本的调研分析，最终得出 ×× 结论。一般企业面对的顾客是成千上万甚至是上百万，30 位顾客的调研所得出的结果是否准确真实还有待考证。

（6）论据与论据之间没有必要的联系，两者或者相互脱节，或者相互矛盾，都有“引言失据”的缺点。

9. 论文创新点不明

科学研究就是要不断开拓新的领域、新的途径，有所发现，有所创新，从而推动行业的专业化发展。因此，经管类毕业论文也应该要有新颖性和创造性，提出新的思想、新的理论和新的见解。而有些毕业论文完全重复别人已经谈过的内容，人云亦云，没有个人创见，也没有什么新角度、新材料。例如，有学生在论文中写道：“自从中国加入 WTO 后，经济得到了飞速增长。”造成这种情况的原因可能是学生在阅读文献资料时没有注意资料发表的时间，研究信息掌握不足，研究的问题是别人已研究或解决了的，或者也可能是由于学生对某些问题缺乏钻研精神，没有提出自己独特的见解。

二、解决思路

1. 周密思考，慎重落笔

经管类毕业论文是一项“系统工程”，在正式动笔之前，要对文章进行通盘思考，检查一下各项准备工作是否已完全就绪。

（1）明确主题。在起草初稿的时候，必须明确主题。同学们初写论文，在起草初稿的时候，要认真想一想，自己论文的主题能否用一句话来概括。

（2）厘清思路。同学们在动笔之前，对怎样提出问题、怎样分析问题、怎样解决问题以及使用哪些材料等，都要想清楚。例如，论文题目是《网购国产手机售后服务对顾客重购意愿的影响研究》，该选题是探讨售后服务与顾客重购意愿之间的关系，主要以手机这类高科技产品为对象进行研究，同时限定了网络购物的背景条件。因此，审题时一方面要弄清楚顾客重购行为的特征、发生机理和影响因素等；另一方面需要了解高科技产品的营销策略及特点，售后服务在高科技产品销售中的作用和价值，对售后服务与顾客重购意愿之间的关系提出假设，之后通过文献及实证方法进行关系验证。

（3）立定格局。在动笔之前先把大纲列好，确定全文的框架。设想全文分几个部分，各有哪些层次，先说什么，后说什么，哪里该详，哪里该略，从头至尾都应有个大致的布局。

（4）把需要的材料准备好，将各种事实、数据、引文等找来放在手头，以免因用时再去寻找而打断思路。

（5）安排好写作时间、地点。写作要有相对集中的时间、比较安静的环境，才能集中精力专心致志地完成毕业论文写作任务。

2. 数据真实，严谨科学

在撰写经管类毕业论文的时候，要注意数据的真实性。学生应该确保从可靠的来源收集数据，如官方统计数据、学术研究、行业报告和权威出版物，避免使用来自不可靠或未经证实的数据来源的数据。并且需要对收集的数据进行核实，通过与其他研究进行比较、查阅原始数据来源或与专家进行咨询，确保其准确性和可靠性。

同时在分析数据的时候，要持有严谨的态度。其间可能会遇到数据分析错误、数据解释不当、研究设计有缺陷等情况，从而导致论文数不对题。为了避免这些问题，学生可以采取以下措施：在进行数据分析前，仔细检查数据源和数据质量；使用合适的统计方法和软件工具进行数据分析；对数据进行多次验证，确保数据处理过程中的准确性；不断回顾和反思数据与理论之间的关系；在论文初稿完成后，让同学或导师审查，以发现潜在的矛盾之处。

3. 规范表达，注重逻辑

在撰写经管类论文的过程中要提高语言表达能力。论文的表达能力直接影响着老师们对文章的理解和接受程度，因此，毕业生在撰写论文的过程中，应该要规范表达。首先，准确表达观点。在论文写作中，要尽量避免含混不清的表达。可以通过多次修改来精练句子，确保论文表达的准确性和精确性。其次，恰当使用学术词汇。学术写作注重准确性和规范性，因此学生应尽量使用学术词汇。尤其经管领域有许多专业名词，为了确保使用的学术词汇准确，可以通过查阅学术词典或研究领域的专业文献来获取正确的词汇用法。最后，参考范例与模板。在论文写作前，可以参考一些优秀的论文范例和写作模板，借鉴其中的表达方式和结构，提高自己的写作水平。

同时，在撰写经管类毕业论文的时候还要注重逻辑。其一，注意逻辑推理与衔接。在每个章节和段落间，应通过合理的逻辑推理和衔接词语来确保论文的连贯性。其二，有段落过渡。段落之间的过渡要自然流畅，避免突兀和重复。可以通过提前安排好段落间的过渡语句，使论文的内容更加有层次感和流畅度。

4. 论点清晰，详略得当

确保论文的论点清晰且有说服力，核心在于结构化思维和精确表达。首先，构建一个明确的论文结构是关键。开篇应该清晰地提出论文的主要论点或研究问题。其次，在每一部分要围绕这一核心论点展开论证，避免偏离主题或引入无关的内容。最后，在论证过程中使用具体的例子和数据支撑自己的观点，比仅仅依靠理论解释更具说服力。

详略得当就是要求学生在写作时，该说的一定要说清楚，不惜笔墨。比如在撰写经管类毕业论文的时候，针对企业存在的问题分析一定要结合调研数据，要通过图表等形式在论文中体现，不能直接得出问题，以致出现不周密、不翔实的缺陷；在表达主要观点的时候，应该详细阐述，将主论点和分论点进行区分，科学地安排层次，使论文的观点清晰分明。同时，该省略的地方应该适当省略，要“惜墨如金”。如在经管类毕业论文中解释相关概念和理论时，简单阐述即可，不要长篇大论。

5. 整理资料，补充论证

资料收集是论文写作的基础，也是经管类论文论证的关键，但是很多学生在这一环节常常遇到困难。一方面是因为信息爆炸，需要筛选有效资料变得困难；另一方面是因为缺乏一定的检索和筛选能力。首先，应该明确研究方向。在收集资料之前，要明确研究的方向和目标。这有助于缩小收集范围，减少信息的冗杂性。其次，合理利用图书馆资源。图书馆是获取各类学术资料的宝库，学生可以通过图书馆数据库、期刊目录等途径查找相关资料。最后，科学使用互联网资源。在使用互联网搜索引擎时，要注意筛选可信度高的学术网站和数据库，尽量避免非学术性的网站。

6. 挖掘创新点，提高论文价值

如果在写经管类论文时发现没有一个全新的、独特的创新点，仍然可以通过一些方法来使论文更有价值。

（1）深入分析文献。对已有的研究进行全面而深入的分析，找出其中的不足或未解决的问题。分析现有研究的局限性，如数据样本的局限性、研究方法的局限性等。如学生在写《美的集团家用电器出口存在的问题及对策》时，通过深入分析相关的国内外文献，发现国内学者针对家用电器行业出口分析不够全面，且很少有学者研究具体企业家用电器企业出口贸易问题。因此，该学生以美的集团为例，分析其家用电器出口问题，提出相应建议，从而提高了论文的价值。

（2）选择特定的研究角度。在已有研究的基础上，选择一个特定的角度或子问题进行深入研究。例如，如果已有研究主要关注管理领域的宏观层面，那么学生在写毕业论文时可以从微观层面入手，或者关注某一特定群体或地区。如学生在写《马桥镇村委会干部激励问题研究》时，通过阅读已有的研究，了解到目前大多数都是以乡镇以上干部为研究对象，对村委会干部的研究不太多，因此论文以湖南省汝城县马桥镇村委会干部为对象，研究马桥镇村委会干部激励问题，实现对马桥镇村委会干部的有效激励。

（3）改进研究方法。如果现有的研究方法存在局限性，可以尝试引入新的研究方法或工具来改进。例如，使用新的数据分析技术、引入实验设计等。

（4）跨学科融合。将经管类研究领域与其他学科进行融合，引入其他学科的视角或理论。例如，将管理学的研究方法与心理学、社会学等学科进行结合。《心理契约视角下 JZ 公司知识型员工激励机制优化研究》这篇论文就是将管理学与心理学联系起来，探讨国有企业知识型员工的激励因素，拓宽国有企业激励的视角。

（5）案例研究。选择一个具体的案例进行深入剖析，找出其中的特殊现象或问题，并对其进行详细的描述和分析。案例研究可以突出实践性和应用性，使论文更加生动和具体。例如，《银行信贷规模与房地产价格的影响关系研究——以我国一线城市为例》《大股东减持行为及其经济后果研究——以南极电商为例》《农副产品短视频营销模式优化研究——以 A 公司在抖音 App 的营销行为为例》就是选择典型对象进行研究的例子。

（6）实证分析。收集数据并进行实证分析，检验已有理论或假设的有效性。即使研究没有提出全新的理论或假设，但通过实证分析得出的结论也可以为相关领域的研究提供有价值的参考。例如，《M 高校大学生职业成熟度对就业竞争力的影响研究》这篇论文就是采用的实证分析，学生通过问卷调查法对 M 高校学生职业成熟度和就业竞争力的现状进行调研，用相关性分析探讨 M 高校学生职业成熟度对就业竞争力的影响，最后提出职业成熟度影响下提高就业竞争力的对策，帮助高校大学生提高自身就业竞争力。

第二节 经管类论文修改

撰写一篇高质量的经管类毕业论文是一个迭代的过程，从最初的构思到最后的定稿，每一步都需要精心打磨。在这个过程中，论文修改至关重要。修改不仅能够提高论文的质量，还能确保研究成果得以清晰、准确地传达给读者。本节旨在探讨经管类论文修改的各种方法，帮助毕业生掌握一套完整的经管类论文修改策略。

一、论文修改的方法

经管类毕业论文的修改方法有多种，且因人、因文而异，但根本方法只有一种，即学生自己进行认真修改。所谓具体的方法就是在学生自己进行认真修改的基础上多借助一些外在的形式或外在的力量。本节介绍的经管类论文修改方法主要包括读改法、冷处理、热处理、征求意见法和比较法。

1. 读改法

所谓读改法，是指在修改经管类论文时边读边改的修改方法。论文初步完成后，学生本人应该仔细阅读全文，并大声朗读几遍，这样可以依靠语感的作用来发现问题。语感与人们平时的阅读或交谈密切相关，语感在检查语言错误、漏词、错别字方面非常有效，还能及时发现冗长、不流畅的句子。所以，论文写出来之后要多读几遍，边读边修改。

2. 冷处理

冷处理也称搁置法，是指经管类论文完成后，搁置一段时间再修改的方法。很多学生经常有这种情况，有时写了初稿，他们想马上修改，但找不到问题。有的学生自己感觉写得还不错，不想修改或者不知道怎么修改，这时候可以采用冷处理的方法，把初稿放一段时间再修改，会发现还有很多地方存在不足。这种搁置法修改可以让作者思路清晰，这时作者的思维更容易跳出原来的圈子，从另一个角度冷静地审视自己的论文。只要时间允许，修改后的论文可以先搁置再修改，如此反复多次，有利于提高论文质量。

3. 热处理

热处理也称即改法。在论文完成以后趁热打铁，趁思绪仍然沉浸在论文语境之际，马上对在写作过程中出现的缺漏或错误及时加以补充或修订。这种方法的好处是此时我们仍然处于良好的写作状态，思维活动具有一致性和连贯性，对论文的内容印象深刻、思路清晰，且修改工作效率较高。但是这种方法必须以初稿的酝酿构思比较成熟、论文基础较好为前提，否则，由于时间的限制，缺乏进一步的深入思考，修改很容易局限于小修小补，仅仅在改正标点符号和错别字上下功夫，论文总体质量没有得到较大提高。

4. 征求意见法

征求意见法也称求助法，是指在完成经管类论文初稿后，请他人阅读或与他人共同讨论，以找出自己论文中的不足，并获得指导和修改的方法。俗话说，“当局者迷，旁观者清”，有些学生一直觉得自己的论文写得好，看不出问题，但站在读者的角度，很容易发现论文中的问题。论文完成后邀请其他人看一看并听取他人的意见是一个很好的方法。在听取了他人的意见后有必要进一步消化分析，综合考虑他人的意见，才能不断完善自己的论文。

5. 比较法

比较法是学生将自己的经管类毕业论文与相似、相近的论文进行比较，并在比较中找出自身论文的问题。通过比较会发现论文中哪些观点是别人已经提出过的，哪些是别人没有提到的。对于已有的观点，可以通过进一步深入分析，提出新的观点。在对比的过程中，可以学习别人论文的长处，找出自己论文的不足并加以修改。

二、论文初稿的修改

经管类论文初稿的修改主要包括两个层次：一是宏观层次的修改，包括主题论点、层次安排、结构组织等；二是微观层次的修改，包括材料的使用、句式和词汇的斟酌和推敲等。修改论文是一门艺术，如果把论文撰写类比瓷器制作，初稿是素坯，那么修改就是着彩、上釉的过程，最终成品质量如何，要看修改的功夫。对于初稿的修改，一般包括以下几个部分（见图 7.2）。

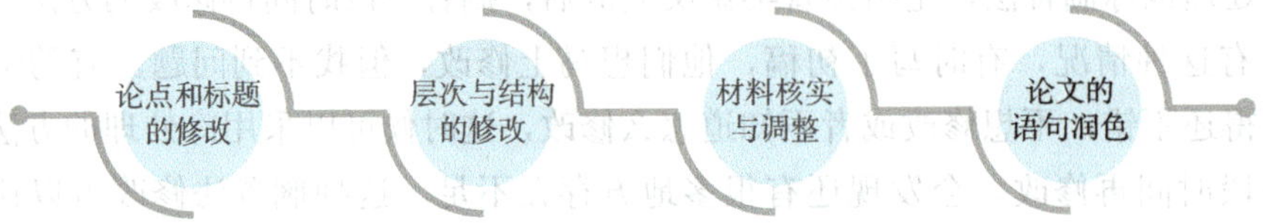

图 7.2　经管类论文初稿的修改步骤

1. 论点和标题的修改

虽然在确定选题、撰写提纲、初稿的写作等过程中，已经对论点进行了反复的推敲，但完成论文初稿后仍然要将论点放在首位进行审视，检查论点正确与否，论文标题是否提炼到位。对经管类论文初稿的修改，要考虑论文的主题和观点是否正确。

（1）审视中心论点和各从属论点。完成初稿后，要从整篇论文的角度，对中心论点和从属论点进行全面检查，检查中心论点是否正确、鲜明，是否具有创新性，文题是否相符，各从属论点与中心论点是否一致、是否紧密，表达是否准确。如果中心论点概括不准确，或者未能把论文的中心思想揭示出来，就要对中心论点作较大的修改。如果论点陈旧，缺乏新意，就要重新构思和概括。

（2）反复推敲论文的标题。完成初稿后，要从整篇论文的角度，对论文的标题进行重新审查，检查文题是否相符，概括是否准确，标题长度是否合适，题目涉及范围是否过大，标题是否新颖等。尤其经济类毕业论文与当前的经济方针密切相关，更具有现实针对性，是为研究和解决现实经济问题而服务的，故而标题要有时代感。同时，论文的题目是论文的“眼睛”。题目短小精练，更受老师们认可。因此，如果出现文不对题、标题不够准确、题目过长或过短、选题缺乏新意等问题，都要对论文标题进行修改。

2. 层次与结构的修改

结构的好坏直接关系着经管类论文内容的表达效果。在完成论文初稿后，要进一步检查论文的层次与结构，包括层次是否清晰、结构是否完整严密，若发现不足就要对论文的层次和结构进行修改。

（1）层次是否清晰。论文是由中心论点、上位论点、下位论点、段旨等多层次内容构成，每一层次都会有对应的内容标题，所以，对论文层次的检查，一般可以先从大小标题之间的关系来进行。如果论文未设小标题，则可以从内容判断。首先要检查各层次内容之间逻辑关系是否严密，层次的脉络是否分明、顺畅；其次要检查全文的布局、层次和段落的安排是否有条理，各段的分论点是否明确；最后，要检查下一层次的论点是否为上一层次论点服务，是否与上一层次论点相一致。

（2）结构是否完整严密。从大的方面来说，要检查论文的序论、本论、结论三大部分是否协调一致。同时还要检查基本结构。经管类毕业论文的基本结构是提出问题、分析问题、解决问题，常见的有立论式、问题对策式、应用理论式、模型实证分析式和比较借鉴启示式等不同形式。如果选用的论文结构形式不合适，需及时进行修改。从具体内容来说，还要检查各个部分的主次、详略是否得当，论点与论据是否统一，大论点与小论点之间是否严密。

3．材料的核实与调整

材料是证明论点的论据，论文选用的材料必须典型、真实，与论点相统一。完成经管类论文初稿后，要对论文中选用的材料进行核实和调整，一般可分两步进行。

（1）查核材料是否真实、可信、准确。对经管类论文初稿中引用的事例、数据、典型材料和引文出处等进行核对，看是否有疑点，前后是否矛盾。如果引用了他人的论述，尽可能核对原文，确保论文建立在坚实可靠的基础之上。

（2）根据论证要求，对材料进行修改。如果材料单薄且不足以说明论点，就要充实经管领域典型材料，使论证更有说服力。对于与论点缺乏严密逻辑关系的材料，一定要更换或修改。对于杂乱、重复的材料则要删减，不能以材料多而取胜，应以适度为佳。对于陈旧、一般化的经管领域的材料，则要进行调换。

4．论文的语句润色

语言是论文的载体，内容再精彩，表达不行也会影响论文的质量。因此，经管类毕业论文要注意语言表达，尽量追求通俗易懂，避免晦涩拗口。对语句的修改，主要是修订不通顺的语句、修改病句与错别字、规范用词与表达，做到专业性与可读性兼备。另外，要格外注意检查标点符号的使用是否正确，这是最易忽视的一点。不要小看标点的作用，使用不当极有可能造成意思传达的错误，从而影响论文的正确性。

三、查重后的修改

经管类论文查重的目的是确保学术论文的原创性和独立性，以维护学术诚信。然而，许多毕业生在论文查重后，常常会面临一些普遍存在的问题，如重复率过高、引用不规范、语法错误等。因此，在论文查重后应该对论文采取相应的修改措施来提高论文质量（见图 7.3）。

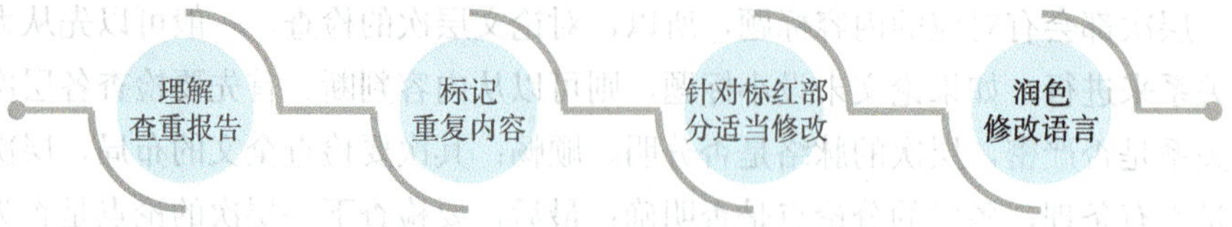

图 7.3　经管类论文查重后的修改步骤

1. 理解查重报告

在开始修改之前，要理解查重报告。查重报告通常会提供与论文相似度较高的文献列表，以及这些文献与学生自己论文的相似度。仔细阅读报告，并注意以下两个部分。

（1）相似度高的部分。这些部分可能是在写作过程中从其他文献中借鉴的内容。

（2）相似度低的部分。这些部分可能是自己创作的，但其中可能包含一些常见的学术短语或句型，如“有研究表明”“在过去的文献中提到”等。

2. 标记重复内容

在阅读报告后，使用醒目的颜色或符号标记出重复的内容，以便于后续的修改工作。对于标红的部分一定要逐字阅读，通常这些部分也是论文需要着重修改的地方。

3. 针对标红部分适当修改

在进行修改的时候要注意不要进行大幅度修改。论文查重系统检测出重复的部分一般是学生论文中的优质部分。很多人会觉得进行删除就可以将问题解决，实际上却并非如此。修改是为了提高论文的整体质量，并不是为了降低重复率而直接删除掉论文中精彩的部分。所以同学们必须掌握一定的修改方法，对查重后标红部分进行一些小的修改和变动。建议可以通过以下几种方式进行修改。

（1）调整表述方式。对于标红的内容，尝试改变原有的表述方式，使用不同的词汇、句式或结构来重新描述，这样可以在保留原意的同时降低重复率。

（2）重新组织句子和段落。对于重复较为严重的部分，可以考虑重新组织句子和段落，调整句子的顺序和逻辑结构，使内容更加流畅且降低重复率。

（3）添加原创内容。在修改过程中，可以加入一些自己的见解、分析或实验数据等内容，以增加论文的原创性。

4. 润色修改语言

对查重以后的经管类论文语句修改，主要包括以下三个方面。

（1）语言要准确、规范。查重以后修改论文时，要通读全文，把似是而非的语句改为准确的文字，保证用词规范、专业，不能为了降低重复率而生造词语。同时，对论文中比较直白的表述进行润色，增加论文的专业性。比如对于描述调研过程的语句进行更加专业的表述，使其更加符合学术用语。

（2）注重语言简洁精练。有些学生为了降低重复率而重复相同的论点，语言表述比较啰唆。

（3）注意语言流畅。不要为了降低复生率而导致论文句子错乱，出现结构混乱、搭配不当等不合语法的句子。对经管类论文查重以后的修改，应该以清晰、准确、连贯的表达方式为目标，努力提高自己的语言组织能力和写作能力。

四、评审后的修改

经管类论文评审后的修改是一个重要的环节。为提高论文质量，学生应该在评审后再次对论文进行修改，具体包括以下六个步骤。

1. 仔细阅读评审意见

学生在收到评审意见后，应先仔细阅读每一条评审意见，确保充分理解评审专家的建议和要求。同时，还应注意评审意见的合理性和针对性，以便更好地进行修改。

2. 分析修改意见的共性和核心问题

在阅读评审意见的过程中，同学们可以将意见进行分类，找出其中的共性和核心问题。这样可以更好地把握修改的方向和重点，有针对性地进行修改。

3. 制订修改计划

在处理修改意见之前，同学们可以制订一个详细的修改计划。计划中可以包括修改的内容、修改的顺序和时间安排等。这样可以更好地组织修改工作，提高效率。

4. 与导师讨论

在处理修改意见时，可以和导师进行讨论，听取他的建议。导师可能会提供新的思路和观点，帮助学生更好地理解评审专家们的意见。

5. 逐条修改并解释

在修改论文时，学生应逐条处理评审专家的修改意见，并在论文中进行相应的修改。对于一些不同意修改的地方，也应给出合理的解释和理由。

6. 重新组织论文结构和语言表述

在论文评审后进行修改时，学生还应注意论文的结构和语言表述。有时候，修改不仅是对某个具体问题的修改，还可能需要对整个论文进行重新组织和调整。

五、答辩后的修改

在答辩通过后，经管类论文并不是完成了，而是需要进一步的修改和完善。通过全面审查和修改论文的各个部分，可以确保论文符合学术要求。答辩后对论文的修改，具体包括以下六个方面内容。

1. 查看答辩记录中老师的建议

需要理解答辩老师对论文的建议，了解老师对论文的看法和要求。确保理解了老师的意图和要求，以便进行有针对性的修改。

2. 修改论文中的问题

根据答辩老师的建议，逐一修改论文中的问题。对于语言表述、逻辑结构、数据呈现等方面的问题，需要进行相应的修改和完善。同时，也要注意论文的格式和排版是否符合要求。

3. 加强论证和数据支持

如果答辩老师指出论文的论点缺乏足够的证据支持，需要进一步补充论证和数据支持。可以添加经管领域相关的案例、数据或事实等，以增强论点的说服力。同时，也要注意数据来源的可靠性和准确性。

4. 精练和优化论文内容

根据答辩老师的反馈，对论文的内容进行精练和优化。删除不必要的部分，合并重复的内容，突出重点和核心思想。确保论文内容简洁明了且逻辑清晰。

5. 调整格式和排版

论文的格式和排版应该符合学术要求。在答辩后修改论文时，需要调整格式和排版。

6. 检查引用和参考文献

论文中的引用和参考文献是必不可少的。在答辩后修改论文时，需要检查论文中的引用和参考文献，确保引用和参考文献的正确性和完整性。

第三节 经管类论文格式规范方法

一篇经管类毕业论文的质量不仅取决于其内容的深度和创新性，还在于它的格式是否规范、清晰。规范化的格式有助于提高毕业论文的可读性和专业性，同时也是对学术诚信的尊重。本节旨在为毕业生提供一套全面的经管类论文格式规范方法，进一步提高学生论文的质量。

一、目录规范方法

1. 注意目录内容与顺序

毕业论文目录应该囊括所有论文章节，包括引言、主体、结论和附录等。目录虽然不是正文部分，但也应该根据各章节的内容进行呈现。特别要注意的是，目录中每个章节的名称和编号应该与正文保持一致。

2. 明确格式要求

（1）标题层次明确。父标题和子标题应该清晰明确地区分开来，并且正确使用标题等级。例如：“1. 引言”是一级标题，“1.1 养老保险制度的发展与现状”是二级标题，这样可以有效地将各个部分的内容区分。

（2）使用标准字体和字号。论文目录应该使用标准字体和字号，例如宋体或 Times New Roman，字号一般为小四号或五号。

（3）标题与页码对应。标题与页码在目录页中应该一一对应。

3. 注重页面布局

在毕业论文目录格式要求中，页面布局也是需要注意的一个重点。论文目录应该单独占据一页，且不计入页码。目录页的格式要求包括页面上下、左右边距的设定以及行间距要合理，确保清晰明了。同时，也需要注意目录与正文的连通性，避免出现与正文不协调的情况。

4. 注明页码

毕业论文目录中的页码应该与正文一致，并且放置在每个标题的右侧，对齐边界线。页码应该使用阿拉伯数字。计算页码从第一页开始，目录页本身不计算在内。

5. 快速制作目录的方法

第一步：定义标题（见图 7.4）。标题是指论文的主要内容，它通常在论文的最开始，是论文最重要的部分。因此，在制作目录时，应首先确定标题，然后根据标题设置章节标题。一般来说，论文的标题必须包括绪论、正文、结论等内容。由于每个章节都是独立的，因此每个章节都有自己的标题。

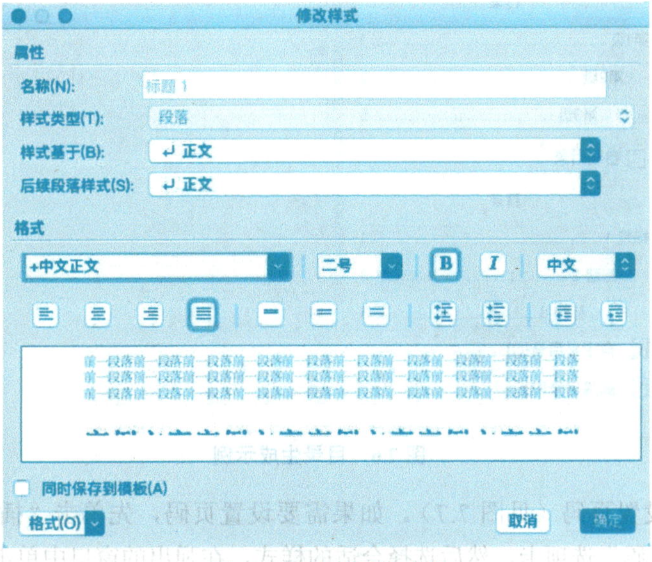

图 7.4 定义标题的方法

第二步：使用大纲级别（见图 7.5）。使用大纲级别，可以直接将目录与文章的整体结构联系起来，更容易理解论文内容。当然，在使用大纲级别时，一定要注意不要在大纲级别中设置过多的段落和页码。太多的段落和页码会使目录变得复杂，不容易理解。

图 7.5　大纲级别示例

第三步：插入目录（见图 7.6）。其实，我们用的 Word 都是可以自动生成目录的。以常用的 WPS 为例，选择“引用”下面的“目录”选项，就可以根据论文的各章标题，生成一个目录。

图 7.6　目录生成示例

第四步：设置页码（见图 7.7）。如果需要设置页码，先单击“插入页眉和页脚工具”，选择“页码”选项卡，然后选择合适的样式，在弹出的窗口中单击“×”按钮，退出编辑即可。

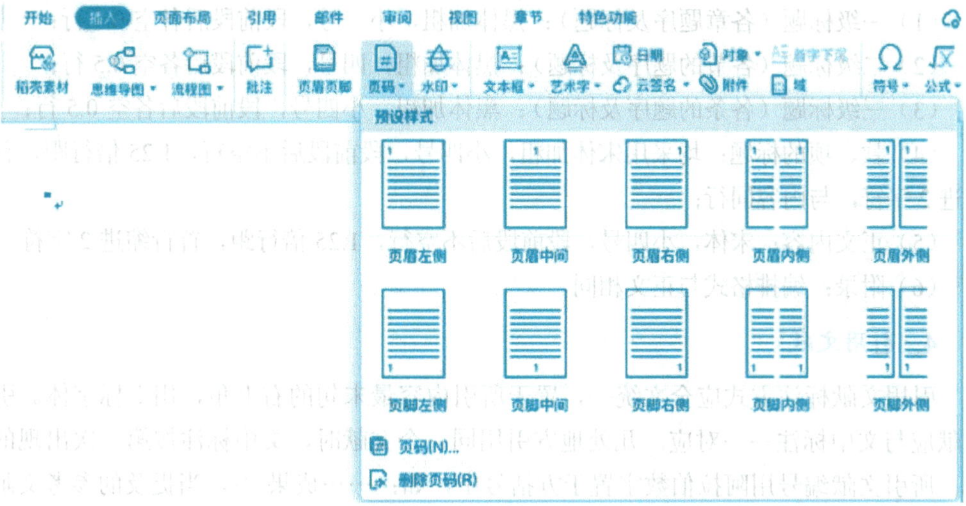

图 7.7　设置页码的方法

二、文本规范方法

1. 基本要求

经管类毕业论文（设计）用汉语简化文字撰写，各部分文字、符号必须在计算机上输入，并按规定编排与打印。

2. 章节及层次

毕业论文（设计）正文原则上分章节撰写。各章标题要突出重点、简明扼要，字数一般在 15 字以内。标题中尽量不采用英文缩写词，对必须采用者，应使用本行业的通用缩写词。

层次以少为宜，根据实际需要选择，一般不超过三级。各章层次的编写格式要统一，若节下内容无须列条的，可直接列款、项，用到哪一层次视需要而定。

正文层次的编排建议用以下格式：

章	第三章　※※…※ ……内容	1. 每章（或附录）另起页，章编号用大写数字
节	X.1 ※※…※ ……内容	2. 节标题顶格，X 为阿拉伯数字的章编号
条	X.1. 1 ※※…※ ……内容	3. 条标题顶格，X 为阿拉伯数字的章编号
款、项	（1）※※…※ ……内容	4. 款（项）标题空 2 格起排
内容	……内容	5. 各层次题序及标题不得置于页面的最后一行（孤行）

3. 正文字体和字号及段落

（1）一级标题（各章题序及标题）：黑体加粗，小二号，段前段后各空 0.5 行；

（2）二级标题（各节的题序及标题）：黑体加粗，四号，段前段后各空 0.5 行；

（3）三级标题（各条的题序及标题）：黑体加粗，小四号，段前段后各空 0.5 行；

（4）款、项的标题：均采用宋体加粗，小四号，段前段后不空行，1.25 倍行距，首行缩进 2 字符，与内容同行；

（5）正文内容：宋体，小四号，段前段后不空行，1.25 倍行距，首行缩进 2 字符。

（6）附录：编排格式与正文相同。

4. 引用文献

引用文献标注方式应全文统一，置于所引内容最末句的右上角，用上标字体。引用文献应与文中标注一一对应。几处地方引用同一个文献时，文中标注按第一次出现的序号。所引文献编号用阿拉伯数字置于方括号中，如：……成果[1]。当提及的参考文献为文中直接说明时，其序号应该用 Times New Roman 字体与正文排齐，如“由文献[8，10~14]可知”。

不得将引用文献标注置于各级标题处。

脚注编号用阿拉伯数字置于圆圈中，如：……成果①，脚注作页下注，用五号 Times New Roman 字体。

5. 名词术语

科技名词术语及设备、元件的名称，应采用国家标准或部颁标准中规定的术语或名称。标准中未规定的术语要采用行业通用术语或名称。全文名词术语必须统一。一些特殊名词或新名词应在适当位置加以说明或注解。

采用英文缩写词时，除本行业广泛应用的通用缩写词外，文中第一次出现的缩写词应该用括号注明英文全文。

6. 计量单位

文中所用单位一律采用国务院发布的《中华人民共和国法定计量单位》，单位名称和符号的书写方式，应采用国际通用符号。

7. 外文字母的正、斜体用法

拉丁文用斜体，计量单位等符号均用正体。

8. 数字

文中所用数字按照《中华人民共和国国家标准出版物数字用法》（GB/T 15835—2011）要求书写。

9. 附录

对需要收录于毕业论文（设计）中且又不适合书写于正文中的附加数据、资料等有特色的内容，可以附录排写，序号采用“附录 A”“附录 B”“附录 C”等依次排列。同时，附录应有标题，如“附录 A：※※※……※※ 调研问卷”。

三、图、表、公式规范方法

1. 插图编排的方法

插图应与文字紧密配合，文图相符，技术内容正确，编排美观。选图要力求精练。插图应符合国家标准及专业标准。

每个图均应有图题（由图号和图名组成）。图号按章编排，如第一章第 1 图的图号为“图 1.1”等。图题置于图下，有图注或其他说明时应置于图题之上。图名在图号之后空一格排写。引用图应说明出处，在图题右上角加引用文献号。图中若有分图时，分图号用 a）、b）等置于分图之下。

各项说明置于图题之上（有分图题者，置于分图题之上）。

插图与其图题为一个整体，不得拆开排写于两页。插图处的空白页不够排写该图整体时，可将其后文字部分提前排写，将图移至次页最前面。

2. 插表编排的方法

一律使用三线表，表格不加左、右边线。表序按章编排，如第一章第 1 个插表的序号为“表 1.1”等。表序与表名之间空一格，表名中不允许使用标点符号，表名后不加标点。表序与表名置于表上，居中书写。

表头设计应简单明了，起行空一格、转行顶格、句末不加标点。

全表如用同一单位，将单位符号移至表头右上角，加圆括号。

表中数据应正确无误，书写清楚。数字空缺的格内加“—”（占 2 个数字），不允许用“ " ”“同上”之类的写法。

3. 公式编排的方法

公式原则上居中书写。公式序号按章编排，如第一章第 1 个公式序号为“（1.1）”，如附录 A 中的第一个公式为“（A.1）”等。公式中第一次出现的物理量应给予注释。

文中引用公式时，一般用“见式（1.1）”或“由公式（1.1）”。

公式较长时最好在等号“=”处转行，如难实现，则可在＋ −×÷ 运算符号处转行，转行时运算符号书写于转行式前。

公式序号的右侧符号与右边线顶边排写，公式序号与对应的公式用点线连接。

四、参考文献规范方法

参考文献书写格式应符合 GB7714—2005《文后参考文献著录规则》。常用参考文献编写项目和顺序规定如下（所有标点符号均为半角）。

参考文献（4 个字居中，黑体小二号加粗），具体文献条目每条另起行，顶格，用五号宋体。

1. 连续出版物

[序号] 主要责任者 . 文献题名 [J] . 刊名，出版年份，卷号（期号）：起止页码 .

2. 专著

[序号] 主要责任者 . 文献题名 [M] . 出版地：出版者，出版年：起止页码 .

3. 会议论文集

[序号] 主要责任者 . 文献题名 [C] . 主编 . 论文集名 . 出版地：出版者，出版年：起止页码 .

4. 毕业论文

[序号] 主要责任者 . 文献题名 [D] . 保存地：保存单位，年份 .

5. 报告

[序号] 主要责任者 . 文献题名 [R] . 报告地：报告会主办单位，年份 .

6. 专利文献

[序号] 专利所有者 . 专利题名 [P] . 专利国别：专利号，发布日期 .

7. 国际、国家标准

[序号] 标准代号 . 标准名称 [S] . 出版地：出版者，出版年 .

8. 报纸文章

[序号] 主要责任者 . 文献题名 [N] . 报纸名，出版日期（版次）.

9. 电子文献

[序号] 主要责任者 . 电子文献题名 [文献类型 / 载体类型] . 电子文献的出版或可获得地址，发表或更新日期月 / 引用日期（任选）

参考文献著录中的文献类别代码：

普通图书	会议录	汇编	报纸	期刊	毕业论文	报告	标准	专利	数据库	计算机程序
M	C	G	N	J	D	R	S	P	DB	CP

五、常见问题及解决思路

1. 正文排版

（1）行距问题。行距是指文字之间的间距。一些学生在写经管类论文的时候往往会输入两个空格来为段落之间留下空隙，导致排版不够优美。

解决方案：使用“段前\段后”选项或者修改“首行缩进”的值，而不是手动添加空格。

（2）段落格式。很多学生不了解段落格式设置，导致排版格式混乱不堪。

解决方案：选择 Word 中的“段落”选项，设置非固定行距并设置首行缩进，让每个段落之间有一个小间隔。

（3）页眉和页脚格式。页眉和页脚格式不够清晰，或者显示不完整，也是一个很常见的问题。

解决方案：在 Word 中使用“页眉”和“页脚”选项，选择“相同内容”，设置页面编号、标题、日期等元素。

2. 参考文献排版

（1）参考文献格式问题。很多作者忽略了参考文献的重要性，导致格式不规范，如参考文献序号不悬挂，参考文献是论文集但是没有标注论文地点等。

解决方案：使用标准的参考文献格式，符合 GB7714－2005《文后参考文献著录规则》。

（2）参考文献引用格式问题。引用参考文献的格式也是一个非常重要的问题。一些学生可能不知道如何使用正确的引用格式，导致被认为抄袭。

解决方案：使用正确的引用格式，如作者年份制（APA）、编号制（IEEE）等。

3. 图表排版

（1）图表尺寸问题。图表太小或太大都会影响阅读体验，从而影响老师对论文的评价。

解决方案：按照论文格式要求设置图表尺寸，同时保留图表的分辨率以确保清晰度。

（2）图表描述问题。图表的描述往往不够清晰，在不说明方向或者单位的情况下，可能会让人产生误解。

解决方案：为图表添加明确的单位和方向标记，并在题注中对图表的含义和重要性进行简要介绍。

4. 参考资料整理

（1）资料来源不规范。资料是论文写作的基础，但是很多学生可能不注意及时有效地记录资料来源，未能规范整理资料，这会影响论文的可信度。

解决方案：整理资料时，要注意记录来源、日期、网站等信息，并尽可能使用公开的、可信的数据库。

（2）参考文献来源不规范。参考文献是非常重要的一部分，一些学生可能会参考一些非学术性的网站或者出版物，这会影响到论文的质量。

解决方案：只使用有效的、可信的学术性参考文献，确保论文的可信度。

本节列出了一些经管类论文常见的格式规范问题以及解决方案，但是在实际写作当中可能还会遇到其他问题。如果学生还有其他的问题需要解决，建议在写作过程中随时查阅相关的排版指南，并寻求同学或者导师的帮助。

第四节 经管类论文答辩

经管类论文答辩不仅是对研究成果的一次全面检验，也是学生向老师们展示自己研究能力和表达能力的重要机会。本节参考了《管理类学生毕业论文的写作与指导》中对论文答辩的要求，并结合高校实际情况，旨在为即将参加论文答辩的毕业生们提供一套全面的指导方案，帮助学生们做好充分的准备，顺利通过答辩，并最终完成经管类论文的定稿工作。

一、答辩流程

经管类毕业论文答辩程序一般包括答辩主持人介绍答辩委员会、宣布答辩规则、答辩人报告论文主要内容、答辩委员会提问、答辩人准备、答辩人答辩、成绩评议、复会、答辩主持人宣布答辩结束等九个步骤，并按步骤依次进行（见图 7.8）。

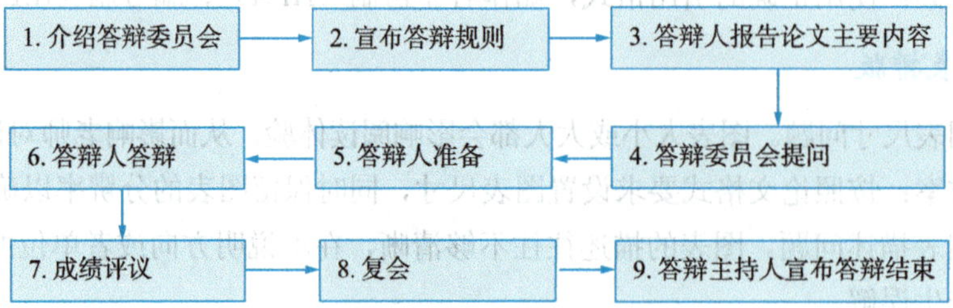

图 7.8 答辩的一般程序

1. 介绍答辩委员会

答辩主持人宣布毕业论文答辩委员会的人员组成，并对答辩教师进行介绍。论文答辩委员会一般应由 4 人以上组成，1 名组长，2 名论文答辩成员，1 名专职记录员。在由答辩教师承担记录的情况下，可不配专职记录员。答辩委员会一般由专业教师组成，学科内容一般都会涵盖本组答辩学生的选题。

2. 宣布答辩规则

答辩主持人宣布答辩开始，并宣布答辩的基本规则、要求和安排。一般会涉及以下几方面：一是清点学生人数，以确定答辩人是否到齐；二是宣布答辩程序和规则；三是确定学生答辩比例，一般安排全员答辩。如果确因学生人数众多而不能正常完成答辩工作，有些学校也会实行比例答辩。但是，指导教师初评成绩为优秀、及格的同学一定要进行答辩；不及格的同学一般首先要重新修改论文，没有参加答辩的资格；其他的同学在比例范围内随机抽查答辩。

3. 答辩人报告论文主要内容

由答辩人报告论文选题的背景、论文的基本框架和主要观点、论文的创新之处和写作体会，报告时间一般控制在10分钟左右，不要超过15分钟。同学在报告论文内容时应基本脱离文稿，不能照着稿子念。

4. 答辩委员会提问

在进行论文答辩之前，答辩委员会的答辩教师在仔细研读经过指导教师审订并签署过意见的毕业论文的基础上，拟出要提的问题，一般不少于三个问题。在答辩教师提出问题的过程中，一定要认真听取，准确做好记录，充分领会答辩教师所提问题。如有不清楚，一定要请求答辩教师重复，以避免因未听清楚题目而造成答非所问或偏离主题的后果。

5. 答辩人准备

是否安排答辩人准备，因校而异。有一些学校不安排答辩人准备时间，在主答辩教师提出问题后，要求学生当场立即作出回答，随问随答。从考查学生答辩质量的角度考虑，适当安排一些时间给答辩人准备是可行的，并在答辩人准备期间，可进入下一答辩人的报告论文和答辩委员会提问，便于提高时间效率。答辩人准备时，应逐一对答辩教师所提问题进行整理，可对照论文，查阅一些相关资料，形成基本思路，并作一些书面整理，切忌偏题。答辩人准备时间不超过30分钟。

6. 答辩人答辩

答辩人准备完毕后，按问题顺序逐一作出回答。根据学生回答的具体情况，主答辩教师和其他答辩教师随时可以有适当的插问。答辩人的答辩时间不少于15分钟。

7. 成绩评议

所有答辩人答辩完毕，暂休会，答辩人暂时退场。答辩委员会进行评议，并就是否通过论文答辩进行表决，拟定成绩和评语。

8. 复会

由主答辩教师当面向学生就论文和答辩过程中的情况加以小结，肯定其优点和长处，指出其错误或不足，并加以必要的补充和指点，同时当面向学生宣布通过或不通过。对答辩不能通过的学生，说明不通过的理由，并提出修改意见和补答辩安排。

9. 答辩主持人宣布答辩结束

二、答辩准备

同学们提交毕业论文之后，应抓紧时间为论文答辩做好准备，一是要熟悉有关毕业论文答辩工作的具体安排；二是要根据答辩程序要求做好论文报告准备；三是做好答辩内容准备，这是答辩准备的重点工作。

1. 熟悉毕业论文答辩的安排

（1）按时完成论文并及时交教师批阅。学生必须在论文答辩举行之前一周，将经过指导教师和评阅教师评阅并写好评语和建议成绩的毕业论文一式两份交给答辩委员会。答辩委员会教师在仔细研读毕业论文的基础上，拟出要提问的问题，然后举行答辩会。

（2）熟悉毕业论文答辩组织安排。一是要熟悉论文答辩时间安排，以免错过论文答辩时间；二是要熟悉论文答辩分组和场地安排。由于参加答辩的学生一般比较多，不可能将所有学生安排在一起进行答辩，而且每名学生的选题在学科研究方向上各有不同，需要进行适当的归类，以适应答辩教师的学科归属，同时，还要尽可能实现指导教师回避制度。所以，一般而言，学校会根据具体情况进行分组，分别确定每一答辩小组的同学名单及答辩场地。答辩的学生一定要明确自己所属组别，最好事先去熟悉一下场地，以放松答辩时的情绪。

（3）熟悉毕业论文答辩的一般程序。毕业论文答辩的一般程序是论文答辩过程中的程序安排。学校一般会事先以书面形式公布。学生应认真阅读，记住答辩过程中与自己相关的环节和基本要求，做好有针对性的准备。

2. 论文报告准备

按照答辩程序，在答辩教师提问前，先由答辩人报告论文主要内容。所以，做好论文报告准备是学生要做的重要准备工作。论文报告内容应从以下几个方面准备。

（1）答辩人自我介绍、论文的题目、指导教师姓名。

（2）论文选题的背景和动机，选题的理论意义和实践意义。该内容可根据开题报告的内容进行整理。

（3）国内外对该选题研究的基本现状。该内容可根据文献综述进行整理。

（4）论文的基本框架和主要观点、论据。

（5）写作体会，论文的创新之处、不足之处，以及对论文的自我评价。上述论文报告内容，实际上是同学毕业论文的简介，答辩前同学可以事先将这些内容写好。由于答辩人报告论文主要内容的时间一般不超过 15 分钟，毕业论文简介要突出一个“简”字，简明扼要，并要熟悉简介内容。

3. 答辩内容准备

答辩内容的准备是论文答辩准备工作的重点，是学生为正确回答答辩教师的提问而作的实质性准备。答辩时不要盲目猜测答辩老师会提出的具体问题，这是因为：一是不同的答辩教师会作出不同的提问，学生无法事先获知提问的具体内容；二是论文的答辩过程也是一个很好的学习过程，认真准备有利于学生答辩能力的提高。答辩准备可从以下几个方面进行。

（1）熟悉论文全文的内容，尤其要完全理解论文中所使用的主要概念的确切含义和所运用的基本原理的主要内容，完全熟悉论文的基本观点、论证的基本依据及推理过程，进一步核实各类素材的来源和数据的准确性。

（2）反复推敲文章内容，特别是对论文本论部分和结论部分的内容进行反复推敲，仔细审查论文中有无自相矛盾、错误、片面或模糊不清的地方，有无与法律、国家的方针政策相冲突之处等。如发现有上述问题，就要做好充分准备，如何进行补充、修正或说明等，这样在答辩过程中，就可以做到心中有数、临阵不慌。

（3）论文还有哪些应该涉及，但因力所不及或篇幅有限而未能接触的问题，答辩时能清楚地讲述，可以展示学生较宽的知识面。

（4）仔细审查继承或借鉴的他人研究成果，核查他人成果的原始出处，引用是否准确，引用到论文中是否合理，对引用的内容是否彻底消化。

（5）于对自己的创新观点，在答辩时要特别引起重视。一是因为“新观点”是论文的亮点，往往要特别介绍，也往往容易引起答辩教师的兴趣，答辩教师提问的可能性比较大；二是因为“新观点”往往不太成熟，会存在一些漏洞，很容易被教师问住。所以，对论文中的新观点、新见解要重新进行系统的反思，反思观点的正确性和逻辑的严密性，反思是否存在不足等。

（6）了解和掌握与经管类毕业论文主题相关联的知识和材料。如论文的选题在学术界的研究已经达到了什么程度，存在着哪些争议，有哪几种代表性观点，各有哪些代表性著作和文章，自己倾向于哪种观点及理由，重要引文的出处和版本，论证材料的来源渠道等。这些方面的知识和材料都要在答辩前做到比较好的了解和掌握。

（7）对于指导教师在指导过程中指出的论文不足及定稿时指导教师所作的论文不足方面的评价要特别引起重视，并能在答辩之前对这些问题有一些更成熟的思考。

对上述内容，学生们在答辩前都要很好地准备，经过思考、整理，写成提纲，记在脑中，这样在答辩时就可以做到心中有数，从容作答。

【课堂思政】

坚守学术诚信。通过教授论文修改的原则和技巧，引导学生在修改过程中注重诚实、严谨、公正，坚守学术诚信的底线，杜绝抄袭和剽窃行为，培养学生正确处理学术道德问题的意识。选择学生在撰写论文过程中可能遇到的具体问题作为切入点，如数据收集、文献引用、观点表述等方面可能出现的诚信问题。通过讲述一个因抄袭被发现而导致学位撤销的真实故事，让学生深刻理解违反学术诚信带来的严重后果。

强化创新和学术规范意识。在介绍论文格式规范要求的同时，强调学术规范对于保障学术交流和知识传播的重要性，教育学生遵守学术规范，包括引用规范、排版格式规范等，注重学术正直和学风建设。结合实际案例分析，让学生在解决这些问题的过程中，自然而然地接触到相关的思政教育内容。比如，可以使用一些国内外知名学者因为学术不端而受到处罚的真实案例来警示学生，同时也可以分享那些以正确态度进行研究并取得成功的正面案例。

培养自信与沟通能力。通过答辩模拟和演练，帮助学生提高自信心和表达能力，培养学生应对学术问题和挑战的能力，同时注重学术交流中的合作和尊重，培养学生的团队合作精神和跨学科思维能力。首先，选取一些优秀的答辩视频作为教学材料，让学生观看并分析这些答辩者的优点，比如他们的语言组织能力、面对提问时的态度以及如何运用肢体语言来增强演讲效果等。其次，设计一个小游戏或角色扮演活动，让学生分成小组，每个人轮流扮演答辩人和评审人的角色，通过这种互动的方式来实践如何自信地陈述自己的观点以及如何有效地进行沟通。

培养严谨工作态度与敬业精神。论文的修改和格式规范过程是培养学生严谨态度的最佳时机，而论文答辩则是展现敬业精神的重要场合。通过具体实例分析，让学生理解每一个步骤背后的逻辑和重要性。比如，在格式规范上，可以强调不同学术期刊对引用格式的不同要求，以及这些要求背后的原因；在论文答辩中，则可以通过模拟答辩来训练学生的临场发挥能力。同时，在课堂中选取一些成功发表在高水平期刊上的论文作为范例，重点分析这些论文在格式规范方面的严谨性，以及作者在答辩时表现出的专业素养。

【本章小结】

本章内容主要涉及四个方面：经管类论文写作可能出现的问题、论文的修改、格式规范以及答辩过程。整章内容围绕论文从初稿到最终提交的整个过程展开，其中各个知识点之间存在着紧密的内在联系。论文写作的常见问题及解决思路为后续修改提供了方向；通过修改可以进一步完善论文的内容和形式，而格式规范则是确保论文符合学术要求的基础；论文答辩不仅是对研究成果的展示，也是对整个研究过程的一次检验。这些环节环环相扣，缺一不可。本章的重点是让学生掌握论文写作的常见问题及解决方法，并且能自如地应对论文答辩，而难点则是对论文的修改，需要学生掌握一定修改技巧。

本章在整个论文写作过程中占据着核心地位，它不仅提供了具体的写作指导，更重要的是帮助学生建立起一套完整的论文写作思维模式。通过学习本章内容，学生能够系统地掌握从问题发现到解决方案实施的全过程，从而提高论文的质量和个人的学术研究能力。

【实战训练】

任务 1：论文的修改与演练。给学生分发一份含有典型错误的论文样本（如逻辑错误、语言表述不当、格式不规范等），识别并修正论文中的逻辑错误和语言表述问题。

任务 2：模拟答辩。学生准备一份自己的论文摘要或研究介绍（时间控制在 5 分钟内）；学生参加模拟答辩，由老师或其他同学扮演评委，对学生进行提问和点评；学生针对评委的提问进行回答，并展示自己对研究的深入理解和批判性思维。

【拓展学习】

1．公众号“山大研究生”：如何判定和提高论文创新性，不可错过的实用方法。

2．公众号“读研教育”：攻略来啦！论文答辩超全流程，一定要看到最后。

【课后练习】

1．论文写作的常见问题有哪些?

2．修改毕业论文的方法有哪些?

3．回顾论文修改过程，思考哪些修改对你的论文质量提高最为显著？哪些修改过程中遇到了困难？你是如何克服的?

4．总结你在实战训练中答辩准备过程的经验和教训。哪些准备方法对你最为有效？在答辩过程中，你觉得自己表现如何？有哪些需要改进的地方?

【参考文献】

[1] 谭祥勇，熊婷燕，颜依婷．经管类研究生学位论文质量问题原因探析［J］．科教导刊，2023（29）：51-54.

[2] 范仁军．应用型本科高校经管类专业学位论文写作对策分析研究［J］．才智，2021（9）：125-127.

[3] 纪静娜，唐登莉．经管类本科生毕业论文写作问题分析及改进措施［J］．教育教学论坛，2020（14）：369-370.

[4] 孙凯．经管类本科毕业论文写作中的几个问题［J］．科教导刊（下旬），2017（24）：38-39.

[5] 陈凤霞，谭佳黎，史元．关于提高经管类本科毕业论文质量的探究［J］．黑龙江高教研究，2015（3）：101-104.

[6] 刘莉君．论经管类专业本科生毕业论文质量的提升［J］．当代教育理论与实践，2009，1（1）：159-160.

[7] 张波等．经管类本科毕业论文写作指导［M］．南京：南京大学出版社，2019.

[8] 尤利群等．管理类学生毕业论文的写作与指导［M］．杭州：浙江大学出版社，2020.

[9] 赵公民、聂锋．经济管理类毕业论文写作与答辩［M］.2版．北京：高等教育出版社，2017.

[10] 冯光明、蔡运记．经济与管理类毕业论文写作导论［M］．北京：清华大学出版社，2013.

第八章 Chapter 8 论文写作实例及分析

学习目标

知识目标：熟悉本科毕业论文质量的评价指标及评分标准；理解经管类论文写作普遍存在的问题及解决思路；理解国内外学术论文发表制度；掌握学术论文成功发表的策略。

能力目标：提升具有创新性、前瞻性的科研论文选题能力；夯实论文写作的逻辑构建能力；强化应用本专业知识分析和解决实际问题的能力；培育学术论文成功发表的能力。

素质目标：强化学术道德规范意识，培养严谨、务实、精益求精的质量意识，激发创新思维和创新意识。

第一节 论文质量的评价指标及评分标准

本科毕业论文是学生综合运用所学知识和技能，学习科学研究基本方法，培养实践能力、创新能力、科学精神和创业精神的重要教学环节和实践环节，是对学生进行综合素质培养的重要过程。同时，毕业论文也是学生毕业与学位资格认定的重要依据。制定客观、合理的论文质量评价指标及评分标准，是衡量学生毕业论文质量的必要前提，也是指导学生修改和完善论文的重要依据。

一、论文质量的评价指标

根据教育部论文评审规则，本科毕业论文质量评价指标分为4个一级指标、13个二级评价指标。4个一级指标涵盖了选题、框架、内容和形式，具体说明如下。

1. 选题意义

（1）与本专业培养目标和毕业要求的契合程度。选题属于本学科专业研究方向，符合本专业培养目标要求，与本专业毕业要求紧密相关。

（2）理论意义或实践应用价值。选题能够对本专业的某一问题进行理论分析，并有一定的拓展和深化。选题关注实际问题，具有一定的应用参考价值。

（3）创新意识和难易程度。选题体现作者的独立思考，有一定特色或新意。选题难度适度，能达到本专业培养方案中对知识、能力、素质的要求。

2. 逻辑构建

（1）结构体例。论文核心模块完备，各篇章结构完整合理，有逻辑性，层次分明，详略得当，重点突出。论文体例与选题相匹配。

（2）内容组织。对论文的主题及相关素材系统地分析，能形成合适的方案。研究路径合理、方案可行、论证充分、结论可信。

（3）文字表达。论点表述明确，文字表达与文体协调，概念准确，理论运用恰当，论述语言严谨，条理清晰。

3. 专业能力

（1）文献检索及梳理能力。基本掌握文献检索方法，具有一定的查阅、整理、分析中外文献资料的能力。文献资料比较充分，能按照一定逻辑梳理阐述文献。

（2）对本专业及相关领域研究现状的了解与评析。基本了解本领域学术进展及最新研究动态。对现有研究理论与方法能够进行一定的评价，并从中发现研究的不足。能基于这些分析，提出解决方案。

（3）对基础理论和专门知识的掌握与运用。专业知识扎实，核心概念明确，有一定的理论基础，有问题意识，体现出一定的思辨能力和初步的创新能力。达到本专业的培养目标与毕业要求。

（4）分析和解决问题的能力。能够综合运用本专业知识，采取恰当的研究方法或路径进行研究。善于发现问题、分析问题，具备解决实际问题的能力和水平。

4. 学术规范

（1）价值取向。坚持正确方向，体现出追求真理、努力创新的使命担当意识。不损害选题研究相关者的利益或公共利益。

（2）学术诚信。严格遵守科研诚信规则，公正客观，承认和尊重他人科研成果。写作过程和结果无违背学术规范现象。

（3）写作规范。论文格式符合要求，中外文用词准确、语法规范、语言通顺。论文写作过程合乎规范，相关过程材料完整。论文字数符合相关规定的要求。

二、论文质量的评分标准

参照教育部论文评审规则的评审项目和评审要素，采取扣分制进行评分，其中与本专业培养目标和毕业要求的契合程度、理论意义或实践应用价值、价值取向及学术诚信四项评审要素不赋分值，具体评分标准如下（见表 8.1）。

表 8.1 论文质量评分标准

评审项目（分值）	评审要素（分值）	评审标准（采取扣分制）
选题意义（10分）	与本专业培养目标和毕业要求的契合程度	本项不赋分值，若选题偏离专业方向，不符合专业培养目标，与本专业毕业要求缺乏相关性，则论文不合格
	理论意义或实践应用价值	本项不赋分值，选题无任何与专业相关的理论基础，无应用参考价值，则论文不合格
	创新意识和难易程度（10分）	选题在中国知网能查到多篇相同的论文，且论文没有新视角、新数据、新事例，则此项为0分；选题创新意识一般，选题过易，难以达到本专业培养方案中对知识、能力、素质的要求，扣1～5分
逻辑构建（30分）	结构体例（10分）	思路不清，结构不合理，层次不清，逻辑混乱，文不对题。严重不合理扣8分，部分不合理扣3～7分；另外，将专业学科的理论基础或教科书上的知识设为论文的章，扣8分，设为论文的节，扣4分
	内容组织（10分）	研究路径不合理，研究方法不恰当，与研究内容不匹配，扣5分；论证不充分，结论不可信，论证没有数据及分析，或没有自行调查元素的案例及分析，扣5分；有数据分析或含有调查元素的案例，但分析不全面、不准确，扣4分；数据来源不明、数据不翔实、数据或案例陈旧，扣3分
	文字表达（10分）	观点不正确，表达不准确，条理不清晰，语言不通顺，每处扣2分
专业能力（40分）	文献检索及梳理能力（5分）	文献资料不充分，随意堆砌，缺乏逻辑梳理，扣5分；文献资料比较充分但缺乏逻辑梳理，扣3分
	对本专业及相关领域研究现状的了解与评析（5分）	不了解本领域学术进展及最新研究动态，对现有研究理论与方法未进行一定的评价，不能从中发现研究的不足，扣5分；基本了解本领域学术进展及最新研究动态，但对现有研究理论与方法未进行一定的评价，不能从中发现研究的不足，扣3分
	对基础理论和专门知识的掌握与运用（15分）	论文没有创新点，扣15分；专业知识不扎实，核心概念不明确，创新点不成立，扣10～15分；创新点不明确，扣6～8分；创新点欠明确，扣3～5分
	分析和解决问题的能力（15分）	论文提出的问题缺乏依据，扣5分；问题分析不充分、不深入，扣5分；提出的对策不具体、缺乏针对性和可行性，扣5分
学术规范（20分）	价值取向	本项不赋分值，论文出现政治方向错误，缺乏追求真理、努力创新的使命担当意识，损害选题研究相关者的利益或公共利益，按0分处理
	学术诚信	本项不赋分值，若存在主要观点抄袭、主要内容抄袭、数据造假、文献造假、请人代写等学术不端行为，论文按0分处理
	写作规范（20分）	论文中多处语法不规范，出现较多错别字，多处用词不当，图（表）、行距、参考文献等格式不规范，字数不符合规定，每处扣3分

第二节 经济类论文写作的实例与分析

经济类专业毕业论文选题应符合专业方向，与人才培养目标紧密结合。选题能够对本专业某一问题进行理论分析，并有一定的拓展和深化。选题应关注实际经济问题，具有一定的应用参考价值。论文写作能达到本专业培养方案中对知识、能力、素质的要求。

根据《普通高等学校本科专业类教学质量国家标准》，经济学类本科专业人才培养的基本目标为：培养具有良好的思想品德和道德修养、自觉践行社会主义核心价值观，具有扎实的经济学类专业基础知识和基本理论，掌握现代经济学的基本方法，熟悉中国经济运行与改革实践，具有国际视野和创新创业能力的高素质经济学专门人才。

毕业论文应体现经济学类专业鲜明的理论色彩，并兼有应用性和实践性，可采取学术论文、案例分析、调研报告等多种形式，以学术论文为主。案例分析、调研报告等形式的毕业论文在准确性的基础上，应有一定深度的理论分析。毕业论文在内容上应体现学生综合运用专业知识的能力、熟练运用现代经济学研究方法的能力、对问题进行逻辑分析和归纳总结的能力。毕业论文应遵守学术道德和学术规范。

一、经济类论文实例的质量评析

1. 国际经济与贸易专业论文实例质量评析

根据《普通高等学校本科专业类教学质量国家标准》，国际经济与贸易专业本科专业培养践行社会主义核心价值观，具有良好思想品质和道德修养，掌握经济学以及经济与贸易类专业基础知识、基本理论和方法，熟悉国际通行的经贸规则，认识与把握国内外经济、贸易的运行机制和发展规律，熟练使用 1 门外语，熟练运用现代信息技术，具有良好的沟通、协调能力和创新创业精神，成为适应我国现代化建设需要的、具有全球视野和较为完备知识体系的应用型、复合型、创新型人才。

国际经济与贸易专业本科毕业论文选题应符合专业培养目标。毕业论文应体现学术性和实践性。遵守学术道德和学术规范，毕业论文可采取学术论文、案例分析、调研报告和创业方案设计等形式。

【实例 1】论文：数字经济对长江三角洲地区制造业出口的影响研究。其质量评析如表 8.2 所示。

表 8.2　论文“数字经济对长江三角洲地区制造业出口的影响研究”的质量评析

专业 评审项目	国际经济与贸易 评价要素	分数
选题意义（10 分）	与本专业培养目标和毕业要求的契合程度	8
	理论意义或实际应用价值	
	创新意识和难易程度	
逻辑构建（30 分）	结构体例	28
	内容组织	
	文字表达	
专业能力（40 分）	文献检索及梳理能力	34
	对本专业及相关领域研究现状的了解与评析	
	对基础理论和专门知识的掌握与运用	
	分析和解决问题的能力	

续表

专业	国际经济与贸易	
评审项目	评价要素	分数
学术规范（20分）	价值取向 学术诚信 写作规范	20
合计		90
综合评价意见	在数字化浪潮的推动下，数字经济已成为全球发展的新引擎，是推动我国经济高质量发展的新动力。在此背景下，论文研究数字经济对长江三角洲地区制造业出口的影响，对本专业的具体问题进行理论分析、问卷调查和实证测度，并提出对策建议。选题关注实际问题，具有一定的应用参考价值，体现了作者的独立思考。选题难度适度，能达到本专业培养方案中对知识、能力、素质的要求。论文选题属于国际经济与贸易专业研究方向，符合本专业培养目标要求，与本专业毕业要求紧密相关 论文遵循“提出问题—分析问题—解决问题”的逻辑，从出口现状到实证分析的结果当中发现，数字经济对长江三角洲地区制造业出口存在正向促进作用，同时辅以问卷调查的方式，进一步证实了此结论。论文结构完整合理，有逻辑性，层次分明，详略得当，重点突出。论文研究路径合理、方案可行、论证充分、结论可信。论点表述明确，概念准确，理论运用恰当，论述语言严谨，条理清晰。作者善于发现问题、分析问题，具备解决实际问题的能力和水平 作者查阅了数字经济对制造业影响的相关文献，并对其进行了逻辑梳理和分类，对前人的研究有一定的认识，具有一定的查阅、整理、分析中外文献资料的能力。作者基本了解本领域学术进展及最新研究动态，专业知识比较扎实，有一定的理论基础，有问题意识，体现出一定的思辨能力和初步的创新能力 论文格式符合要求，中外文用词准确、语法规范、语言通顺。论文写作过程合乎规范。论文字数符合相关规定的要求	

2. 金融学专业论文实例质量评析

金融学类专业属于经济学学科门类，其本科人才培养的基本目标为：热爱祖国，维护社会主义制度；遵纪守法，具备健全的人格、良好的心理素质与合作精神；具备创新精神、创业意识和创新创业能力；系统掌握金融专业知识和相关技能；能够满足金融机构、政府部门和企事业单位用人的一般要求，或者具备在国内外教育科研机构继续攻读更高等级学位（或从事学术研究）的资格条件。

毕业论文选题须符合金融学类本科专业培养要求，结合专业特点和研究兴趣，紧密联系现实金融问题，具有一定的理论意义和实用价值。

【实例 2】论文：数字普惠金融对湖南省农民创业的影响研究。其质量评析见表 8.3。

表 8.3　论文“数字普惠金融对湖南省农民创业的影响研究”的质量评析

专业	金融学	
评审项目	评价要素	分数
选题意义（10分）	与本专业培养目标和毕业要求的契合程度 理论意义或实践应用价值 创新意识和难易程度	8
逻辑构建（30分）	结构体例 内容组织 文字表达	24

续表

专业	金融学	
评审项目	评价要素	分数
专业能力（40分）	文献检索及梳理能力	35
	对本专业及相关领域研究现状的了解与评析	
	对基础理论和专门知识的掌握与运用	
	分析和解决问题的能力	
学术规范（20分）	价值取向	18
	学术诚信	
	写作规范	
合计		85
综合评价意见	论文“数字普惠金融对湖南省农民创业的影响”，选题属于金融学当前关注的热点问题，且与社会实践密切联系，有一定的理论意义和应用价值。论文选题体现了作者的独立思考。选题难度适度，能达到本专业培养方案中对知识、能力、素质的要求。论文选题属于金融学专业研究方向，符合本专业培养目标要求，与本专业毕业要求紧密相关 论文对数字普惠金融及湖南省农民创业的发展现状进行详细的分析，通过散点图得出两者可能存在线性关系，从农民个体、金融服务机构以及互联网系统三个维度，通过提高农民的金融素养、提高筹资效率以及扩大销售市场等三条路径，分析了数字普惠金融对农民创业产生的积极影响。采用农民人均经营净收入作为被解释变量，以数字普惠金融指数为解释变量，对数字普惠金融影响湖南省农民创业的程度进行实证分析，提出数字普惠金融助力湖南省农民创业的对策、建议。文章结构完整，层次比较清楚，思路基本清晰，观点正确，分析论证比较充分，论文能够综合运用本专业知识，分析专业领域的社会现实问题，具备一定的解决实际问题的能力和水平 作者查阅了数字普惠金融和农民创业相关文献，并对其进行了一定的逻辑梳理和分类，对前人的研究有初步的认识。具有一定的查阅、整理、分析中外文献资料的能力。作者基本了解本领域学术进展及最新研究动态，对现有研究能够进行一定的评价。专业知识比较扎实，有一定的理论基础，体现出一定的思辨能力。论文核心概念未明确界定，创新能力一般 论文格式符合要求，中外文用词准确、语句基本通顺。论文写作过程合乎规范。论文字数符合相关规定的要求	

二、经济类论文写作存在的普遍问题及解决思路

（一）经济类论文写作存在的普遍问题

1. 选题不合理

（1）选题偏离专业方向。例如，某国际经济与贸易专业论文题目为“湖南对接珠三角制造业发展研究”，该选题属国内产业对接，不符合国贸专业方向。

（2）选题陈旧。同题文献多，无新视角，无新数据。例如：

1）中国服务贸易国际竞争力分析，知网显示：同名文献 267 篇。无新视角。

2）中国银行业市场结构研究，知网显示：同名文献 110 篇。无新视角。

3）中国农产品国际竞争力研究，知网显示：同名文献 57 篇。无新视角。

4）山东省农产品国际竞争力分析，知网显示：同名文献 12 篇。无新视角。

5）技术性贸易壁垒对出口的影响，知网显示：同名文献 19 篇。无新视角。

（3）选题宽泛。选题太过宽泛，难以深入分析。选题缺乏针对性，无法突出研究的重点。例如：

1）全球化背景下我国企业跨国经营管理的策略研究。

2）我国农村合作金融的发展之路。

3）我国创业板市场运作中的风险控制。

2. 结构不合理

论文结构层次不清，论文中的某一章标题和论文题目相同，或章标题与节标题相同，或章标题不能统领节标题，章与章之间、章与节之间、节与节之间缺乏逻辑性。例如：

（1）某论文二级标题为“营销策略问题”，三级标题为“缺乏自主创新”；二级标题为“价格策略问题”，三级标题为“客户服务欠缺”。二级标题和三级标题结构层次混乱，逻辑不清。主体章节内部结构不合理，不规范。

（2）某论文二级标题为“3.3 新疆果业出口问题”；三级标题为“3.3.1 水果品牌口碑有待提高”“3.3.2 水果品牌意识不强”，两个三级标题之间存在重复性，或者说水果品牌意识不强是口碑有待提高的原因。

（3）某论文 2.2 的标题是“出口现状”，2.2.1 的标题是“出口概况”，二级标题不能涵盖三级标题。

3. 文不对题

例如，某论文论述安徽省高等教育服务贸易存在的问题，其中一小节标题为“法律监督不到位”，但在正文中的论述是：“高校课程的国际化程度低，且未设置有专门针对留学生的专业基础课程，导致一部分留学生在校读书期间，对专业课程的内容理解不深，在课堂上，他们只能听懂讲师所讲解的部分内容，最终导致挂科”，论据与论点不符。

4. 论证不充分，逻辑不严谨

论文中支撑论点的论据不足，缺乏数据分析、事例证明或对比论证，论证不充分、不可信。例如，某论文提出小米手机缺乏自主创新的论点，无确凿证据，不符合现实，仅通过和华为研发费用的比较来支撑论点，不严谨，不充分。论文提出小米手机在欧洲市场占有率第二（23%），以此来论证小米手机市场占有率低，论据和论点不符。

5. 相关概念界定不清楚

某论文题目中“跨境电商平台印象”一词存在歧义，是天猫国际、速卖通、亚马逊等跨境电商平台自身的品牌形象，还是在跨境电商平台上经营的店铺或卖家的形象，论文中未明确说明。

6. 以偏概全

某论文只针对国内消费者进行问卷调查，即仅限于对跨境电商进口平台进行分析，未涉及跨境电商出口平台，而论文在研究背景、结论和对策建议中，均未加以说明。

7. 思路不清，前后不一致

论文在写作过程中，前后脱节，缺乏一致性；前文提出的问题，后文未一一对应提出原因和对策，或者问题和原因不一致、原因和对策不一致。例如：

（1）某论文问卷调查中对产品形象主要采取质量、货源、售价等指标进行描述，但是论文研究结论未结合问卷调查的数据对这些指标进行深入分析。

（2）某论文研究安徽省茶叶开拓欧洲市场的策略，前面有开拓欧洲市场的宏微观环境分析，而对策却未分析如何利用宏微观环境的有利因素或机遇，如何克服不利的因素或障碍。

（3）某论文研究湖南省农产品出口东盟存在的问题及对策，文中提到了绿色贸易壁垒问题，而对策建议中却未针对这一问题提出解决的措施。

8. 实证分析中自变量选择不合理

例如，某论文回归分析中把产品形象和商品详情页均作为自变量，然而，在跨境电商平台上，消费者对产品形象的认知，更多是从跨境电商平台上商品详情页描述来判定，两个自变量之间存在相关性。

9. 语言表述问题

本科毕业论文语言表述普遍存在的问题有：标题冗长、不具体、不确切；正文内容语言表述不通顺、不完整、不简洁；使用口语化或新闻报道风格的语言；句子结构混乱、结构残缺和搭配不当等不合语法的问题。例如：

（1）“四五十种水果研发作为经济作物栽培”，语法错误，语义不明。

（2）“增长速度保持正向增长”表述不简洁。

（3）“然而，东西两翼、粤北山区是我国农产品的生产大国”，表述不当。

（4）“上海市要鼓励生产和利用太阳能电池的政策”，表述不当，应为“上海市要制定鼓励生产和利用太阳能电池的政策”。

（5）“国内安徽省新能源汽车出口量也被广东、浙江、江苏等强省占据”，表述不通顺。

（6）“上海市太阳能电池出口市场分散的主要原因是因为上海市太阳能电池供需不匹配。由于上海市太阳能电池出口供不应求，通过数据可以知道全球对上海市太阳能电池的需求从79.3%下降到66.5%，而上海市太阳能电池的供给由于上海市太阳能电池出口价格的上涨而上涨”，整段语言表述啰唆。

（7）“建立专业的国际营销团队，应具备跨文化沟通能力及对国际市场的深刻了解”，表述不完整、不通顺，逻辑不清晰。

（8）“广东省农产品出口贸易走向更广阔的世界贸易市场舞台的同时，机遇和挑战也变得更多”，句子表述不简洁、不完整、不通顺。应为“广东省农产品走向更广阔的世界市场的同时，面临的机遇和挑战也变得更多”。

10. 数据问题

主要表现为论文中的现状、问题、原因分析，无相关数据支撑；现状、问题、原因分析中数文相脱离；数据来源不明，或数据不翔实。数据陈旧，或案例陈旧。数不对题、数不对文。如某论文测算新疆棉纺织的出口竞争力，采用的是中国棉纺织品的出口数据。

11. 其他问题

（1）摘要不当。很多本科毕业论文摘要中的背景描述过于冗长，论文研究的意义和价值、采取的研究方法、论文的主要观点有所欠缺；有的论文将摘要写成目录式的内容介绍，缺乏对论文内容的提炼和梳理。

（2）国内外研究动态堆砌资料。对国内外研究动态缺乏梳理，一味堆砌文献；针对前面所写的国内外研究动态缺乏评价或随意评价，有的是对研究对象发展现状进行评价；有的前面没涉及的文献，却在评价中出现了；或者前面写了多个方面的文献，而评价却只涉及其中一个方面。

（3）关键词不当。主要表现为关键词过多或过少；关键词语义重复，关键词与论文主题不符；使用“现状”“发展”“问题”“原因”“对策”“建议”等泛义词，影响论文主题的表现。

（4）结论不当。结论内容与前文不一致或缺乏逻辑关联；结论过于笼统或模糊，未能明确指出研究的具体发现或意义；未能充分反映研究的创新点或独特贡献；未能针对研究问题提出具体的政策建议或实践指导；未能对研究局限进行客观分析，可能影响结论的可信度和普适性。

（5）格式不规范。如图（表）序混乱、图（表）格式不规范、正文行距不一致、段前未空两格、各级标题置于最后一行（称为孤行现象）、引用标注不规范、参考文献格式不规范等。

（6）学术道德不端行为。例如，主体章节内容抄袭、请“枪手”代写、伪造数据、伪造实证结果、文献内容造假等。

（二）解决思路

上述关于论文选题、数据处理、论证分析、格式规范、学术道德等常见问题的解决思路在前几章中均有介绍。下面重点分析经济类专业本科论文关于结构和逻辑常见问题的解决思路。

1. 论文逻辑性审查

论文中出现的结构不合理、层次不清楚、文不对题、数不对题、语言表述混乱等本质上都属于思维逻辑问题。因此，论文写完之后要从逻辑的连贯性、一致性和清晰性方面进行审查。

（1）论文逻辑的连贯性，是指章和章之间、节和节之间、段落和段落之间、句子和句子之间，前后要能相互贯穿，相互关联。比如，有的是总分关系，有的是并列关系，有的是转折关系，有的是递进关系。要能够相互生发，前后呼应，思维要连贯，不能出现跳跃性的句子。即句子和句子之间没关联，上句的意思还没表达清楚就搁置，下句的意思没有铺垫就突然出现，让人上气不接下气。论文写作和修订中，可使用过渡段、过渡语和过渡词，使前后保持连贯。

（2）论文逻辑的一致性，是指论文写作思维过程要保持前后一致，研究对象、研究主题、研究内容、使用概念、统计口径等要统一，不能出现方向偏离或思路跳跃。章节内容要紧扣论文主题，论证分析要围绕中心论点，对策建议要和提出的问题及原因分析一一对应。

（3）论文逻辑的清晰性包括结构层次清楚、使用概念清晰、语义表述准确。结构层次要审查统分关系，避免层次混乱；使用概念要弄清内涵和外延，不能似是而非、语义含混；语言表述要审查句子结构是否完整，语义是否明确，避免产生歧义。

总之，论文写作要做到起承转合，要体现出逻辑的清晰和思维的连贯。每篇论文的成型都要经过不断的修剪与调整，所写的每一步都需要有逻辑性、科学性。

2. 论文结构修订

结构的好坏，直接关系着论文内容的表达效果。经济类论文写作的基本逻辑结构应该是“提出问题—分析问题—解决问题”。调整的原则和要求，要有利于突出中心论点，服务于表现中心论点。

调整结构，要求理顺思想，检查论文中心是否突出，层次是否清楚，段落划分是否合适，开头、结尾、过渡照应如何，全文是否构成一个完整的严密的整体。

全文的布局、层次和段落的安排是否有条理；层次的脉络是否分明、顺畅；各段的分论点是否明确、协调；对杂乱无章的阐述要疏理通顺；删去重复和矛盾的地方，补上缺少的部分，确保全文意思连贯通畅。

论文要有一个完整的结构。一篇论文要有绪论、本论、结论三大部分，协调一致。同时还要审视各个部分的主次、详略是否得当。对于缺少的部分要及时予以补充，同时合理安排各部分的内容。

第三节 管理类论文写作的实例与分析

管理类专业毕业论文选题应符合专业方向，与人才培养目标紧密结合。选题应关注实际问题，具有一定的应用参考价值。论文写作能达到本专业培养方案中对知识、能力、素质的要求。

根据《国家高等教育本科专业类教学质量国家标准》，工商管理类专业主要以社会微观经济组织为研究对象，系统研究人类经济管理活动的基本原理、普遍规律、一般方法和技术。工商管理类本科专业具有两个主要特点：一是应用性，注重理论联系实际，旨在培养和训练学生的管理技能和决策能力；二是综合性，注重管理学与哲学、社会学、经济学、心理学等理论和方法的综合应用。

工商管理类本科专业主要培养目标为：培养践行社会主义核心价值观，具有社会责任感、公共意识和创新精神，适应国家经济建设需要，具有人文精神与科学素养，掌握现代经济管理理论及管理方法，具有国际视野、本土情怀、创新意识、团队精神和沟通技能，能够在企事业单位、行政部门等机构从事经济管理工作的应用型、复合型、创新型人才。

一、管理类论文实例的质量评析

《国家高等教育本科专业类教学质量国家标准》提出，工商管理类专业应加强毕业论文（设计）的实践性导向，体现工商管理类专业人才培养的目标要求。鼓励学生采取学术论文、案例分析、调研报告、管理实验、创业模拟等多种形式完成毕业论文（设计）。毕业论文（设计）应遵守学术道德和学术规范，具有学术价值、应用价值和创新意义。

【实例 3】论文：新世代消费者购买决策风格研究。其质量评析如表 8.4 所示。

表 8.4　论文“新世代消费者购买决策风格研究”的质量评析

专业	工商管理	
评审项目	评价要素	分数
选题意义（10 分）	与本专业培养目标和毕业要求的契合程度	9
	理论意义或实践应用价值	
	创新意识和难易程度	
逻辑构建（30 分）	结构体例	26
	内容组织	
	文字表达	
专业能力（40 分）	文献检索及梳理能力	36
	对本专业及相关领域研究现状的了解与评析	
	对基础理论和专门知识的掌握与运用	
	分析和解决问题的能力	
学术规范（20 分）	价值取向	20
	学术诚信	
	写作规范	

续表

专业	工商管理	
评审项目	评价要素	分数
合计		91
综合评价意见	随着社会的发展和消费观念的变化，新世代人群正在成为消费市场的主力军。在此背景下，论文研究新世代的购买决策风格有助于企业判断未来消费主体的行为特点，采取正确的市场决策，选题具一定的理论意义和应用参考价值，体现了作者的独立思考能力。选题难度适度，能达到本专业培养方案中对知识、能力、素质的要求。论文选题属于工商管理专业研究方向，符合本专业培养目标要求，与本专业毕业要求紧密相关 论文以度量消费者购买决策风格的经典 CSI 量表所总结的八个维度为基础设计调查问卷，采用 SPSS 统计分析工具进行了信效度分析、描述性分析、差异性分析、相关性分析和回归分析。根据调查分析结论，提出有针对性的差异化市场营销策略等建议。论文结构完整合理，逻辑清晰，层次分明，详略得当，重点突出。论文研究问卷设计合理、调查方案可行、统计分析深入、结论可信。论点表述明确，核心概念准确，论述语言严谨，条理清晰。作者善于发现问题、分析问题，具备解决实际问题的能力和水平 作者查阅了消费者购买决策相关文献，并对其进行了逻辑梳理和分类，对前人的研究有一定的认识，具有一定的查阅、整理、分析中外文献资料的能力。作者基本了解本领域学术进展及最新研究动态，专业知识比较扎实，有一定的理论基础，有问题意识，体现出一定的思辨能力和初步的创新能力。 论文格式符合要求，中外文用词准确、语法规范、语言通顺。论文写作过程合乎规范。论文字数符合相关规定的要求	

【实例 4】论文：长城葡萄酒 STP 战略研究，其质量评析如表 8.5 所示。

表 8.5　论文“长城葡萄酒 STP 战略研究”的质量评析

专业	市场营销	
评审项目	评价要素	分数
选题意义（10 分）	与本专业培养目标和毕业要求的契合程度	7
	理论意义或实践应用价值	
	创新意识和难易程度	
逻辑构建（30 分）	结构体例	24
	内容组织	
	文字表达	
专业能力（40 分）	文献检索及梳理能力	30
	对本专业及相关领域研究现状的了解与评析	
	对基础理论和专门知识的掌握与运用	
	分析和解决问题的能力	
学术规范（20 分）	价值取向	20
	学术诚信	
	写作规范	
合计		81

续表

专业	市场营销	
评审项目	评价要素	分数
综合评价意见	论文选题具有一定的理论意义和应用参考价值，选题难度适度，能达到本专业培养方案中对知识、能力、素质的要求。论文选题属于市场营销专业研究方向，符合本专业培养目标要求，与本专业毕业要求紧密相关 论文运用 STP 理论分析长城葡萄酒营销战略现状，从市场细分、目标市场和市场定位三个维度挖掘长城葡萄酒营销战略存在的问题，并提出有针对性的解决措施。论文结构完整，框架合理，逻辑比较清晰，层次比较分明。论点表述明确，核心概念准确，条理比较清晰。作者在写作过程中能够通过调查获取必要数据，体现了一定的分析和解决问题的能力 作者查阅了 STP 营销理论的相关文献，进行了初步的梳理和总结，对前人的研究有初步的认识，具有一定的查阅、整理、分析中外文献资料的能力。作者基本了解本领域学术进展及最新研究动态，有一定的理论基础，有问题意识，体现出一定的思辨能力，论文创新能力一般 论文格式比较规范，语言基本通顺，欠精练，论文写作过程合乎规范，论文字数符合相关规定的要求	

【实例 5】论文：湖南 M 企业员工“精神离职”问题研究，其质量评析如表 8.6 所示。

表 8.6　湖南 M 企业员工“精神离职”问题研究的质量评析

专业	人力资源管理	
评审项目	评价要素	分数
选题意义（10 分）	与本专业培养目标和毕业要求的契合程度	9
	理论意义或实践应用价值	
	创新意识和难易程度	
逻辑构建（30 分）	结构体例	27
	内容组织	
	文字表达	
专业能力（40 分）	文献检索及梳理能力	35
	对本专业及相关领域研究现状的了解与评析	
	对基础理论和专门知识的掌握与运用	
	分析和解决问题的能力	
学术规范（20 分）	价值取向	20
	学术诚信	
	写作规范	
合计		91
综合评价意见	论文以企业员工“精神离职”问题为研究对象，选题具一定的理论意义和应用参考价值。选题有新意，体现了作者的独立思考能力。选题难度适度，能达到本专业培养方案中对知识、能力、素质的要求。论文选题属于人力资源管理专业研究方向，符合本专业培养目标要求，与本专业毕业要求紧密相关 论文采用问卷调查法和访谈法收集相关资料，分析员工“精神离职”的表现、影响和成因，提出有针对性的策略。论文结构完整合理，逻辑清晰，层次分明。论文研究问卷设计合理、调查方案可行、论证分析比较充分，结论可信。论点表述明确，核心概念准确，论述语言严谨，条理清晰。作者善于发现问题、分析问题，具备解决实际问题的能力和水平 作者查阅了“精神离职”相关文献，并对其进行了逻辑梳理和分类，对前人的研究有一定的认识，具有一定的查阅、整理、分析中外文献资料的能力。作者基本了解本领域学术进展及最新研究动态，专业知识比较扎实，有一定的理论基础，有问题意识，体现出一定的思辨能力和初步的创新能力 论文格式符合要求，中外文用词准确、语法规范、语言通顺。论文写作过程合乎规范。论文字数符合相关规定的要求	

【实例6】论文：基于IPA模型的浙江乌镇游客满意度研究，其质量评析如表8.7所示。

表8.7 论文“基于IPA模型的浙江乌镇游客满意度研究”的质量评析

专业	旅游管理	
评审项目	评价要素	分数
选题意义（10分）	与本专业培养目标和毕业要求的契合程度	8
	理论意义或实践应用价值	
	创新意识和难易程度	
逻辑构建（30分）	结构体例	26
	内容组织	
	文字表达	
专业能力（40分）	文献检索及梳理能力	36
	对本专业及相关领域研究现状的了解与评析	
	对基础理论和专门知识的掌握与运用	
	分析和解决问题的能力	
学术规范（20分）	价值取向	20
	学术诚信	
	写作规范	
合计		90
综合评价意见	论文基于IPA模型对浙江乌镇游客满意度进行研究，选题具有一定的理论意义和应用参考价值。选题难度适度，能达到本专业培养方案中对知识、能力、素质的要求。论文选题属于旅游管理专业研究方向，符合本专业培养目标要求，与本专业毕业要求紧密相关 论文采用问卷调查和实地考察的方法收集相关资料，分析浙江乌镇各旅游因子的重要性和实际感知情况，研究导致游客满意度较低的原因，提出提升浙江乌镇游客满意度的对策。论文结构完整合理，逻辑比较清晰，层次分明。论文研究问卷设计合理、调查方案可行、论证分析比较充分。论点表述明确，核心概念准确，条理比较清晰。作者善于发现问题、分析问题，具备一定的解决实际问题的能力和水平 作者查阅了与论文主题相关的文献，并对其进行了逻辑梳理和分类，对前人的研究有一定的认识，具有一定的查阅、整理、分析中外文献资料的能力。作者基本了解本领域学术进展及最新研究动态，专业知识比较扎实，有一定的理论基础，有问题意识，体现出一定的思辨能力和初步的创新能力 论文格式符合要求，中外文用词准确、语法规范、语言通顺。论文写作过程合乎规范。论文字数符合相关规定的要求	

【实例7】论文：S高校校园无人车快递配送系统设计，其质量评析见表8.8。

表8.8 论文“S高校校园无人车快递配送系统设计”的质量评析

专业	物流管理	
评审项目	评价要素	分数
选题意义（10分）	与本专业培养目标和毕业要求的契合程度	9
	理论意义或实践应用价值	
	创新意识和难易程度	
逻辑构建（30分）	结构体例	28
	内容组织	
	文字表达	

续表

专业	物流管理	
评审项目	评价要素	分数
专业能力（40分）	文献检索及梳理能力	37
	对本专业及相关领域研究现状的了解与评析	
	对基础理论和专门知识的掌握与运用	
	分析和解决问题的能力	
学术规范（20分）	价值取向	20
	学术诚信	
	写作规范	
合计		94
综合评价意见	论文以S高校校园无人车快递配送系统设计为题，具有一定的实际意义。选题难度适度，能达到本专业培养方案中对知识、能力、素质的要求。论文选题属于物流管理专业研究方向，符合本专业培养目标要求，与本专业毕业要求紧密相关 论文结合S高校校园实际情况，收集相关数据，运用K-means聚类算法、重心法和Floyd算法，从无人车快递配送网络和无人车快递配送车辆两个子系统对S高校校园的无人车快递配送进行系统设计。文章整体框架设计合理，结构严谨，条理清晰，研究方法恰当，设计过程合理，设计方案可行，数据翔实，论述合理，结论可信，具有较大的应用与借鉴价值 作者查阅了与论文主题相关的文献，并对其进行了逻辑梳理和分类，对前人的研究有一定的认识，具有一定的查阅、整理、分析中外文献资料的能力。作者基本了解本领域学术进展及最新研究动态，专业知识比较扎实，有一定的理论基础，有问题意识，体现出一定的思辨能力和初步的创新能力 论文格式符合要求，中外文用词准确、语法规范、语言通顺。论文写作过程合乎规范。论文字数符合相关规定的要求	

二、管理类论文实例的不足之处及修改建议

1. 实例3不足之处及修改建议

（1）论文研究的样本量控制的问题。论文研究的样本量较少，建议适当扩大调查范围，使研究结果更具代表性。

（2）采取抽样方法局限性问题，研究中部分数值可能会受到样本数量的影响导致误差；个性化特点的问题编排是否能广泛代表新世代群体特征的问题，关于新世代消费者的个性化特点仍有待挖掘。

（3）问卷设计中问题设计未考虑消费品类型。消费品类型不同对消费者的购买决策也会产生影响。例如，针对便利品，一般消费者不愿花时间和精力比较品牌、价格，更关注购买方便；对冲动购买品，消费者更关注新奇娱乐；对选购品，消费者对产品或服务的价格、质量、款式、耐用性等进行比较之后才会购买；对于特殊品，消费者更关注具备独有特征和（或）品牌标志。未来研究可细分不同行业、不同类型的消费品，进一步深化

研究。

（4）论文第四章标题为“对企业的管理对策建议”，而章下三个二级标题均为营销策略建议，章标题和节标题不吻合，建议章标题改为“对企业营销策略的建议”。或者调整节标题，从企业战略管理、产品设计管理、生产运营管理、营销管理等方面提出对策建议。

2. 实例 4 不足之处及修改建议

（1）国内研究动态梳理不足。对营销策略的文献介绍较多，与论文主题紧密相关的营销战略相关的文献分析偏少，对文献的梳理不够清晰。建议多查阅有关葡萄酒行业或相关行业营销战略的资料，从市场细分、目标市场、市场定位等方面进行分类总结，以便对前人研究有比较充分的把握。

（2）对国内外文献评价思路不够清晰，语言表述不够精练，表述不通顺。“国外学者主要进行了在 STP 策略、新媒体营销领域的研究”与前文所列举国外研究文献不符，“战略”和“策略”概念混淆。“为本文给予了重要启发，表明了 STP 战略理论的在市场营销战略的核心地位；明确营销目的；通过营销组合、新媒体提高竞争力，但关于国产葡萄酒市场相关研究动态较少”，此句逻辑不清，表述不通顺。建议认真阅读国内外研究文献原文，根据其主要观点进行总结评价。

（3）论文创新点不明确。“针对长城葡萄酒相关的问题，通过市场细分、目标市场选择、市场定位从而提升其竞争力，是本文研究对象上的创新”，研究对象创新表述不准。建议结合论文研究的主要结论，说明论文在研究数据、研究视角、发现的问题或提出的对策等方面具体有何创新。

（4）论文部分表述逻辑不清晰，意思不清楚。如论文 2.2.1 地理细分中“根据区域差异，长城葡萄酒将其市场分为：大连区域，沈阳区域，辽宁区域，以及全国范围”表述不精准；“因此，在国外的发展中，低价的优质葡萄酒非常受欢迎”与前文无任何关系，结论很突兀。2.2.2 客户细分中“相对简单而机械，对于这个部分来说主要是靠财务报表来考虑的”表述不通顺，意思不清楚。“这才是他们的工作重点，也是他们的工作重点”语言啰唆，意思不清楚。3.1.1 标题为“注重细分过程，轻视细分结果”意思不明确。

（5）论据不充分。论文 3.1.1 中认为“长城葡萄酒产品定价单一，对葡萄酒产品的质量没有细分，高、中、低档的定价区间不分明”“长城葡萄酒未能结合地域对葡萄酒价格进行差异化定价”“长城葡萄酒没有为分销商、零售商提供足够的商业折扣、折让策略，分销商、零售商的销售热情不高，进而导致产品在终端的市场占有率不高”，仅仅依靠“对公司员工进行访谈了解到”论据不足，论点不可信。建议通过数据对比、实例证明等方式补充论据，增强论证力度。

（6）问卷发放和回收情况未作说明。建议补充问卷发放渠道、发放份数、回收份数、有效问卷等情况。

3. 实例5不足之处及修改建议

（1）关键词提炼不够精准。“影响因素”和“对策建议”简单宽泛，不能显示学术论文研究问题的学科属性、专业方向、涉及领域及相关研究手段。建议结合论文内容，选取与论文研究范围、研究角度、研究地区、研究主题、研究对象、研究方法、研究问题、研究目的和研究意义等相关的词语作为关键词。

（2）绪论中关于“研究内容上的创新”不具体。仅仅厘清说明“精神离职”的定义、特征、影响、产生的原因和相关可行性建议”，并非全部是论文的创新点，是发现了新的特征、新的影响，还是揭示了新的原因，提出了新的对策，应具体指明。

（3）问卷数据统计分析欠深入。论文3.3小节中员工“精神离职”产生的原因分析，未对表3.1至表3.4中数据进行深入统计分析。建议先结合问卷调查统计数据进行统计分析，再提出论点。

（4）个别对策建议不具体。4.1中“建立一个充满支持感的组织环境”这一对策显得空洞，缺乏具体可实施的措施。支持感的组织环境包含哪些要素？如何构建？建议进一步具体化，提出切实可行的措施。

4. 实例6不足之处及修改建议

（1）国内研究动态梳理欠深入。绪论中关于游客满意度的国内文献梳理不足，简单堆砌。建议从游客满意度的测评方法、影响因素、指标构建、提升策略等方面进行分类梳理。

（2）论文2.1关于乌镇旅游发展条件介绍不充分。文中简要分析了乌镇的地形、气候、土壤、经济发展水平和技术，内容分析与乌镇旅游资源相关性不紧密。建议从基础设施、历史文化、其他旅游特色资源等方面进行介绍。

（3）调查对象中女性占比73.03%，是否符合乌镇游客的性别分布情况，存疑。建议将其他有关乌镇旅游游客统计分析数据作为佐证，以保证调查对象的代表性。

（4）原因分析欠深入，标题提炼不精准。论文4.2.2提出相关专业人才缺乏，除专业的厨师外，还缺乏什么样的专业人才，表述不明确。4.2.3提出相关管理不完善，至于什么方面的管理不完善，缺乏提炼。4.2.4指出交通规划不完善，文中主要是从交通费用和交通方式角度进行分析，而对于乌镇交通规划的情况调查分析不足。建议结合乌镇旅游基础设施和景区管理等实际情况进行提炼。

（5）对策建议缺乏整合。5.1浙江乌镇游客满意度的提升措施与5.2提升措施的保障存在重复之处，建议对提升对策进行整合。

5. 实例7不足之处及修改建议

（1）需求地的选择不全面。本文仅考虑了校园各宿舍楼作为需求地，而未将图书馆、教学楼及体育馆等场所纳入研究范围。建议后期深化实地考察，补充完善。

（2）数据获取客观性不足。各寝室日均快递配送需求量，参照的是河北科技大学的数据，而非通过对S高校的实际数据统计分析，可能存在误差；对三款无人车相关参数的权重占比打分时，主观性较大，缺乏客观性。后期可进一步收集统计数据，提高论文采用数据的可信度。

（3）论文对无人配送存在的问题或障碍未进行分析，影响研究的实际应用价值。无人快递配送并非单纯的技术问题，还涉及资金成本、管理、运营维护、安全事故等问题，特别是高校人流量大、人车分流管理不完善的情况下，无人配送可能难以实现。建议在结论中加以补充说明，或后期进一步深化研究。

（4）论文未对研究的推广价值进行分析。建议从设计思路、具体算法、评价方案等方面进行提炼，总结可借鉴之处。

三、管理类论文写作存在的普遍问题及解决思路

（一）管理类论文写作存在的普遍问题

关于论文选题不当、语言表述混乱、格式不规范等问题，经济类与管理类论文有共同之处。前文已经做了分析，不再举例赘述，本节仅对管理类论文普遍存在的其他问题进行举例分析。

1. 主体章节内部结构不合理

例 1：某论文研究 ×× 省医药物流存在问题及对策，第 2 章结构如下：

第 2 章　×× 省医药物流发展现状

2.1　×× 省卫生与社会保障现状

2.2　×× 省医药物流发展现状

2.3　×× 省医药物流发展趋势分析

第 2 节标题与第 2 章标题同义同构；第 1 节、第 3 节偏离本章主题。

例 2：某论文研究 ×× 市兴盛优选物流配送存在的问题及对策，第 4 章结构如下：

第 4 章　×× 市兴盛优选物流配送存在的问题

4.1　调查问卷设计

4.2　调查问卷实施

4.3　存在的问题

第 3 节标题与章标题同义同构，且和前两节标题不属于同一层级。本论文采用问卷调查的方法分析问题，调查问卷设计、实施应当单独作为一章。

2. 研究问题不明确

例如，某论文研究 ×× 品牌营销策略分析，主题章节却分析 ×× 品牌营销现状、问题和对策；某论文第 4 章为 ×× 公司营销策略优化对策，而节标题及内容为 ×× 公司营销对策。将营销策略和营销混为一谈，问题不明，无的放矢，逻辑混乱。

又如，某论文研究 ×× 公司跨境电商精准营销，对案例公司介绍不充分。论文未说

明公司业务范围、海外市场、目标客户、使用的跨境电商平台等信息，未明确是进口平台还是出口平台，研究问题不明确，既影响案例的代表性和典型性，也影响论文研究思路的一致性和清晰性。

3. 案例分析未渗透于主体章节

例如，某论文选题为：以 ×× 为例的竞争合作研究，但论文第二章分析现代企业竞争与合作的现状和问题，第三章提出现代企业未来竞争与合作的建议与保障，最后一章才进行 ×× 公司的竞争与合作案例分析，将案例置于主题章节之后，论文的主要观点不是由案例分析得出，本末倒置。

4. 案例分析不充分

有些论文对案例只是罗列资料，缺乏提炼梳理。仅有事实描述，缺乏理论分析。例如某论文研究 ×× 国家森林公园旅游资源开发存在问题和对策，论文对旅游资源的开发现状分析仅描述景区内的滑翔伞运动项目，对该公园有什么旅游资源、开发了什么旅游项目、建设了什么旅游设施和基础设施等情况缺乏梳理总结。

5. 问卷调查环节存在问题

（1）样本量不足。样本量不足，调查结果可能无法真实反映目标群体的意见，从而影响现状分析的客观性、问题挖掘的真实性和决策的有效性。

（2）样本不具有代表性。例如，有的本科毕业论文要调查某行业或企业发展情况，投放对象中有很多不是本行业或本企业的相关人员，甚至发给同学、朋友填写。样本不能代表调查对象的人群结构，比如年龄、性别、职业、岗位、收入水平等，得到的数据就无法准确反映消费者、企业或市场的情况。

（3）问题具有导向性。问卷中的问题使用导向性的词语，可能引导受访者向某一特定方向回答，得到的反馈无法真实反映被调查者的意见，导致分析结果和决策的偏误。

（4）使用封闭问题限制回答范围。全部或过多使用封闭性问题，可能限制受访者表达更深层次意见或个性化观点的空间，错失获取目标群体更深入见解的机会，对产品改进、市场定位、营销决策产生限制。

（5）问卷调查结论不充分。论文对问卷调查的数据只做简单统计，缺乏系统整合分析，或者仅仅对其中某一方面进行总结。如某论文研究 ×× 县红色旅游高质量发展，分别对游客基本信息、游客红色旅游行为、游客对 ×× 县红色旅游的满意度进行了调查问卷，而结论仅仅分析了游客对 ×× 县红色旅游的满意度。

6. 对策、建议缺乏针对性

对策泛泛而谈，脱离案例本身的实际情况，放在任何行业、任何企业都适用，缺乏针对性。如某论文研究 ×× 公司营销策略优化，对策中提到的拓宽营销渠道、创新营销手段，既未结合该公司的实际情况、公司所属行业特点、消费者特点等进行分析，又和前文的问题及原因分析不对应，其对策建议适用于任何公司。

（二）解决思路

下面重点分析管理类类专业本科论文关于案例分析和问卷调查常见问题的解决思路。

案例性论文要避免就事论事，应综合运用所学的理论和方法，从分析问题出发，揭示问题的本质，找出存在问题的深层原因。对于成功案例的分析重点应在经验总结（抽象出一般的原则）和案例启示上；对于失败案例的分析重点应在问题或风险的识别与评估、成因探讨以及有理有据可操作的建议上。对策建议要结合前文的案例分析，避免案例分析和对策建议"两张皮"。

对于问卷调查存在的问题，要确保问卷设计的中立性和简洁性，使用清晰、直接的问题，避免模糊或复杂的表述，确保问卷易于理解和填写。要拓宽调查范围，覆盖到更多的人群或地区，增加潜在的参与者数量，提供激励措施，以吸引和鼓励更多的人参与；但要注意准确界定并定位目标受众，避免向不相关的群体发送调查邀请。可利用专业网络或行业协会的联系，向特定领域的专业人士发送调查。对于难以判断回答是否真实性的问题，采用交叉验证方法，如与其他数据源（如行业报告、公开数据等）结合使用，以增强数据的丰富性和可靠性；对于难以深入探讨的复杂问题，结合定量和定性调查方法，在问卷基础上结合深度访谈或小组讨论，以获取更全面的信息。

第四节 财会类论文写作的实例与分析

财务管理和会计学专业毕业论文，应符合专业人才培养目标，论文写作能达到本专业培养方案中对知识、能力、素质的要求。

根据《工商管理类教学质量国家标准（会计学专业）》，会计学本科专业培养适应社会主义市场经济建设需要，具备人文素养、科学精神和诚信品质，掌握会计、管理、经济、法律和计算机应用的知识，具有实践能力和沟通技巧，能够在工商企业、金融企业、中介机构、政府机构、事业单位及其他相关部门胜任会计及相关工作的应用型、复合型、外向型和创新型专门人才。

财务管理专业以习近平新时代中国特色社会主义思想为指导，培养践行社会主义核心价值观，具有家国情怀、国际视野和创新精神，能适应新时代经济建设需要，具有人文精神与科学素养，掌握现代管理、经济、金融、会计、财务管理等方面的基本理论和基本知识，熟悉国内外相关法律、法规和惯例，能熟练运用英语和数智化信息技术，具备分析和解决财务管理问题的能力，具有较强的沟通协调能力和团队合作精神，能在企业、金融机构、行政事业单位等从事财务管理与会计实务工作，德智体美劳全面发展的高素质应用型财务管理专门人才。

一、财会类论文实例的质量评析

会计学作为应用学科，应用型是人才培养的基本要求。应用型人才培养要求学生形成会计专业能力框架，具备会计业务处理和会计事务管理等实践能力。复合型人才培养要求学生将跨学科、跨专业的知识融会贯通，培养学生多学科交融的知识视野和思维素质。外向型人才培养要求学生掌握国际前沿的学科理论知识与方法，了解国际经贸规则及会计准则，具有国际视野、跨文化沟通能力和国际竞争力。创新型人才培养要求学生通过初步的学术训练，具有一定的学术研究能力或社会实践中的创新意识和创新能力。

根据《工商管理类教学质量国家标准（会计学专业）》，会计学专业应加强毕业论文（设计）的实践性导向，体现会计学专业人才培养的目标要求。鼓励学生采取学术论文、案例分析、调研报告、诊断报告、管理模拟、创业设计等多种形式完成毕业论文（设计），提高科学研究能力或实践运用能力。毕业论文（设计）应遵守学术道德和学术规范，具有学术价值、应用价值或创新意义。

下面以会计学专业论文为例，进行质量评析。

【实例 8】论文：新疆西部牧业股份有限公司盈利能力分析，其质量评析如表 8.9 所示。

表 8.9 论文“新疆西部牧业股份有限公司盈利能力分析”的质量评析

专业	会计学	
评审项目	评价要素	分数
选题意义（10 分）	与本专业培养目标和毕业要求的契合程度	8
	理论意义或实践应用价值	
	创新意识和难易程度	
逻辑构建（30 分）	结构体例	24
	内容组织	
	文字表达	
专业能力（40 分）	文献检索及梳理能力	36
	对本专业及相关领域研究现状的了解与评析	
	对基础理论和专门知识的掌握与运用	
	分析和解决问题的能力	
学术规范（20 分）	价值取向	16
	学术诚信	
	写作规范	
合计		84

续表

专业	会计学	
评审项目	评价要素	分数
综合评价意见	论文以新疆西部牧业为研究对象，分析其盈利能力存在的问题及对策。选题具有一定的理论意义和应用参考价值。选题难度适度，能达到本专业培养方案中对知识、能力、素质的要求。论文选题属于会计学专业研究方向，符合本专业培养目标要求，与本专业毕业要求紧密相关	
综合评价意见	论文通过西部牧业 2017—2021 年年报数据，利用杜邦分析体系对企业盈利能力现状作出分析，揭示盈利能力存在问题和原因，提出了相关解决措施。论文结构完整合理，逻辑清晰，层次分明。论文研究方法合理、统计分析深入、结论可信。论点表述明确，核心概念准确，论述语言严谨，条理清晰。作者善于发现问题、分析问题，具备解决实际问题的能力和水平 作者查阅了企业盈利能力相关文献，并对其进行了逻辑梳理和分类，对前人的研究有一定的认知，具有查阅、整理、分析中外文献资料的能力。作者基本了解本领域学术进展及最新研究动态，专业知识比较扎实，有一定的理论基础，有问题意识，体现出一定的思辨能力和初步的创新能力 论文格式符合要求，中外文用词准确、语法规范、语言基本通顺。论文写作过程合乎规范。论文字数符合相关规定的要求	

【实例 9】论文：恒华科技应收账款管理问题及对策研究，其质量评析如表 8.10 所示。

表 8.10　论文“恒华科技应收账款管理问题及对策研究”质量评析

专业	财务管理	
评审项目	评价要素	分数
选题意义（10 分）	与本专业培养目标和毕业要求的契合程度	8
	理论意义或实践应用价值	
	创新意识和难易程度	
逻辑构建（30 分）	结构体例	26
	内容组织	
	文字表达	
专业能力（40 分）	文献检索及梳理能力	36
	对本专业及相关领域研究现状的了解与评析	
	对基础理论和专门知识的掌握与运用	
	分析和解决问题的能力	
学术规范（20 分）	价值取向	20
	学术诚信	
	写作规范	
合计		90

续表

专业	财务管理	
评审项目	评价要素	分数
综合评价意见	论文以恒华科技公司为例，研究应收账款管理问题。选题具有一定的理论意义和应用参考价值。选题难度适度，能达到本专业培养方案中对知识、能力、素质的要求。论文选题属于财务管理专业研究方向，符合本专业培养目标要求，与本专业毕业要求紧密相关 论文分析了恒华科技公司应收账款的管理现状，与同行业的广联达进行了对比分析，揭示恒华科技公司应收账款存在的问题和原因，并提出优化应收账款管理的对策建议。论文结构完整合理，逻辑比较清晰，层次分明。论点表述明确，核心概念准确，论证分析比较充分，条理清晰。作者善于发现问题、分析问题，具备一定的解决实际问题的能力和水平 作者查阅了应收账款管理的相关文献，并对其进行了逻辑梳理和分类，对前人的研究有一定的认识，具有一定的查阅、整理、分析中外文献资料的能力。作者基本了解本领域学术进展及最新研究动态，专业知识比较扎实，有一定的理论基础，有问题意识，体现出一定的思辨能力和初步的创新能力 论文格式符合要求，中外文用词准确、语法规范、语言通顺。论文写作过程合乎规范。论文字数符合相关规定的要求	

二、财会类论文写作存在的普遍问题及解决思路

（一）财会类论文写作存在的普遍问题

1. 核心概念不清楚

论文对财务战略、财务风险、融资风险、营运风险、盈利能力、营运能力、偿债能力、营运资金、现金、资产、资金、资本、成本、战略成本、管理成本、周转率等核心概念界定不清，或论文写作中对这些概念的把握不准，导致数据口径不一致、分析指标不全面、逻辑不清、结论错误等。

例如，某会计学专业论文中案例公司 2020—2022 年应收账款周转天数分别为 2.6 天、2.4 天、1.8 天，而结论却认为该公司资金周转率下降；某论文分析 ×× 股份有限公司偿债能力，仅分析流动比率、速动比率、资产负债率，未分析现金比率、产权比率、已获利息倍数等指标，将流动资产等同于流动资金，得出的结论不全面、不可靠。

2. 财务数据不可靠

财务数据作为论文支撑的重要证据之一，其真实性、准确性及可靠性对研究的有效性和学术价值具有决定性影响。财务数据来源不可靠，则分析结论就不可信。例如，某论文研究 ×× 股份有限公司营运资金问题，论文分析所采用的数据与公司官方网站所公布的数据不一致，研究结论的可信度缺乏客观真实的数据保证。财务数据不可靠既违背了诚信、客观的会计职业道德准则，又违反了公正客观的学术诚信要求，背离追求真理的价值

取向。

3. 财务分析不全面

论文过分依赖某一个或几个财务指标，如净利润、营业收入等，而忽视了其他重要指标，比如现金流量、资产负债率等，从而导致对企业财务状况的不全面理解。仅从财务报表的数字出发，忽视了行业趋势、公司治理、经营策略等非财务信息，这些往往是影响企业长期发展的关键因素。分析时未将企业的历史表现纳入考量，或者没有与同行业其他企业进行比较，导致无法准确评价企业的表现是否优异。

例如：某论文评价企业的偿债能力时，仅考察企业的流动比率、速动比率等指标，而未结合企业的资产构成和质量进行分析；研究某企业的盈利质量，仅仅关注该企业的利润数额，却忽视了盈利可持续性、有无操纵行为等方面的分析。

（二）解决思路

1. 针对核心概念不清楚的解决思路

明确和合理界定论文的核心概念是论文写作的关键之一，这不仅有助于清晰界定研究范围和对象，还能有效提高研究的针对性和深度。在进行论文写作时，建议作者在撰写论文初期就要对核心概念进行详细的解析和定义，确保研究目标明确且具有可操作性。

2. 针对财务数据不可靠的解决思路

论文写作要秉承诚实守信、客观公正的理念，杜绝虚构数据；确保数据来源的权威性，在可能的情况下，优先使用政府、权威金融机构或专业财务数据提供商的数据。对于所有数据，必须进行来源核查，确认其发布机构的公信力和数据的准确性。警惕人为制造或通过选择不同会计方法编造的虚假财务报表，注意时点数据的可信度，如一些分析运营能力的指标，如资产周转率，受时点数据影响，需谨慎对待。对比相关研究中的财务数据和结论，评估自身数据的可靠性。

3. 针对财务分析不全面的解决思路

论文应运用各项财务指标，综合考虑盈利能力、偿债能力、成长性和市场价值比率等多方面情况，不仅需要关注传统的财务指标和数据，更应该全面考虑企业的特定情况、市场环境和潜在的风险因素。运用杜邦分析法深入解析净资产收益率背后的因素，如净利润率、总资产周转率和财务杠杆作用。

结合财务数据进行 SWOT 分析（优势、劣势、机会、威胁），考虑外部环境和内部条件。通过 PESTEL 分析（政治、经济、社会、技术、环境和法律因素），评估宏观环境对企业的潜在影响。选取行业内其他企业作为基准，进行横向比较，识别企业的相对优势和劣势。

通过上述方法的应用，可以有效避免财务分析的片面性，提高论文写作中财务分析的深度和广度，为企业提供更全面、准确的评估和建议。

第五节 经管类论文投稿

论文是学术交流的媒介，是相关研究依赖的重要基础，也是进入学术大门的钥匙。写好论文，及时把自己的研究成果总结和发表出来，有助于研究能力的提升。成功发表论文不仅能提升作者的学术履历，还能为学术界作出贡献，推动知识的进步。本节将对国内外学术论文发表制度、投稿与审稿结果的处理、成功发表论文的策略、学术道德规范进行介绍。

一、国内外学术论文发表制度

国内外学术论文发表制度主要包括论文的撰写、投稿、同行评审、编辑管理、发表以及后续的引用和评价等环节。这些制度旨在确保科研活动的道德规范，促进学术交流，同时保障学术成果的原创性与真实性。

国内外学术论文发表制度因国家、地区、学术领域以及不同的学术机构和出版机构而有所不同，但也存在一些普遍的特点和流程。

1. 论文质量与创新性要求

学术期刊对于论文选题和内容原创有较高要求。选题应当有重要的现实意义和理论意义，内容必须具有一定的学术价值和创新性，能够对所在领域的知识体系有所贡献。应做到研究方法科学合理，数据准确可靠，论证逻辑严密，表述清晰流畅。

2. 论文投稿和修改要求

在向国内外学术期刊投稿时，需从期刊网站主页下载投稿须知，了解期刊的主题范围、影响力、审稿周期、发表费用等信息后，按照期刊要求的格式和方式提交论文。目前大多数国外学术期刊采用网上投稿方式，包括注册、上传稿件等步骤。投稿后可能会收到编辑和审稿人的质疑，需要回答并修改稿件。对每一位审稿人的意见都要逐条回答，并在回稿中明确标出修改之处。未修改的部分要说明理由。

3. 版权与署名

文章被录用后，通常需要签署版权协议书，正式声明将论文的著作权专有许可使用权授予杂志社，并保证论文原创且未发表于其他地方。关于署名，所有对论文作出实质性贡献的人员都应被列为作者，并且对作者的排序和贡献应有清晰的说明和界定。

4. 同行评审制度

国际出版界通常实行严格的同行评审制度。编辑初步筛选后，会邀请两位以上同行专家进行盲审，以保证论文质量。大多数国外学术期刊采用同行评审。作者投稿后，期刊编辑将论文分发给相关领域的专家学者进行评审。这些审稿人会对论文的研究内容、方法、结论、学术规范等方面进行评估，并给出修改建议或决定是否录用。

5. 学术道德与规范

严禁抄袭、篡改数据、一稿多投等学术不端行为，一旦发现，作者将会面临严重的后果，如被撤稿、学术声誉受损等。

二、投稿与审稿结果的处理

国内外期刊投稿需要遵循一系列详细的步骤和要求，从选择合适的期刊到最终提交论文，每一步都有严格的规定和流程。下面介绍期刊投稿的流程及审稿结果的处理。

1. 选择合适期刊

在选择目标期刊时，应确保所选期刊的研究领域与论文主题高度匹配。可浏览期刊的目录加以了解。还要了解期刊的审稿速度和出版周期，以确保研究成果能在合理时间内发表。

2. 准备投稿材料

投稿前应认真检查论文内容，避免出现文不对题、词不达意等低级错误，确保论点明确、论据可靠。此外还应仔细阅读期刊的投稿须知，确保论文格式、参考文献格式、图表要求和查重要求符合期刊规定。大多数国外期刊要求论文采用双栏排版，字体大小一般为 10 号或 12 号，行间距为 1.5 倍。页边距一般为上下左右各 2.5 厘米。国外期刊对参考文献的格式有严格要求，通常采用 APA、MLA 或 Chicago 等格式。插入的图表应清晰美观，有编号和标题。图表编号一般采用阿拉伯数字，如“图 1”“表 1”。图表标题应置于图表上方或下方，并需在正文中进行引用。

3. 投稿流程

国外大多数期刊使用 Editorial Manager（EM）系统进行投稿管理，作者需要先注册并登录账户。进入投稿页面后，选择适当的稿件类型，如原创研究、综述文章等。按照期刊要求上传论文文档、利益冲突声明、作者贡献说明等文件。填写元数据信息，包括论文标题、摘要、关键词、作者信息、资助信息等。生成并确认 PDF，系统会自动生成论文的 PDF 版本，作者需要下载并仔细检查无误后确认。

4. 投稿后跟踪

论文投稿后的跟踪是整个发表过程中非常重要的一部分，它能够帮助作者实时了解稿件状态，及时应对可能的问题，并作出相应的调整。大多数期刊使用在线投稿系统如 Editorial Manager（EM）或 Elsevier 的 Author Hub，这些系统提供了从投稿到接受全过程的管理。投稿完成后，可通过系统跟踪论文状态，如“稿件提交（Submitted to Journal）”“编辑处理稿件（With Editor）”“审稿（Under Review）”“决定（Decision in Process）”等。通讯作者一般会收到包含 Track 链接（如 https：//track.authorhub.elsevier.com/）的邮件，通过这个链接可以访问稿件的实时状态。通过在线跟踪链接，可以查看审稿人的数量，如果超过 2 位审稿人，系统会显示“2+”。此外，还可以通过邮件系统进行跟踪。投稿后，作者通常会收到来自编辑部的确认邮件，其中包含稿件编号及投稿状态跟踪链接。编辑审稿过程中，如有需要修改或补充的地方，编辑会通过邮件与作者联系，并提供具体的修改意见和截止日期。根据审稿结果，作者可能需要进行不同的操作，如“接受（Accept）”“修改（Revise）”“拒绝（Reject）”。

5. 审稿结果的处理

审稿结果一般有三种：录用、退改、退稿。收到审稿结果后，要尽快回复，简洁地感谢编辑和审稿人的工作。仔细阅读审稿意见，明确需要修改的要点，并理解审稿意见背后的实质问题。根据审稿意见的数量和具体内容判断修改稿件大致需要的时间，并合理安排各部分修改的顺序和时间。当审稿人质疑论文的局限性或观点时，应给出充分的解释。如果审稿人认为某些观点或结论错误，应根据情况慎重处理，确实存在歧义的可能性时，根据审稿人的建议进行勘误，并提交修订版本。

综上所述，国外期刊投稿是一个严谨且细致的过程，从选刊到投稿再到发表都需要严格按照期刊的要求进行操作。对于研究人员来说，熟悉这些流程和细节不仅能提高论文被接受的概率，还能加速整个发表过程。

三、学术论文成功发表的策略

学术论文的成功发表需要作者在选择期刊、确保论文质量、遵循学术规范以及合理安排发表计划等方面进行综合考虑和精心准备。

1. 选择合适的期刊

在选择提交论文的期刊时，最重要的是确保期刊的领域与你的研究成果高度相关。研究期刊的影响因子、读者群、出版周期和审稿流程，以确保期刊能够达到传播研究成果的目的。

2. 遵循目标期刊的格式和指南

每个期刊都有其特定的投稿要求，包括引用格式、图表和图片的要求、文章结构等。

在投稿前仔细阅读并遵守这些规定，确保论文选题、字数、摘要、关键词、标题、格式等符合期刊要求。可以减少审稿的拒稿概率。

3. 撰写高质量的论文

确保论文主题明确，研究问题具有重要性和原创性。论证要严谨，数据要可靠，分析要深入，结论要明确。论证过程要逻辑清晰、条理分明，使用清晰、准确、规范的学术语言，避免语法错误和拼写错误。

4. 强化论文的学术贡献和实用价值

明确阐述研究是如何在前人的基础上取得进展的，以及该研究对该领域的未来有何启示。突出研究的实际应用价值，如对行业的影响、对解决社会问题的贡献等。

5. 进行有效的文献回顾

通过广泛的文献综述来展示对现有研究的深刻理解，并在此基础上定位自己的研究。文献回顾不仅展示了研究的理论基础，还可以避免重复他人的工作。

6. 合理选择和解释研究方法

研究方法必须适合所研究的问题，并且能够被学术界接受。详细说明该研究的数据收集和分析方法，以使他人能复制该研究。

7. 详尽而透彻的结果分析

提供充分的证据支持该研究的假设和论点。使用适当的研究方法，并对结果进行深入的分析和解释。

8. 响应审稿人的反馈

对审稿人的意见给予适当而尊重的回应，即使不同意某些意见也要礼貌地解释原因。按照审稿人的建议修改论文，除非有非常充分的理由不同意修改。

9. 保持耐心和持续改进

认识到发表过程可能既漫长又充满挑战，保持耐心，不要因为初次失败就放弃。将拒稿视为学习和提高的机会，不断改进论文质量。

10. 利用同行网络

加入专业组织，参加学术会议，与其他研究人员建立联系。询问同行的意见，并考虑将他们作为合作者或审稿人。

四、学术道德规范

学术道德规范对于维持学术界的诚信和可信度至关重要。这些规范不仅指导研究者如何进行研究，还确保了研究成果的质量和可靠性。

国务院学位委员会关于在学位授予工作中加强学术道德和学术规范建设的意见（学位〔2010〕9号）提出：在学位授予工作中加强学术道德和学术规范建设，对树立良好学风，培养正直诚信、恪守科学道德、献身科学研究的拔尖创新人才具有重要作用，各学位授予单位必须高度重视学位授予工作中的学术道德和学术规范建设，保证学位授予质量，自觉维护我国学位授予的严肃性和权威性。

意见第五条提出：在学位授予工作中，学位授予单位对以下的舞弊作伪行为，必须严肃处理。

（1）在学位授予工作各环节中，通过不正当手段获取成绩；

（2）在学位论文或在学期间发表学术论文中存在学术不端行为；

（3）购买或由他人代写学位论文；

（4）其他学术舞弊作伪行为。

因此，在论文写作和发表过程中，要加强学术道德规范学习，坚持正确的价值取向。

1. 诚实与透明

在所有学术活动中保持诚实，不歪曲或捏造数据。在发表研究成果时，准确报告实验方法、数据和结论。开放地分享研究方法和结果，以便其他研究者可以验证和复制。

2. 遵守原创性

尊重原创思想，避免未经授权的复制或使用他人的工作。在论文中准确地引用他人的研究和贡献。

3. 保护知识产权

不侵犯他人的版权、专利或其他知识产权。如果使用他人的作品，包括文本、图像、数据等，必须获得适当的许可。

4. 负责任的数据管理

妥善管理和存储研究数据，确保数据的安全和隐私。在适当的时候，使数据可供其他研究者使用。

5. 学术诚信

避免任何形式的学术不端行为，如剽窃、篡改数据、伪造结果等。在发现学术不端行为时，采取适当的行动并报告。

6. 尊重多元性和包容性

在学术活动中尊重不同的文化背景、性别、种族、宗教和性取向。促进一个包容和尊重的学术环境。

【课堂思政】

本章通过经管类本科毕业论文实例质量评价、常见问题举例分析和解决思路介绍，强化学生的学术规范意识，引导学生养成科学严谨、实事求是和精益求精的态度，杜绝请人代写、抄袭、伪造数据等学术不端行为。论文写作要用事实说话，用数据和实例支撑论点。通过在选题、研究方法、数据分析、理论探索和实践应用等方面寻求创新，培养学生的创新能力。

【本章小结】

本章根据教育部论文评审规则，从选题、逻辑构建、专业能力和学术规范四个方面介绍了论文评审项目、评审要素和评分标准，结合经济类、财会类和管理类专业本科毕业论文实例进行质量评析，总结经管类论文写作中普遍存在的问题，并提供解决思路。对国内外学术论文发表制度、投稿与审稿结果的处理、成功发表论文的策略、学术道德规范进行了介绍。

【实战训练】

某市场营销专业本科毕业论文题目为“基于用户画像的 ×× 跨境电商精准营销研究”，第二章的标题为“×× 公司跨境电商用户画像的调查分析”，以下内容选自该论文 2.1 小节“用户的基本信息”。

艾瑞咨询报告显示，在中国跨境网购消费群体中，男性比例较多 64.80%，且多数男性消费者对跨境购物比较热衷，他们更倾向于通过互联网渠道购买商品，这也是近年来中国跨境网购消费群体中男性比例持续增长的原因，而女性偏少，占比为 35.2%。而在中国网上购物的总体人群中，男子所占的比例只有 55.2%，低于中国跨国网上购物的男子所占的比例；中国网民中，男子所占比例为 53.6%，这一比例也远低于男子所占比例，而男子所占比例在中国跨境电商消费者中的比例。由此可见，中国跨境网上购物人群呈现出了以男性为主体的特点，这一点与中国网上购物人群和网上购物人群有很大的不同。

请分析该段论述存在的问题，并提出修订建议。

【拓展学习】

1．张俊森：以六篇高质量文章为例解析经管类论文选题的六种方法，https：//www.51xueshuo.com/page/essay/b0ffd38a73f95b7533915bbbaa30733e

2．陆蓉：如何提高经管期刊发表成功率，http：//www.360doc.com/content/22/1016/09/65434111_1051897444.shtml

【课后练习】

1．经济类本科毕业论文中的结构问题主要有哪些表现？

2．财会类论文如何避免选题不当的问题？

3．经管类案例型论文写作中要注意哪些问题？

【参考文献】

[1] 程燕，徐珂．应用型本科经管类专业毕业论文质量提升对策研究：以新疆工程学院为例［J］．公关世界，2024（7）：103-105.

[2] 张晓莹．“双创”背景下经管类专业实践型毕业论文改革探索［J］．黑龙江教育（高教研究与评估），2024（2）：78-80.

[3] 姬志恒．经管专业本科毕业论文质量影响因素及提升策略分析：来自山东省两所高校的经验证据［J］．高教学刊，2024，10（3）：92-95.

[4] 宋春霞．浅谈管理学案例研究型论文的写作方法［J］．河南教育（高等教育），2021（7）：74-76.

附录　经管类专业学生文献检索与论文写作常见问题 99 问

序号	常见问题	章	节	页码
1	信息与文献有何特点？	第一章	第一节	
2	信息与文献有何异同？	第一章	第一节	
3	信息与文献在经管类专业学习工作中有何作用？	第一章	第一节	
4	文献分类法《中图法》（第五版）的一级大类有哪些？	第一章	第一节	
5	文献分类法杜威十进制的 10 个一级大类有哪些？	第一章	第一节	
6	文献信息检索有哪些常用方法？	第一章	第一节	
7	文献信息检索包含哪些步骤？	第一章	第二节	
8	经管类文献信息检索常用工具有哪些？	第一章	第二节	
9	如何合理借鉴文献信息？	第一章	第三节	
10	文献信息使用有哪些学术规范？	第一章	第三节	
11	如何高效使用百度搜索引擎？	第二章	第一节	
12	常用的学术性搜索工具有哪些？	第二章	第一节	
13	如何检索中国知网？	第二章	第二节	
14	如何检索万方数据库？	第二章	第二节	
15	如何检索维普资讯？	第二章	第二节	
16	如何导出参考文献？	第二章	第二节	
17	如何选择学术价值高的文献？	第二章	第二节	
18	如何查找国外期刊文献？	第二章	第二节	
19	如何使用汇雅电子图书、读秀图书频道与超星移动图书馆查找图书信息？	第二章	第三节	
20	常见的经管类事实型和数值型数据库有哪些？	第二章	第四节	
21	如何检索学位论文？	第二章	第五节	
22	文献原文获取的途径及技巧？	第二章	第六节	
23	如何理解论文写作的意义？	第三章	第一节	
24	如何达到数据翔实的要求？	第三章	第二节	
25	从哪些角度考虑论文的创新性？	第三章	第二节	
26	完整的论文包含哪些组成部分？	第三章	第三节	
27	毕业论文的写作顺序是什么？	第三章	第三节	
28	如何挖掘论文的关键词？	第三章	第三节	
29	参考文献的要求有哪些？	第三章	第三节	

续表

序号	常见问题	章	节	页码
30	如何使用文献研究法？	第三章	第三节	
31	如何使用个案研究法？	第三章	第三节	
32	如何使用比较分析法？	第三章	第三节	
33	如何撰写论文选题的实际意义？	第四章	第一节	
34	论文选题的基本要求是什么？	第四章	第一节	
35	论文选题的原则有哪些？	第四章	第一节	
36	论文选题的方法有哪些？	第四章	第一节	
37	论文开题有哪些要求？	第四章	第二节	
38	论文开题的流程是怎样的？	第四章	第二节	
39	论文开题报告的结构是怎样的？	第四章	第二节	
40	开题报告的撰写方法有哪些？	第四章	第二节	
41	如何撰写文献综述及文献评价？	第四章	第二节	
42	如何设计研究方案？	第四章	第二节	
43	如何保证研究方案的可行性？	第四章	第二节	
44	开题答辩前应该做哪些准备？	第四章	第二节	
45	选题时容易遇到哪些问题？如何解决这些问题？	第四章	第三节	
46	撰写开题报告时容易遇到哪些问题？如何解决？	第四章	第三节	
47	开题答辩过程中容易遇到哪些问题？如何解决？	第四章	第三节	
48	论文撰写中缺乏数据作为论据支持	第五章	第一节	
49	作为论据的数据主要分为那几类？	第五章	第一节	
50	作为论据的数据是否可以直接引用？	第五章	第一节	
51	如何设计问卷调查收集数据？	第五章	第二节	
52	除了知网、万方的数据，知乎上查到的数据可以引用吗？	第五章	第二节	
53	除了知网、万方的数据，还有其他途径获得数据吗？	第五章	第二节	
54	适合进行数据整理的软件有哪些？	第五章	第三节	
55	引用的数据如果有缺失应该如何处理？	第五章	第三节	
56	数据源数据较多，应该使用什么工具进行快速的分类整理及求和？	第五章	第四节	
57	数据的环比和同比应该怎样进行计算和比较？分别适合用什么样的形式进行展示？	第五章	第四节	
58	回归分析适合用于什么样的论点阐述？	第五章	第四节	
59	如何区分毕业论文的理论问题和实践问题？	第六章	第一节	
60	如何提炼毕业论文的研究思路？	第六章	第二节	
61	毕业论文的研究框架该如何设计？	第六章	第二节	
62	毕业论文撰写前如何准备所需要的资料？	第六章	第二节	
63	经管类论文的主要观点论证方法有哪些？	第六章	第三节	
64	如何选择合适的论证方法对论文主要观点进行论证？	第六章	第三节	

续表

序号	常见问题	章	节	页码
65	从哪几个方面提炼毕业论文的创新点？	第六章	第四节	
66	如何撰写毕业论文的摘要？	第六章	第五节	
67	如何撰写毕业论文的结论？	第六章	第五节	
68	如何提炼毕业论文的关键词？	第六章	第五节	
69	论文写作有哪些常见问题？	第七章	第一节	
70	对于论文写作常见问题有哪些解决思路？	第七章	第一节	
71	论文修改的方法有哪些？	第七章	第二节	
72	如何进行论文初稿的修改？	第七章	第二节	
73	论文查重后如何进行修改？	第七章	第二节	
74	论文评审后如何修改？	第七章	第二节	
75	答辩后如何进行论文的修改？	第七章	第二节	
76	如何快速制作论文目录？	第七章	第三节	
77	文本规范方法有哪些？	第七章	第三节	
78	图、表、公式规范方法有哪些？	第七章	第三节	
79	参考文献有哪些格式规范？	第七章	第三节	
80	论文写作中有哪些常见的格式问题？	第七章	第三节	
81	如何解决论文中的常见格式问题？	第七章	第三节	
82	论文答辩有哪些流程？	第七章	第四节	
83	论文答辩要做哪些准备？	第七章	第四节	
84	论文定稿需要完成哪些工作？	第七章	第四节	
85	论文质量评价指标有哪些？	第八章	第一节	
86	如何评价论文的选题意义？	第八章	第一节	
87	如何评价论文的逻辑构建？	第八章	第一节	
88	如何评价论文的专业能力？	第八章	第一节	
89	如何评价论文的学术规范？	第八章	第一节	
90	经济类论文有哪些基本要求？	第八章	第二节	
91	经济类论文普遍存在的问题有哪些？	第八章	第二节	
92	如何解决经济类论文普遍存在的问题？	第八章	第二节	
93	管理类论文普遍存在的问题有哪些？	第八章	第三节	
94	如何解决管理类论文普遍存在的问题？	第八章	第三节	
95	财会类论文普遍存在的问题有哪些？	第八章	第四节	
96	如何解决财会类论文普遍存在的问题？	第八章	第四节	
97	国内外学术论文发表的制度有哪些？	第八章	第五节	
98	期刊投稿包括哪些基本流程？	第八章	第五节	
99	期刊投稿成功发表的策略有哪些？	第八章	第五节	